国家哲学社会科学成果文库
NATIONAL ACHIEVEMENTS LIBRARY
OF PHILOSOPHY AND SOCIAL SCIENCES

清史稿儒林傳校讀記

（一）

陳祖武　著

商務印書館
创于1897 The Commercial Press

作者簡介

陳祖武　祖籍湖南茶陵，1943 年 10 月生於貴州省貴陽市。1965 年 7 月畢業於貴州大學歷史系。1981 年 1 月畢業於中國社會科學院研究生院歷史系，歷任中國社會科學院歷史研究所研究實習員、助理研究員、副研究員、研究員。2006 年當選中國社會科學院學部委員。2009 年應聘爲中央文史館館員。主要學術著作有《中國學案史》《清初學術思辨録》《清儒學術拾零》《清代學術源流》等。兼任全國古籍規劃小組成員，古籍整理成果有《榕村語録》《楊園先生全集》《清儒學案》《榕村全書》等。

《國家哲學社會科學成果文庫》

出版説明

爲充分發揮哲學社會科學研究優秀成果和優秀人才的示範帶動作用，促進我國哲學社會科學繁榮發展，全國哲學社會科學工作領導小組決定自2010年始，設立《國家哲學社會科學成果文庫》，每年評審一次。入選成果經過了同行專家嚴格評審，代表當前相關領域學術研究的前沿水平，體現我國哲學社會科學界的學術創造力，按照“統一標識、統一封面、統一版式、統一標準”的總體要求組織出版。

全國哲學社會科學工作辦公室
2021年3月

清史稿儒林傳校讀記

目錄

儒林二　四一七

儒林三

前言

清史稿儒林傳凡四卷，卷一至卷三，大致以學術宗尚區分類聚，略依年輩先後爲序，著録一代儒林中人，近三百家生平學行。卷一專記理學諸儒，二、三兩卷分記經學、小學、史學及諸子學中人。所録各家，人自爲傳，或獨領一篇，或諸家共席，首尾一貫，自成一體。憑以知人論世，可得一代學術演進之大要。卷四則沿明史舊規，略記清代歷世衍聖公之承襲，惟無以附麗，乃置諸儒林傳末。由於清史稿儒林傳前三卷所具學術價值，因之自一九二八年刊行以來，一直以治清代學術史之基本史籍，而爲學人所重視。

然而清史館開，正值民國肇建，軍閥紛爭，社會動盪，並非史家潛心修史之時。故而蹣跚十四載所成之清史稿，錯訛甚夥，爭議不絶。誠如上世紀中，點校《清史稿》諸位專家所言：「《清史稿》成於衆手，編寫時很少照應，完稿以後，又未經復核改定，匆忙刊行，校對也很不認真。因此體例不一，繁簡失當，往往發生年月、事實、人名、地名的差誤，遺漏顛倒，以及文理不通的現象。此外，還有史事論斷的錯誤。」同《史稿》全書相比，《儒林傳》本來基礎很好，既有《清國史》舊文可據，又有晚清國史館耆碩繆荃孫先生提供之初稿，理當脱穎而出，獨步全書。繆先生過世，在其後的八九年間，如果後繼者能够勤於比勘，精心校核，則不難訂訛正誤，去非存是，編就上乘信史。恰恰相反，由於史館管理無章，統稿之人，加之後期急於成書，斧鉞隨意，以致釀成《儒林傳》之過多失誤。

《清史稿》成書之後，迄今曾經有過兩次較大規模的集中整理。第一次是新中國建國初期，自五十年代末起，國家集合四方專家對二十四史暨清史稿的系統點校，第二次則是其後的七八十年代間臺灣地區史學界衆多清史專家合作完成的清史稿校註。清史稿的兩次整理於儒林傳用力重點各異，前者係具有開拓意義的創舉，做了可貴的傳文分段並施加新式標點，後者乃採以稿校稿，以卷校卷，原則利用存檔史稿及相關資料進行全面校勘，出有校記四百七十六條。之後，以傳主著述、碑傳、年譜及實錄、會典、起居注等官私史籍爲據，從歷史學與文獻學相結合的角度，逐傳精心校讀，遂成前輩師長交給後起學人的爲學功課。

一九七八年十月，筆者有幸負笈京城，考入中國社會科學院歷史研究所，追隨先師楊向奎先生問清儒學術。從此，恭置清史稿儒林傳於案頭，成爲入門史籍，而隨時檢讀。光陰荏苒，轉瞬四十年過去，當初所購史稿，而今裝幀已多破損，然從中所獲教益，則受用終身。猶記拜讀之初，每有疑似，則錄之專用卡片，置諸紙質硬盒。久而久之，苦於卡片盒無處放置，便遷記於各傳天頭地腳，乃至字裏行間。歲月流逝，字迹漫漶，早年之所記竟有難於辨識者。因之晚近以來，遂生將歷年所記整理成帙之想。二○一六年四月，清代學者象傳校補竣稿，未作停歇，旋即開始清史稿儒林傳校讀記之整理。歷時兩年，粗見眉目，所成校記居然已逾千條。撫卷冥思，百感交集。

清代乾嘉史家錢竹汀先生有云：「史非一家之書，實千載之書，袪其疑，乃能堅其信，指其瑕，益以見其美。拾遺規過，匪為齮齕前人，實以開導後學。」恪守實事求是，護惜古人之宗旨，先生究心歷代史籍，撰成不朽名著廿二史考異。筆者之從事清史稿儒林傳校讀，實乃遵循竹汀先生教誨，沿著前輩史家之艱苦跋涉而學步向前。古往今來，於中華學術之世代傳承，前哲屢有教言：先創者難為功，紹述之易為力。清史稿儒林傳校讀記之幸成完帙，皆仰賴二百餘年來，先輩史家一代接一代之辛勤耕耘。其間，既有嘉慶中葉以降，清代國史館儒林傳之創編及迄於清亡的數度重修，亦有民國初年，清史稿儒林傳之據以成書，還有二十世紀中，前輩史家的兩次系統整理，以及晚近數十年，眾多專家的勤力精進。飲水思源，不忘根本，惟有無盡的緬懷和感恩。祇是學殖寡淺，識見孤陋，桑榆景迫，病痛纏身，凡所校讀，多有錯訛，敬祈方家大雅不吝賜教。

陳祖武謹識

二〇一八年春杪

時年七十有五

凡例

一、本書秉持乾嘉史家錢竹汀先生倡導之「實事求是」、「護惜古人」宗旨，以中華書局一九七七年十二月版《清史稿》點校本為依據，對該書《儒林傳》著錄之近三百家傳記進行整理，逐字校讀，訂訛正誤，以期得一可據可依之讀本。

二、訂正範圍擬包括人名、地名、時間、史事、職官、制度、著述及學術主張等。

三、凡有訂正，一般不改動原文，概見之於各傳篇末之校記。唯避諱改字一類，則逕予改回，並酌出校記。

四、諸家傳記，原文過錄，依通行規範施加新式標點。原點校本偶見之疏忽，則隨文酌改，並出校記說明。

五、中華書局一九九三年六月影印之復旦大學圖書館所藏嘉業堂鈔本清國史，乃本書梳理清史稿儒林傳史源之主要依據。該鈔本之儒林傳凡見三稿，一為吳格教授所稱之儒林前傳八卷本，二為作上下區分之儒林傳七十三卷本，三為不分卷之儒林傳後編本。

六、逐傳附錄中華書局一九八七年十一月版清史列傳之相關傳記。一則可存清史稿儒林傳之史源，見清史館當年刪削清國史舊文之痕迹；再則憑以補史稿儒林各傳所記傳主籍貫，不錄行省名之闕失；三則意欲竭盡綿薄，為已故王鍾翰先生早年之辛勤勞作做些許文字句讀校對工作，既以報先生知遇之恩，亦以備他日先生後學修訂清史列傳點校本之參考。

七、清史稿儒林四專記一代衍聖公承襲，不涉二百數十年間學術遞嬗，故校讀從略。

清史稿卷四百八十

儒林傳序（三）

昔周公制禮，太宰九兩繫邦國，三曰師，四曰儒，復於
司徒本俗聯以師儒。師以德行教民，儒以六藝教民，分合
同異，周初已然矣。數百年後，周禮在魯，儒術爲盛，孔子以
王法作述，道與藝合，兼備師儒。顏、曾所傳，以道兼藝；游、夏
之徒，以藝兼道。定、哀之間，儒術極醇，無少差謬者，此也。荀
卿著論，儒術已乖。然六經傳說，各有師授。秦棄儒籍，入漢
復興，雖黃老、刑名猶復淆雜，迨孝武盡黜百家，公卿大夫、
士吏彬彬多文學矣。東漢以後，學徒數萬，章句漸疏，高名
善士，半入黨流。迨乎魏、晉，儒風蓋已衰矣。司馬、班、范，皆以
儒林立傳，敘述經師家法，授受秩然。雖於周禮師教，未盡
克兼，然名儒大臣，匡時植教，祖述經說，文飾章疏，皆與儒
林傳相出入。是以朝秉綱常，士敦名節，拯衰銷逆，多歷年

所則周魯儒學之教也兩晉玄學盛興儒道衰弱南北割據傳授漸殊北魏蕭梁義疏甚密北學守舊而疑新南學喜新而得偽至隋唐五經正義成而儒者鮮以專家古學相授受焉宋初名臣皆敦道誼濂洛以後遂啓紫陽闡發心性分析道理孔孟學行不明著於天下哉宋史以道學儒林分為二傳不知北即周禮師儒之異後人創分而暗合周道也元明之間守先啓後在於金華洎乎河東姚江門戶分歧遞興遞滅然終不出朱陸而已終明之世學案百出而經訓家法寂然無聞揆之周禮有師無儒空疏甚矣然其間臺閣風厲持正扶危學士名流知能激發雖多私議或傷國體然其正道實拯世心是故兩漢名教得儒經之功宋明講學得師道之益皆於周孔之道得其分合未可偏譏而互誚也

清興崇宗學之性道而以漢儒經義實之御纂諸經

兼收歷代之說。四庫館開，益精博矣。國初講學，如孫奇逢、李顒等，沿前明王、薛之派；陸隴其、王懋竑等，始專守朱子，辨僞得真；高愈、應撝謙等，堅苦自持，不愧實踐；閻若璩、胡渭等，卓然不惑，求是辨誣；惠棟、戴震等，精發古義，詁釋聖言。後如孔廣森之於公羊春秋，張惠言之於孟、虞易說，凌廷堪、胡培翬之於儀禮，孫詒讓之於周禮，陳奐之於毛詩，皆專家孤學也。且諸儒好古敏求，各造其域，不立門戶，不相黨伐，束身踐行，闇然自修，周魯師儒之道，可謂兼古昔所不能兼者矣。

綜而論之，聖人之道，譬若宮牆，文字訓詁，其門徑也。門徑苟誤，跬步皆歧，安能升堂入室？學人求道太高，卑視章句，譬猶天際之翔，出於豐屋之上，高則高矣，戶奧之間未實窺也。或者但求名物，不論聖道，又若終年寢饋於門廡之間，無復知有堂室矣。是故但立宗旨，即居大名，此一蔽也。經義確然，雖不踰閑，德便出入，此又一蔽也。今爲儒林傳，未敢區分門徑，惟期記述學行，若有事可見，已列於正傳者，茲不復載焉[三]。

校記。

[一]清史稿之儒林傳序篇題，係此次整理酌加。

[二]國初，乃清人稱本朝用語，清史館開，既已入民國，再襲用清人稱謂，顯然失當。

[三]此一序文，幾乎全出阮元之擬國史儒林傳序，大體無改，小有變通而已。阮文末有句云：「仿明史載孔氏於儒林之例，別爲孔氏傳，以存史記孔子世家之意。」清史稿既沿清代國史館舊規，列襲封衍聖公於儒林，而又刪除阮序此句文字，語實嫌欠妥。

清史稿卷四百八十

儒林一

孫奇逢　耿介

孫奇逢，字啓泰，又字鍾元〔一〕，容城人〔二〕。少倜儻，好奇節，而內行篤修，負經世之學，欲以功業自著。年十七，舉明萬曆二十八年順天鄉試。連丁父母憂，廬墓六年，旌表孝行。與定興鹿善繼講學，一室默對，以聖賢相期。天啓時，逆閹魏忠賢竊朝柄，左光斗、魏大中、周順昌以黨禍被逮，奇逢、善繼故與三人友善。是時，善繼以主事贊大學士孫承宗軍事，奇逢上書承宗，責以大義，請急疏救。承宗欲假入覲面陳，謀未就，而光斗等已死廠獄。逆閹誣坐光斗等贓鉅萬，嚴追家屬。奇逢與善繼之父鹿正、新城張果中集士民醵金代輸，光斗等卒賴以歸骨，世所傳范陽三烈士也。臺垣及巡撫交章論薦，不起。孫承宗欲疏請以職方起贊軍事，其後尚書范景文聘爲贊畫，俱辭不就。時畿內賊盜縱橫，[三]奇逢携家入易州五峰山，[四]門生親故從而相保者數百家，奇逢爲部署守禦，絃歌不輟。順治二年，祭酒薛所蘊以奇逢學行可比元許衡、吳澄，薦長成均，奇逢以病辭。七年，南徙輝縣之蘇門。[五]九年，工部郎馬光裕奉以夏峰田廬，遂率子弟躬耕，四方來學者，亦授田使耕，所居成聚。居夏峰二十有五年，屢徵不起。

奇逢之學，原本象山、陽明，[六]以慎獨爲宗，以體認天理爲要，以日用倫常爲實際。其治身務自刻厲，人無賢愚，苟問學，必開以性之所近，使自力於庸行。其與人無町畦，雖武夫悍卒、野夫牧豎，必以誠意接之，用此名在天下，而人無忌嫉。著讀易大旨五卷。[七]奇逢學易於雄縣李崶，至年老乃撮其體要，以示門人，發明義理，切近人事，以象傳通一卦之旨，由一卦通六十四卦之義。其生平之學，主於實用，故所言皆關法戒。又著理學傳心纂要八卷[八]，錄周子、二程子、張子、邵子、朱子、陸九淵、薛瑄、王守仁、羅洪先、顧憲成十一人，以爲直接道統之傳。康熙十四年卒，年九十二。河南、北學者祀之百泉書院。道光八年，從祀文廟。

奇逢弟子甚衆，而新安魏一鼇、清苑高鐈、范陽耿極等，從遊最早，及門問答，一鼇爲多。睢州湯斌、登封耿介，皆仕至監司，後往受業。斌自有傳。介，字介石，登封人。順治九年進士，翰林院檢討，出爲福建巡海道，築石城以防盜。康熙元年，轉江西湖東道。因改官制，除直隸大名道。丁母憂，服除不出，篤志躬行，興復嵩陽書院。二十五年，尚書湯斌疏薦介踐履篤實，冰蘗自矢，召爲少詹事[九]。會斌被劾，介引疾乞休。詹事尹泰等劾介詐疾，並劾斌以當薦介。尋以假歸，卒[十]。所著有中州道學編、性學要旨[十一]、孝經易知、理學正宗[十二]，大旨以朱子爲宗。中州講學者，有儀封張伯行、柘城竇克勤上蔡、張沐等，皆與斌、介同時。伯行自有傳，沐見循吏傳，克勤附李來章傳。

校記：

〔一〕湯斌等輯傳主年譜及諸家撰傳，皆作「字啓泰，號鍾元」，史稿例不稱號，故作「又字」。

〔二〕史稿此傳源出清國史之孫奇逢傳，原傳於奇逢籍貫記之甚確，作「直隸容城」。史稿删「直隸」二字，失當。

〔三〕「賊盜縱橫」四字，清國史原作「盜賊數驚」，乃史官曲筆，不可信據。史稿誇大其詞，更非實錄。合孫夏峰先生年譜及清太宗實錄並觀，實係指明崇禎九年八月、十一年十月、十五年十月、十六年三月，清軍入關，數度擄掠畿輔。

〔四〕「五峰山」，據清國史及魏裔介、魏象樞、方苞諸官私奇逢傳，當作「五公山」。

〔五〕傳主南徙緣由，清史稿沿清國史，由筆一字不存。據湯斌、耿極輯孫夏峰先生年譜，順治三年丙戌，六十三歲條記，是年春，先生田園俱供采地，遂驅車入新安。順治六年己丑，六十六歲條，又引述譜主自叙日譜云：自丙戌後，故園不可居，寄渥城者四越春秋。己丑五月，吾邑不戒，故園益不可一日居。再據傳主日譜卷三十三，康熙十二年四月初二，所錄示猶子及諸兒云：甲申以後，畿南地多爲從龍諸貴人采地，故携爾等移居蘇門之夏峰。足見孫奇逢之背井離鄉，緣由乃在家園爲滿洲貴族所圈佔。

〔六〕奇逢之學，原本象山、陽明之後，清國史尚有如下數語，而兼采程、朱之旨，以彌闕失。所論甚合傳主會通諸儒，合朱、王於一堂之爲學大旨。史稿删而不存，有違歷史真相，失之輕率。

〔七〕讀易大旨，清國史作四卷，係專釋周易經傳之文字史稿則合傳主晚年之蕺山堂答問易故作五卷。

〔八〕清國史之孫奇逢傳凡見二稿，一載儒林傳卷二，一載儒林傳上卷卷一。前者文簡，當係初稿，可稱簡稿；後者文繁，當係定稿。定稿「理學傳心纂要八卷」語，出初稿。據定稿，當作「理學宗傳二十六卷」。又清史稿藝文志記作理學心傳纂要八卷，亦誤。

〔九〕清國史之耿介傳，亦見二稿。史稿所用，乃初稿，故記介復起官職有誤。據定稿所記，當為先任侍講學士，旋升詹事府少詹事，在朝凡五十三日，遂歸。耿介之此段經歷，康熙起居注詳記於康熙二十六年四月至八月。國史定稿所記確然無誤。

〔十〕耿介卒年，清史稿失記。清國史之介傳初稿亦失記，定稿則誤作康熙二十七年。據敬恕堂文集及諸家撰傳，當作康熙三十二年。

（十二）「性學要旨」，不確。據清國史，當作「理學要旨」。清史稿藝文志亦記為「理學要旨」，不分卷。

（十三）「理學正宗」並非耿介所著，乃同時稍後柘城竇克勤所輯。清史稿沿襲清國史初稿誤，當刪。清史稿藝文志則不誤。

清史列傳卷六十六

儒林傳上一

孫奇逢 耿介[三]

孫奇逢，字啓泰，直隸容城人。少倜儻，好奇節，而內行篤修，負經世之學，欲以功業自著。年十四，謁尚寶楊補庭，問曰：「設在圍城中，外無救援，內無糧芻，如之何？」對曰：「效死勿去。」補庭奇之。年十七，舉明萬曆二十八年鄉試，與定興鹿善繼講學，一室默對，以聖賢相期許。旣連丁父母憂，哀毀成疾，廬墓六年。家故貧，饔飧不給，巨室以金粟餽，婉卻之。嘗自言：「於哀慟窮苦中證取本來面目，覺向來氣質之偏，其學問實得力於此。」後入京師，見曹于汴，舉仁體以告，恍然此心與天地萬物相通。左光斗、魏大中、周順昌皆與定交。天啓末，魏忠賢竊柄，左、魏被逮，遣子弟相投，奇逢與善繼之父正及張果中共調護之。時善繼贊大學士孫承宗軍事奇逢上書承宗責以大義請急營救承宗疏請入覲忠賢懼繞御牀哭認止承宗獄益急坐贓酷搒奇逢復與正果中集士民醵金代輸至都左魏已死逾年周順昌被逮醵金一如左魏時俄而順昌又死奇逢正果中咸傾身護濟使得歸骨世所稱范陽三烈士也孫承宗以奇逢有經世才欲以職方題授命茅元儀致意奇逢辭不就謂元儀曰朝野倚重者關門一片地將相不調未有能立功於外者君文士與二三大帥共事儻一有見才之心便不能容人人肯為我用乎元儀服其言後祖大壽以疑懼東奔元儀鼓勵馬世龍追還得和衷共事奇逢一言之力也

崇禎時督學李蕃舉孝行建坊旌表御史黃宗昌給事中王正志咸交章保薦大兵薄畿輔容城被圍土垣將圮奇逢率宗黨矢志守禦城賴以完巡撫張其平甚器之疏請擢用尚書范景文亦以軍務聘並辭不赴時畿內盜

賊數驚，乃携家入易州五峰山，門人親故相保者數百家，奇逢為條教部署守禦，又以其暇賦詩習禮，絃歌聲相聞，寇盜屏迹。國朝順治二年，祭酒薛所蘊具疏讓官，以元許衡、吳澄相擬。有旨徵為國子監祭酒，奇逢以病辭。三年，移居新安縣。七年，南從輝縣之蘇門。九年，工部郎中馬光裕奉以夏峰田廬，乃闢兼山堂，讀易其中，率子弟躬耕自給。四方來學願留者，亦授田使耕，所居遂成聚。居夏峰二十五年，屢徵不起。

奇逢之學，原本象山、陽明，而兼采程、朱之旨，以彌闕失。其論學，以慎獨為宗，以體認天理為要，以日用倫常為實際，而其大本主於窮則勵行，出則經世。其治身務自刻勵，而於人無町畦，有問學者，隨其高下淺深，必開以性之所近，使自力於庸行。上自公卿大夫，下及野人牧豎武夫悍卒，壹以誠意接之，用此名在天下，而人無忌嫉。嘗學易於雄縣李對及老乃撮其體要以象傳通一卦之旨由一卦以通六十四卦之義發明義理切近人事所言皆關法戒著讀易大旨四卷又於四子書挈其要領統論大指間引先儒之說以證異同著四書近指二十卷又表周程張邵朱陸及薛瑄王守仁羅洪先顧憲成爲十一子以爲直接道統之傳別爲諸儒考附之著理學宗傳二十六卷〔二〕他著有尚書近指聖學錄兩大案錄甲申大難錄乙丙紀事孫文正年譜歲寒居文集答問日譜畿輔人物考中州人物考孝友堂家規〔三〕四禮酌等書凡百餘卷

奇逢之學盛於北方與李顒〔四〕黃宗羲鼎足年踰耆耋講道不倦嘗自言六十以後工夫每十年而較密生平於姻族故舊恩意篤厚聞節孝事必爲之表揚閨門肅穆寂若無聲每晨興拜謁家祠退坐空齋終日無惰容子孫甥姪數十人揖讓進退皆有成法康熙十四年卒年九十二

河南北學者祀之百泉書院，容城與劉因、楊繼盛同祠，保定與孫承宗、鹿善繼並祠〔五〕。道光八年，奉上諭：孫奇逢學術中正醇篤，力行孝弟，其講學著書，以慎獨存誠、闡明道德，實足扶持名教，不愧先儒，著從祀文廟西廡，以崇儒術而闡幽光。

子六人，博雅最知名。弟子甚衆，而新安魏一鼇、灤州趙御衆、清苑高鐈、范陽耿極，從遊最早；睢州湯斌、登封耿介，皆以仕至監司，歸里後往受業焉〔六〕。

耿介，字介石，初名沖璧。讀北山移文，至耿介拔俗之句，遂更今名。河南登封人。順治九年進士，改翰林院庶吉士。在館中，與睢州湯斌共處一室，以澹泊寧靜相砥礪。授内秘書院檢討，出為福建按察司副使，巡視海道，歷福興泉漳延建六府。所過禁迎送餽遺，造船命下，介入山採木監造，未嘗告勞。大兵復閩安，檄築城海上，介晝督工役，夜備海盜，四十餘日，成表裏石城三百六十丈。復修營房二百餘間，屹爲重鎮。康熙元年，轉江西湖東道，缺裁，改直隸大名道。所至除積弊，革冗費，戒貪墨，恩威大著。時方嚴旗逃之令，株連動三四十人，介惻然曰：「功令固嚴，曲全由我，獨不可行仁於法中乎？」在任期年，清三百餘案，不牽一人，民咸感之。丁母憂歸，服除不出。詣蘇門，受業孫奇逢，執弟子禮甚堅。篤志躬行，以昌明絶學爲己任，體明道內主於敬而行之以恕語，以敬恕名其堂。興復嵩陽書院，定講課，汲引不倦，來學者衆。二十五年，斌疏薦介賦質剛方，踐履篤實，家居澹泊，潛心經傳，學有淵源。召爲侍講學士，旋升詹事府少詹事，特命輔導皇太子。上嘗命書字，介書「孔門言仁言孝，蓋仁孝一理，仁者孝之本體，孝者仁之發用。不言仁無以見孝之廣大，不言孝無以見孝之切實」四十三字以進。上悅，書「存誠」二大字賜之。會斌被劾，介引疾乞休。詹事，尹泰劾介詐疾，並劾斌不當薦介。部議革職，奉旨耿介免革職，依原道員品級休致。在朝凡五十三日，遂歸。歸後仍主嵩陽講學不輟。

介之學，大旨以朱子爲宗。嘗與斌書，以爲「道本中庸，作不得一些聰明，執不得一些意見，逞不得一些精采」。斌然其言。所著孝經易知，斌開府吳中，頒行所屬。他著有中州道學編、理學要旨、敬恕堂存稿。二十七年〔三〕，卒於家。時中州講學者，有上蔡張沐、新安陳熔。沐見循吏傳。

校記：

〔二〕耿介原獨領一傳，附見陳熔。姑依清史稿編次，移置於此。

〔三〕原整理本依耆獻類徵改作「二十四」，誤。故逕以改回。

〔三〕「規」字整理本改作「乘」。可不改，故改回。

〔四〕「顒」字，列傳本作「容」，係清人避諱改字，整理本未改，故逕改。

〔五〕「祠」字，清國史作「祀」。宜依國史改。

〔六〕以下所附諸傳，從略。

〔七〕耿介卒年，當爲康熙三十二年。

清史稿卷四百八十

儒林一

黄宗羲 弟宗炎 宗會 子百家

黄宗羲，字太沖，餘姚人。明御史黄尊素長子。尊素為楊、左同志，以劾魏閹死詔獄。事具明史。思宗即位，宗羲入都訟冤。至則逆閹已磔，即具疏請誅曹欽程、李實。會廷鞫許顯純、崔應元，宗羲對簿，出所袖錐錐顯純，流血被體。又毆應元，拔其鬚，歸祭尊素神主前。又追殺牢卒葉咨、顏文仲，蓋尊素絶命於二卒手也。時欽程已入逆案，實疏辨原疏非己出，陰致金三千求宗羲弗質。宗羲立奏之，謂實今日猶能賄賂公行，其所辨豈足信？於對簿時復以錐錐之。獄竟，偕諸家子弟設祭獄門，哭聲達禁中。思宗聞之歎曰：「忠臣孤子，甚惻朕懷。」歸益肆力於學。憤科舉之學錮人，思所以變之。既盡發家藏書讀之，不足則鈔之同里世學樓鈕氏澹生堂祁氏南中則千頃堂黃氏絳雲樓錢氏且建續鈔堂於南雷以承東發之緒山陰劉宗周倡道蕺山以忠端遺命從之遊而越中承海門之緒援儒入釋姚江之緒幾壞宗羲獨約同學六十餘人力排其說故蕺山弟子如祁章諸子皆以名德重而禦侮之功莫如宗羲弟宗炎宗會自教之有東浙三黃之目戊寅南都作防亂揭攻阮大鋮東林子弟推無錫顧杲為首天啓被難諸家推宗羲居首大鋮恨之刺骨驟起遂按揭中一百四十人姓氏欲盡殺之時宗羲方上書闕下而禍作遂與杲並逮母氏姚歎曰章妻滂母乃萃吾一身耶駕帖未行南都已破宗羲踉蹌歸[二]

會孫嘉績熊汝霖奉魯王監國畫江而守宗羲糾里中子弟數百人從之號世忠營授職方郎尋改御史作監國魯元年大統曆頒之浙東[三]馬士英奔方國安營眾言其

當誅，熊汝霖恐其挾國安爲患也，好言慰之。宗羲曰：諸臣力不能殺耳。春秋之孔子，豈能加於陳恆？但不謂其不當誅也。汝霖謝焉。又遺書王之仁曰：諸公不沉舟決戰，蓋意在自守也。蕞爾三府，以供十萬之衆，必不久支，何守之能爲？聞者皆韙其言，而不能用。至是，孫嘉績以營卒付宗羲，與王正中合軍，得三千人。正中者，之仁從子也，以忠義自奮，宗羲深結之，使之仁不得撓軍事。遂渡海屯潭山，由海道入太湖，招吳中豪傑，直抵乍浦，約崇德義士孫奭[四]等內應。會清師纂嚴，不得前，而江上已潰。宗羲入四明山結寨自固，餘尚五百人，駐兵杖錫寺，微服出訪監國，戒部下善與山民結。部下不盡遵節制，山民畏禍，潛爇其寨，部將茅翰、汪涵死之。宗羲無所歸，捕檄累下，攜子弟入剡中。聞魯王在海上，仍赴之，授左副都御史[五]，日與吳鍾巒坐舟中正襟講學，暇則注授時、泰西、回回三曆而已。

宗羲之從亡也，母氏尚居故里，清廷以勝國遺臣不順命者錄其家口以聞，宗羲聞之，亟陳情監國，得請，遂變姓名間行歸家。是年，〔六〕監國由健跳至滃洲，復召之，副馮京第乞師日本，〔七〕抵長崎，不得請，為賦式微之章以感將士。自是東西遷徙無寧居。弟宗炎坐與馮京第交通，刑有日矣，宗羲以計脫之。甲午，張名振間使至，被執，又名捕宗羲。丙申，慈水寨主沈爾緒禍作，亦以宗羲為首，其得不死，皆有天幸。而宗羲不懾也。其後海上傾覆，宗羲無復望，乃奉母返里門，畢力著述，而四方請業之士漸至矣。戊午，詔徵博學鴻儒，掌院學士葉方藹寓以詩，敦促就道，再辭以免。未幾，方藹奉詔同掌院學士徐元文監修明史，將徵之備顧問，督撫以禮來聘，又辭之。朝論必不可致，請敕下浙撫鈔其所著書關史事者送入京。其子百家得預參史局事。徐乾學侍直，上訪及遺獻，復以宗羲對，且言曾經臣弟元文疏薦，惜老不能來。上曰：可召至京，朕不授以事，即欲歸，當遣官送之。乾學對以篤老無來意，上歎息不置，以為人材之難。宗羲雖不赴徵車，而史局大議必咨之。曆志出吳任臣之手，總裁千里遺書乞審正而後定。嘗論宋史別立道學傳，為元儒之陋，明史不當仍其例。朱彝尊適有此議，得宗羲書示眾，遂去之。卒年〔六〕八十六。

宗羲之學，出於蕺山，聞誠意慎獨之說，縝密平實。嘗謂明人講學，襲語錄之糟粕，不以六經為根柢，束書而從事於遊談，故問學者必先窮經。經術所以經世，不為迂儒，必兼讀史。讀史不多，無以證理之變化；多而不求於心，則為俗學。故上下古今，穿穴群言，自天官地志九流百家之教，無不精研。所著易學象數論六卷、授書隨筆一卷、律呂新義二卷、孟子師說二卷。文集則有南雷文案、詩案〔七〕，今共存南雷文定十一卷、文約四卷。又著明儒學案六十二卷，叙述明代講學諸儒流派，分合得失頗詳明。文海四百八十二卷，閱明人文集二千餘家，自言與十朝國史相首尾。又深衣考一卷，今水經一卷，四明山志九卷，歷代甲子考一卷，二程學案二卷，輯明史案二百四十四卷，又明夷待訪録一卷，皆經世大政。顧炎武見而歎曰：三代之治可復也。天文則有大統法辨四卷，時憲書法解新推交食法一卷，圜解一卷，割圜八線解一卷，授時法假如一卷，西洋法假如一卷，回回法假如一卷。其後梅文鼎本周髀言天文，世驚爲不傳之秘，而不知宗羲實開之。晚年又輯宋元學案，合之明儒學案，以志七百年儒苑門户。宣統元年，從祀文廟。（十三）

宗炎，字晦木，與兄宗羲、弟宗會俱從宗周遊。其學術大略與宗羲等。著有周易象辭三十一卷，尋門餘論二卷，圖書辨惑一卷。力闢陳摶之學，謂周易未經秦火，不應獨禁其圖，至為道家藏匿二千年始出。又著六書會通，以正小學，謂揚雄但知識奇字，不知識常字，不知常字乃奇字所自出也。又有二晦山棲諸集，以故居被火俱亡。康熙二十五年卒，年七十一。

宗會，字澤望，明拔貢生。讀書一再過不忘。有縮齋文集十卷。

百家，字主一，國子監生。傳宗羲學，又從梅文鼎問推步法，著句股矩測解原二卷。康熙中，明史館開，宗羲以老病不能行，徐乾學延百家入史館，成史志數種。

校記

〔二〕清史稿之黃宗羲傳源自清國史宗羲本傳，合全祖望梨洲先生神道碑文而成。傳主籍貫，國史作浙江餘姚，史稿擅刪行省名，雖體例使然，實不可取。以下各傳皆不再出校記。

〔二〕宗羲踉蹌歸，歸自何處？依史稿行文，似自南京返鄉，其實不然。據傳主思舊錄及避地賦所記，阮大鋮逮黃宗羲、顧杲令下，幸刑部掌院鄒虎臣與杲為姻親，蓄意拖延，縱二人逃離南京。宗羲乃「避地日國」，即浙東定海，南都破，始自日國歸。

〔三〕據黃炳垕輯黃梨洲先生年譜，宗羲作監國魯元年大統曆頒浙東，為順治二年事，三年始有為兵部職方司主事，再改監察御史之事。

〔四〕「蘇」字疑誤，據呂晚邨文集之孫氏墓誌銘，當作「爽」。

〔五〕傳主何時授左副都御史？史稿失記。依年譜，當在順治六年。

〔六〕「是年」謂何年？史稿誤刪全祖望撰碑文之「己丑二字」，以致前後失據。當為順治六年。

〔七〕宗羲副馮京第乞師日本，史稿記年不確。全祖望撰碑文作順治六年，晚近梁啓超提出異議，梁文誤讀避地賦，定乞師日本爲順治元年，將避地吕國與乞師日本混作一事，不可取。筆者早年有專文討論，恕不贅述。

〔八〕宗羲卒年，史稿失記，當爲康熙三十四年。

〔九〕詩案之案字疑誤，據今存傳主詩集，當爲詩歷。

〔十〕明史案之史字疑誤，據傳主子百家撰梨洲府君行略，當作明文案。行略記宗羲一生著述有云：明儒學案六十二卷，此有明一代學術所關也。明文案二百一十七卷，明文海四百八十二卷，此有明一代之文章也。數十年之後，全祖望爲黄宗羲撰碑文，擅改百家舊文，臆增宗羲史學著述，明史案遂成史學，則公嘗欲重修宋史而未就，僅成叢目補遺三卷，輯明史案二百四十四卷，有贛州失事一卷、紹武爭立記一卷、四明山寨記一卷、海外慟哭紀一卷，日本乞師記一卷，舟山興廢一卷，沙定洲紀亂一卷，賜姓本末一卷。又有汰存錄一卷，糾夏考功幸存錄者也。清國史及清史稿沿襲全說，更以明史案取代明文案，謬種流傳，迄於今日。

〔十二〕黃宗羲之獲准從祀文廟，據清德宗實錄卷五百九十六記，乃在光緒三十四年九月二日，而非史稿所記之宣統元年。

清史列傳卷六十八

儒林傳下一

黃宗義　弟宗炎 宗會 子百家

黃宗義字太沖浙江餘姚人年十四補諸生父尊素明天啓間官御史以抗直死魏閹之難宗義年十九袖長錐入京頌冤至則魏閹已磔即疏請誅曹欽程李實又於對簿時錐許顯純流血殿崔應元胸拔其鬚歸祭其父又與吳江周延祚等錐牢子葉咨顏文仲應時立斃時欽程已入逆案宗義復於對簿時錐實獄竟偕同難諸子弟設祭詔獄中哭聲如雷聞禁中及歸從劉宗周遊姚江末派援儒入釋宗義力摧其說時稱禦侮陳貞慧等作南都防亂揭署名日被難諸家推宗義居首福王時阮大鋮案揭中姓名欲殺之會大兵至得免尋歸浙東糾合黃竹浦子弟數百人隨諸軍於江上時呼世忠營大兵定浙宗義間

行歸家，遂奉母里門，畢力著述。既而請業者日至，乃復舉證人書院之會於越中，以申宗周之緒。其後東之鄞，西之海寧，皆請主講。守令亦或與會，然非其志也。康熙十八年，詔徵博學鴻儒，掌翰林院學士葉方藹欲薦之，宗羲辭以疾，且言母老。十九年，左都御史徐元文監修明史，薦宗羲，辭如初。及詔取所著書關史事者，宜付史館。二十九年，上訪求遺獻，刑部尚書徐乾學復薦宗羲，仍不出。然宗羲雖不在史館，而史局每有疑事，必諮之。

宗羲之學，雖出宗周，不恣言心性。教學者說經則宗漢儒，立身則宗宋學。嘗自謂受業蕺山時，頗喜為氣節斬斬一流，所得尚淺。憂患之餘，始多深造。又謂明人講學，襲語錄之糟粕，不以六經為根柢，束書而從事於游談，更滋流弊。故學者必先窮經，然拘執經術，不適於用，欲免迂儒之誚，必兼讀史。又謂讀書不多，無以證理之變化；多而不求於心，則為俗學。故上下古今，穹穴群言，自天官地志，九流百家之教，無不精研。所著易學象數論六卷，謂聖人以象示人者七：有八卦之象，六爻之象，象形之象，爻位之象，反對之象，方位之象，互體之象。後儒之為偽象者四：納甲也，動爻也，卦變也，先天也。乃崇七象而斥四象。又謂遁甲、太乙、六壬，世謂三式，皆主九宮，以參人事。乃以鄭康成太乙行九宮者，證太乙；以吳越春秋占法、國語伶州鳩之對，證六壬；以訂數學。其持論皆有依據。授書隨筆一卷，則太原閻若璩問尚書而告之者。春秋日食曆一卷，辨衛樸所言之謬。律呂新義二卷，少時取餘杭竹管斷之為十二律，與四清聲試之，因廣其說。孟子師說二卷，以宗周四書諸解，獨少孟子，乃疏其舊說為之。其書闡發良知之旨，推究事理，不為空疏無用之談，亦不盡主姚江之說。史學則欲輯宋史而未就，僅存叢目補遺三卷。又輯明史案〔三〕二百四十四卷。其明史有三例，一國史取詳年月，二野史取當是非，三家史備官爵世系。明史稿出於萬斯同，斯同之學出於宗羲也。天文則有大統法辨四卷，時憲書法解新推交食法一卷，圜解一卷，割圜八線解一卷，授時法假如一卷，西洋法假如一卷，回回法假如一卷，其後梅文鼎本周髀言天文，世驚為不傳之秘，而不知宗羲實開之。又著明儒學案六十二卷，敘述明代講學諸儒流派，分合得失甚詳。後又輯宋儒學案、元儒學案，以誌七百年儒學源流。又明文海四百八十二卷，彙集明人文集二千餘家，擷其菁華，典章人物，燦然具備，與十朝國史亦多彈駁參正。文集則有南雷文案、吾悔、撰杖、蜀山諸集，及詩集，後又分為南雷文定，晚年復定為文約。文定十一卷，文約四卷。又深衣考一卷，今水經一卷，四明山志九卷，歷代甲子考一卷，二程學案二卷。

尚書湯斌嘗曰：「黄先生論學，如大禹導山導水，脈絡分明，吾黨之斗杓也。」紹興知府李鐸欲以爲鄉飲大賓，宗羲遺書曰：「宗羲蒙聖天子特旨召入史館，庶人之義，召之役則往役，筆墨之事，亦役也。宗羲時以老病堅辭不行，聖天子憐而許之。今之鄉飲酒，亦奉詔以行者也，若召之役則避勞而不往，召爲賓則貪養而飲食衎衎，是爲不忠。」卒辭之。三十四年卒，年八十六。弟宗炎、宗會，並負異才，有「三黄」之目。子百家。

宗炎，字晦木，明貢生。與兄宗羲、弟宗會俱從宗周遊，其學術大略與宗羲等，而孤憤過之。既經憂患，潛心學易，著有周易象辭三十一卷、尋門餘論二卷、圖書辨惑一卷，力闢陳摶之學，謂：「周易未經秦火，不應獨禁其圖，至爲道家藏匿二千年始出。」又著六書會通，以正小學，謂：「揚雄但知識奇字，不知識常字，不知常字乃奇字所自出也。」又有二晦山栖諸集，以故居被火俱亡。康熙二十五年卒，年七十一。

宗會字澤望，明拔貢生。讀書一再過不忘。有縮齋文集十卷。

百家字主一。國子監生。傳宗羲學，又從梅文鼎問推步法，著句股矩測解原二卷。康熙中，明史館開，宗羲以老病不能行，徐乾學延百家入史館，成史志數種。其天文志、曆志，則百家稿本也。又著有失餘稿、希希集。

校記

〔二〕「十八年」，據清國史，當作「十七年」。

〔三〕「反」字，形近而誤，據清國史，當作「乃」。

〔三〕「明史案」，「史」字誤，當作「文」，詳見前史稿校記。

清史稿卷四百八十

儒林一

王夫之　兄介之

王夫之，字而農，衡陽人。與兄介之同舉明崇禎壬午鄉試。張獻忠陷衡州，夫之匿南岳，賊執其父以為質。夫之自引刀遍刺肢體，舁往易父。賊見其重創，免之，與父俱歸。明王〔一〕駐桂林，大學士瞿式耜薦之，授行人。時國勢阽危，諸臣仍日相水火，夫之說嚴起恆救金堡等，又三劾王化澄，化澄欲殺之。聞母病，間道歸。明亡〔二〕，益自韜晦，歸衡陽之石船山，築土室曰觀生居，晨夕杜門，學者稱船山先生。

所著書三百二十卷〔三〕，其著錄於四庫者，曰周易稗疏、考異，尚書稗疏〔四〕，詩稗疏〔五〕、考異，春秋稗疏。存目者，曰尚書引義、春秋家說。夫之論學，以漢儒為門戶，以宋五子為堂奧。其所作大學衍、中庸衍，皆力闢致良知之說，以羽翼朱子。

於張子正蒙一書，尤有神契，謂：張子之學，上承孔孟，而以布衣貞隱，無鉅公資其羽翼。其道之行，曾不逮邵康節，是以不百年而異說興。夫之乃究觀天人之故，推本陰陽法象之原，就正蒙精繹而暢衍之。與自著思問錄二篇，皆本隱之顯，原始要終，炳然如揭日月。至其扶樹道教，辨上蔡、象山、姚江之誤，或疑其言稍過，然議論精嚴，粹然皆軌於正也。康熙十八年〔六〕，吳三桂僭號於衡州，有以勸進表相屬者。夫之曰：「亡國遺臣，所欠一死耳，今安用此不祥之人哉！」遂逃入深山，作祓禊賦以示意。三桂平，大吏聞而嘉之，囑郡守餽粟帛，請見，夫之以疾辭。未幾卒〔七〕，葬大樂山〔八〕之高節里，自題墓碣曰「明遺臣王某之墓」。

當是時，海內碩儒，推容城、盩厔、餘姚、崑山。夫之刻苦似二曲，貞晦過夏峰，多聞博學，志節皎然，不愧黃、顧兩君子。然諸人肥遯自甘，聲望益炳，雖薦辟皆以死拒，而公卿交口天子動容，其著述易行於世。惟夫之竄身瑤峒，聲影不出林莽，遂得完髮以殁身。後四十年[九]，其子敔抱遺書上之督學宜興潘宗洛，因緣得入四庫，上史館，立傳儒林，而其書仍不傳。同治二年，曾國荃刻於江南，海內學者始得見其全書焉。

兄介之，字石子。國變隱不出，先夫之卒。

校記：

[一]「明王所指失記」。明亡，南方諸臣相繼擁立福、魯、唐、桂四王，史稱「南明」。述史貴在準確，此處當指桂王。

[二]「明亡」二字不確。崇禎十七年，李自成破北京，思宗自縊，則明朝已亡。此處當指南明亡。

[三]「所著書三百二十卷」不確。據一九九六年二月本《船山全書》卷首《序例》記，自道光訖民國初，歷次彙刊之船

山遺書，分別爲一百五十卷，二百八十八卷，二百九十八卷，三百五十八卷。惟同治四年曾國藩之船山遺書序，稱凡三百二十二卷。

〔四〕據四庫全書總目當作「書經稗疏」。

〔五〕據四庫全書總目當作「詩經稗疏」。

〔六〕「康熙十八年」誤。據王敔大行府君行述，吳三桂稱帝衡州事在戊午春盡，即康熙十七年三月。又據清聖祖實錄，康熙十七年八月十七日，吳三桂在衡州死。

〔七〕夫之卒年失記。據劉毓崧王船山先生年譜，當爲康熙三十一年正月初二。

〔八〕「太樂山」「樂」字誤。據行述，當作「大羅山」。

〔九〕「身後四十年」，「四十」誤。據行述及潘宗洛船山先生傳，當作「十四」。

清史列傳卷六十六

儒林傳上一

王夫之

王夫之，字而農，湖南衡陽人。兄介之，邃於經學，明亡，匿不復出，著有周易本義質四卷、詩經尊序十卷、春秋四傳質十二卷。夫之少負儁才，讀書十行俱下，與兄介之同舉崇禎十五年鄉試。流賊張獻忠陷衡州，設僞官招夫之，夫之走匿。賊執其父為質，夫之引刀自刺肢體，舁往易父。賊見其創也，免之，父子俱得脫歸。既而何騰蛟屯湖南，堵胤錫屯湖北，不相能，夫之上書章曠，請調和兩軍，曠不能用。順治四年，大兵下湖南，夫之入桂林，依大學士瞿式耜。嘗三上疏劾王化澄，化澄欲殺之，會有救者得不死。聞母病，乃間道歸，築土室石船山，名曰觀生居，杜門著述。

其學深博無涯涘，以漢儒為門戶，以宋五子為堂奧。

所作大學衍、中庸衍、皆力闢致良知之說、以羽翼朱子而於正蒙一書、尤有神契、精繹而暢衍之、為正蒙注九卷、思問錄內外篇各一卷。以為張子之學、上承孔孟之志、下救來茲之失、如皎日麗天、無幽不燭、聖人復起、未之能易。惟其門人未有殆庶〔二〕世之信從者寡、道之誠然者不著、是以不百年而異說興、又不二百年而邪說熾。因推本陰陽法象之狀、往來原反之故、反覆辯論、所以歸咎上蔡、象山、姚江者甚峻。所著諸經有易、書、詩、春秋稗疏、共十四卷。其說易不信陳摶之學、亦不信京房之術、於先天諸圖及緯書雜說、排之甚力、而亦不空談玄妙、附合老、莊之旨。其說尚書、詮釋經文、多出新意、駁蘇軾傳及蔡傳之失、大都辭有根據、不同遊談。其說詩、辨正名物訓詁、以補傳、箋諸說之遺、不為臆斷。辨叶韻一篇、持論明通、足解諸家之轇轕。其說春秋、考證地理、多可以糾杜注之失。國朝經學繼起者無慮百十家。然諸家所著，有輒為夫之所已言者，如子糾為齊襄公子之說，梁錫璵據為新義，翬不書族，定姒非謚之說，葉酉亦據為新義，皆未見其書也。他著有周易內外傳、大象解、尚書引義、詩廣傳、禮記章句、春秋家說、世論、續左氏傳博議、四書稗疏、訓義、詳解、讀四書大全說、諸經考異、說文廣義、讀通鑑論、宋論、永曆實錄及注釋老、莊、呂覽、淮南、楚辭、薑齋詩文集等書，凡三百餘卷。後人彙刊之為船山遺書。

康熙間，吳逆在衡湘，夫之又逃入深山。吳逆平，巡撫鄭端嘉之，餽粟帛請見。夫之以病辭，受粟反帛。三十一年卒，年七十四。時海內儒碩推餘姚黃宗羲、崑山顧炎武、夫之，多聞博學，志節皎然，世謂相亞云。夫之同時，又有郴州喻國人，辰溪米元倜，衡山譚瓊英、劉宗源，皆以明亡不仕，講學衡湘間，著書授徒，成就甚眾。

校記：

〔二〕「殆庶」二字，中華書局點校本原屬下讀，偶誤，故改。

〔三〕「詳解」即傳世之四書箋解，中華本誤據耆獻類徵改作「俟解」，與夫之所著別書相混，故改回。

清史稿卷四百八十

儒林一

李顒　李因篤　李柏　王心敬

李顒，字中孚，盩厔人。又字二曲，二曲者，水曲曰盩，山曲曰厔也。布衣安貧，以理學倡導關中，關中士子多宗之。父可從，為明材官。崇禎十五年，張獻忠寇鄖西，巡撫汪喬年總督軍務，可從隨征討賊。臨行，抉一齒與顒母曰：「如不捷，吾當委骨沙場，子善教吾兒矣。」遂行，兵敗死之。顒母葬其齒，曰「齒塚」。時顒年十六，母彭氏日言忠孝節義以督之。顒亦事母孝，飢寒清苦，無所憑藉，而自拔流俗，以昌明關學為己任。有餽遺者，雖十反不受。或曰：「交道接禮，孟子不卻。」顒曰：「我輩百不能學孟子，即此一事不守孟子家法，正自無害。」先是顒聞父喪，欲之襄城求遺骸，以母老不可一日離，乃止。既丁母憂，廬墓三年，乃徒步之襄城，覓遺骸不得服斬衰，晝夜哭。知縣張允中爲其父立祠，且造塚於戰場，名之曰「義林」。常州知府駱鍾麟嘗師事顒，謂祠未能旦夕竣，請南下謁道南書院，且講學以慰學者之望。顒赴之，凡講於無錫、於江陰、於靖江、宜興，所至學者雲集。既而幡悔曰：「不孝，汝此行何事，而喋喋於此！」即戒行赴襄城。常州人士思慕之，爲肖像於延陵書院。顒既至襄城，適祠成，乃哭祭招魂，取塚土西歸，附諸墓，持服如初喪。

康熙十八年，薦舉博學鴻儒，稱疾篤，舁牀至省，水漿不入口，乃得予假。自是閉關，晏息土室，惟崑山顧炎武至則款之。四十二年，聖祖西巡，召顒見，時顒已衰老，遣子慎言詣行在陳情，以所著四書反身錄、二曲集奏進，上特賜御書「操志高潔」以獎之。顒謂：「孔、曾、思、孟立言垂訓，以成四書，蓋欲學者體諸身，見諸行，充之爲天德，達之爲王道，有體有用，有補於世。否則假途干進，於世無補，夫豈聖賢立言之初心國家期望之本意耶居恆教人一以反身實踐爲事門人録之爲七卷是時容城孫奇逢之學盛於北餘姚黄宗羲之學盛於南與顒鼎足稱三大儒晚年寓富平（五）關中儒者咸稱三李三李者顒及富平李因篤郿李柏也

李因篤字天生富平人明庠生博學詳記貫串注疏舉博學鴻儒試授檢討未逾月以母老乞養詔許之母歿仍不出因篤深於經學著詩說顧炎武稱之曰毛鄭有嗣音矣又著春秋說汪琬亦折服焉

李柏字雪木郿縣人九歲失怙事母至孝稍長讀小學曰道在是矣遂盡焚帖括而日誦古書避荒居洋縣（六）入山屏迹讀書者數十年嘗一日兩粥或半月食無鹽時時忍飢默坐間臨水把釣夷然不屑也昕夕謳吟拾山中樹葉書之門人都其集曰槲葉集年六十六卒（七）

王心敬字爾緝鄠縣人乾隆元年舉孝廉方正心敬

論學以明新止至善為歸，謹嚴不逮其師。[一]注經好為異論，而易說為篤實。其言曰「學易可以無大過矣，是孔子論易切於人身，即可知四聖之本旨」。著有豐川集、關學編、豐川易說。

校記：

[一]顒父從軍，史稿記為崇禎十五年，不確。據李顒二曲集卷十九跋父手澤記「吾父崇禎十四年臘月二十四日離家，隨邑侯孫公征賊河南」。

[二]顒父抉齒離家說，渲染失實，不可信。正如吳懷清先生輯二曲先生年譜，於崇禎十五年條所議：「二曲集跋父手澤不及先生父離家抉齒事，蓋因有葬落齒事，文人遂附會為臨行抉之者，兹亦不闌入譜中。」

[三]康熙十八年誤。清廷詔舉博學鴻儒事當康熙十

七年，清國史之李顒傳，即作康熙十七年。

〔四〕康熙十八年以後，惟崑山顧炎武至則款之云云，所記失實。據李顒門人惠靈嗣輯歷年紀略及前引吳氏年譜記顧炎武訪李顒凡兩次，一為康熙二年，二為康熙十六年，且第二次係晤於富平，爾後迄於康熙二十一年顧炎武病逝，僅有書札往還而已。

〔五〕據前引紀略、年譜，李顒之寓居富平，乃為避三藩兵亂，自康熙十四年秋往，迄十八年秋還。是時不過五十上下，顒得年七十有九，五十前後不當稱為晚年。

〔六〕據吳懷清輯李雪木先生年譜，譜主避荒居洋縣，事在康熙三十一年，時年六十有三，距病逝不過八年，故傳文下接「入山屏迹讀書者數十年」，不確。

〔七〕年六十六卒，時當何年？失記。據上引年譜，李柏卒於康熙三十九年，終年七十有一。

〔八〕不述其師，師指何人？不明。史稿之李顒傳，源出清國史顒本傳。傳末有如下文字：「門人王心敬傳其學，其四書反身錄七卷、二曲集二十二卷，亦心敬所摭次。」史稿不存此段文字，以致師承不明。

清史列傳卷六十六

儒林傳上一

李顒[一]

李顒，字中孚，陝西盩厔人。父可從，為明材官。崇禎十五年，張獻忠寇鄖西，巡撫汪喬年總督三邊軍務，可從隨征討賊。臨行，抉一齒與顒母彭，曰：「如不捷，吾當委骨，子善教兒矣。」兵敗死之，顒母葬其齒[二]。時顒年十六，母日言忠孝節義以督之。顒事母孝，飢寒清苦，無所憑藉，而自拔流俗，以昌明關學為己任，自經史子集以至二氏書，無不博觀，而不滯於訓詁文義，曠然見其會通。其學以尊德性為本體，以道問學為工夫，以悔過自新為始基，以靜坐觀心為入手。關學自馮從吾後漸替，顒日與其徒講論不輟。當事慕其名，踵門求見，力辭不得，則一見之，不報謁。曰：「庶人不可入公府也。」有餽遺者，雖十反不受。或曰：「交道接禮，孟子不卻。顒曰：我輩百不能學孟子，即此一事不守孟子家法，正自無害。陝撫欲薦之，哀籲得免。然關中利害在民者，亦未嘗不爲當事者言之也。

先是，顒欲求父遺骸，以母老而止。既而母殁，廬墓三年，乃徒步之襄城，遍覓不得，服斬衰晝夜哭。知縣張允中感其孝，爲其父立祠，且造塚戰場，名之曰義林。常州知府駱鍾麟官陝時嘗師事顒，謂祠未能旦夕竣，請南下詣道南書院，發顧高遺書，且講學以慰東林學者之望。顒赴之，凡講於無錫，於江陰，於靖江、宜興，所至學者雲集。既而幡然悔曰：不孝，此行何事，而喋喋於此？即戒行赴襄城。常州人士思慕之，爲建延陵書院，肖像其中。顒既至襄城，適祠成，乃哭祭招魂，取塚土西歸，附諸墓，持服如初喪。康熙十二年，陝督鄂善以隱逸薦，有詔起之，固辭以疾。十八年〔三〕，詔舉博學鴻儒，禮部以海內真儒薦，大吏親至其家促之起，昇牀至省。顒絕粒六日，至拔刀自刺，大吏駭去，乃得予假治病。顒戒其子曰：我日抱病〔四〕痛，自期永棲堊室，平生心迹，頗在堊室錄感一書。萬一見逼而死，斂以粗衣，白棺，勿受弔也。自是閉關不與人接，惟崑山顧炎武及同邑惠思誠至，則款之。思誠，顒四十年所心交也。四十二年，聖祖西巡，召顒見，時顒已衰老，遣子慎言詣行在陳情，以所著四書反身錄、二曲集奏進。上謂慎言曰：爾父讀書守志，可謂完節。特賜御書志操高潔〔五〕及詩幅以獎之。

顒學亦出姚江，謂學者當先觀陸九淵、楊簡、王守仁、陳獻章之書，闡明心性，然後取二程、朱子以及吳與弼、薛瑄、呂柟、羅欽順之書，以盡踐履之功。初有志濟世，著帝學宏綱、經筵僭擬、經世蠡測、時務急策等書，既而盡焚其稿。又著十三經注疏糾繆、二十一史糾繆、易說、象數蠡測，亦謂無當身心，不以示人。居恒教人一以反身實踐為事，謂孔、曾、思、孟立言垂訓，蓋欲學者體諸身，見諸行，充之為天德，達之為王道，有體有用，有補於世。否則假途干進，豈聖賢立言之初心，國家期望之本意耶？時容城孫奇逢之學盛於北，餘姚黃宗羲之學盛於南，與顒鼎足，世稱三大儒。惟顒起自孤根，上接關學之傳，尤為難及云。晚年寓富平，有富平答問。四十四年卒，年七十六。〔五〕門人王心敬傳其學，其四書反身錄七卷、二曲集二十二卷，亦心敬所掘次。

校記：

〔二〕顒字，篇題及傳文原皆作「容」，係避清仁宗名諱改，故逕以改回。

〔三〕顒母葬夫齒，蓋源出全祖望二曲先生窆石文，不確。據傳主門人惠靇嗣輯歷年紀略，康熙四年，顒母病歿。五年舉葬，顒始奉父遺齒合葬，名曰齒塚。

〔三〕清國史本作十七年，不誤。點校本誤據耆獻類徵改，失當。

〔四〕點校本原脫「病」字，此據清國史增。

〔五〕清聖祖手書「志操高潔」，清國史同。清聖祖實錄卷二一四康熙四十二年十一月辛酉條所記，則為「操志清潔」。據云：「命諭德查昇傳諭巡撫鄂海，曰：盩厔縣處士李顒，人好讀書，明理學，屢徵不出，朕甚嘉之，特手書『操志清潔』匾額賜之。」而李顒門人惠龗嗣撰潛確錄，則據陝西巡撫差官護送匾文，作「操志高潔」。民國初，清史館開，即據潛確錄所記，入清史稿之李顒傳。

〔六〕李顒卒年七十六，清國史同，皆誤。據吳懷清二曲先生年譜，李顒生於明天啟七年，卒於清康熙四十四年，終年七十有九。

清史稿卷四百八十

儒林一

沈國模　史孝咸　韓孔當　邵曾可　邵廷采　王朝式

沈國模，字求如〔一〕，餘姚人。明諸生。餘姚自王守仁講致良知之學，弟子遍天下。同邑傳其學者，推徐愛、錢德洪、胡瀚、聞人詮，再傳而得國模。少以明道為己任，嘗預劉宗周證人講會，歸而闢姚江書院，與同里管宗聖、史孝咸輩講明良知之說。其所學或以為近禪，而言行敦潔，較〔二〕然不欺其志，故推純儒。山陰祁彪佳以御史按江東〔三〕，一日杖殺大憝數人，適國模至，欣然述之。國模瞠目字祁曰：「世培，爾亦曾聞曾子曰『如得其情，則哀矜而勿喜』乎？」後彪佳嘗語人曰：「吾每慮囚，必念求如言，恐倉卒喜怒過差，負此良友也。」明亡，聞宗周死節，為位哭之慟，已而講學益勤。順治十三年卒，年八十有二。

孝感，字子虛。繼國模主姚江書院，嘗曰：「良知非致不真。」又曰：「空談易，對境難。於居處恭，執事敬，與人忠三語，精察而力行之，其庶幾乎？」家貧，日食一粥，泊如也。順治十六年卒，年七十有八。〔四〕

韓當〔五〕，字仁父，國模弟子。自沈史歿後，書院輟講垂十年，而當繼之。其學兼綜諸儒，以名數經世，嚴於儒佛之辨。家貧，未嘗向人稱貸，每言立身須自節用始。人有過，於講學時以危言動之，而不明言其過。聞者內愧沾汗，退而相語曰：「比從韓先生來，不覺自失。」疾亟，謂弟子曰：「吾於文成宗旨，覺有新得，然檢點於心，終無受用。小子識之。」味其言，則知其學守仁之外，亦近朱子矣。〔六〕

邵曾可，字子唯，與韓當〔七〕同時。性孝友愷悌。少喜書畫，一日讀孟子「伯夷聖之清者也」句，忽有悟，悉棄去，壹志於學。姚江書院初立，時人頗迂笑之，曾可厲色曰：「不如是，便虛度此生。遂往學。其初以主敬為宗，自師孝感之後，專守良知。嘗曰：於今乃知知之不可以已，日月有明[八]，容光必照。不爾，日用跬步，鮮不貿貿者矣。孝感病，晨走十餘里，叩牀下問疾，不食而返。如是月餘，亦病，同儕共推為篤行之士焉。卒[九]，年五十一。曾可子貞顯，貞顯子廷采，世其學。

廷采字允斯，又字念魯，諸生。從韓當[十]受業，又問學於黃宗羲，初讀傳習錄無所得，既讀劉宗周人譜，曰：吾知王氏學所始事矣。蠡縣李塨貽廷采書，論明儒異同，兼問所學。廷采曰：致良知者主誠意，陽明而後，願學蕺山。又私念師友淵源，思託著述以自見。以為陽明扶世翼教，作王子傳；蕺山功主慎獨，作劉子傳；王學盛行，務使合乎準則，作王門弟子傳；金鉉、祁彪佳等能守師說，作劉門弟子傳。康熙五十年卒，年六十四[十一]。

王朝式[十二]，字金如，山陰人。亦國模弟子。嘗入證人社，宗周主誠意，朝式守致知，曰學不從良知入，必有誠非所誠之蔽。亦篤論也。順治初卒〔十三〕，年三十有八。

校記

〔二〕清史稿沈國模傳源自清國史原傳，稱沈國模，字叔則。述之有本。據董瑒姚江書院志略卷下沈聘君傳，沈聘君名國模，字叔則，別號求如。邵廷采思復堂文集卷一姚江書院傳亦作沈求如先生諱國模，字叔則。史稿不依國史，改傳主號為字，不確。

〔三〕較然　清國史作皎然。二語雖通，但皎然更妥。

〔三〕據前引沈聘君傳，祁彪佳巡按三吳，時當明崇禎六年。

〔四〕史孝咸卒年，諸家所記同，惟趙經達歸玄恭先生年譜有異，記為順治十五年六月。

[五]清國史作韓孔當，不誤。清史稿擅刪孔字，改傳主名爲韓當，大誤。據董瑒姚江書院志略卷下韓布衣傳，韓布衣名孔當，字仁甫，餘姚人，學者稱遺韓先生。

[六]韓孔當卒年，史稿及清國史皆失記。據前引邵廷采姚江書院傳，爲康熙十年，享年七十有三。

[七]「韓當」誤，當爲「韓孔當」，或「孔當」。

[八]明字，前引邵廷采姚江書院傳作「期」。

[九]邵曾可卒於何年，史稿失記。據姚江書院傳，爲順治十六年。

[十一]「韓當」誤，當爲「孔當」，或「韓孔當」。

[十二]邵廷采係康熙間著名史家，所著思復堂文集、東南紀事、西南紀事，皆傳世之作。史稿失載，不妥。

[十三]王朝式年輩與韓孔當相當，清國史將其傳記置於史孝咸、韓孔當之間，編次有法，並無不妥。清史稿不顧

長幼，移朝式於孔當弟子邵曾可及其孫廷采之後，如此編次，令人詫然。

〔十三〕王朝式卒年，史稿記作「順治初」。據前引姚江書院傳，當爲明崇禎十三年。

清史列傳卷六十六

儒林傳上一

沈國模

史孝咸　王朝式　韓孔當　邵曾可　邵廷采

沈國模，字叔則，浙江餘姚人。明諸生。餘姚自王守仁講學，得山陰王畿、泰州王艮，遂風行天下。艮傳吉安顏鈞，鈞傳南城羅汝芳，汝芳傳嵊縣周汝登。國模少見傳習錄，心好之，問於汝登。汝登契之，曰：「吾老矣，越城陶奭齡、劉宗周，今之學者也。子其相與發明之，何患吾道不興乎？」國模至越，遂請奭齡、宗周主教事，爲會於古小學，證人社所由起也。既歸，以明道爲己任，創姚江書院，與同里管宗聖、史孝咸輩講明良知之說。其所學或以爲近禪，而言行敦潔，皎然不欺其志，故推醇儒。與山陰祁彪佳友。彪佳以御史按江東，一日，杖大憝數人，適國模至，欣然述之。國模瞠目字祁曰：「世培，亦聞曾子言哀矜勿喜乎？」後彪佳嘗語人曰：

吾每慮，因心念國模言，恐倉卒喜怒過當也。明亡，聞宗周死節，爲位哭之慟，而講學益勤。性平易近人，雖村叟頑童，能得其意，皆曰：近從沈先生學，不敢爲惡。時學其學者不絶也。順治十三年卒，年八十有二。

史孝咸，字子虛，亦餘姚人。明諸生。少思以文章名世，而於良知之旨尤爲篤好。宗周家居時，孝咸往謁，恨相見晚。宗周創證人社，復以書招孝咸與爽齡同主講，居恒與弟孝復互相取益，有簞瓢不改之致。家貧，日食一粥，泊如也。後繼國模主姚江書院，嘗曰：良知非致不真。又曰：空談易，對境難。於居處恭、執事敬、與人忠三語，精察而力行之，其庶幾乎！同時純潔之士多歸之。順治十六年卒。將卒，召及門曰：吾七十八年浮生，於茲盡矣。所恃窮理盡性，以無負聖賢之訓，於心稍慊耳。然必如程、朱之銖黍弗渝，斯爲無弊，汝等識之。

王朝式字金如浙江山陰人國模弟子嘗入證人社
宗周主誠意朝式守致知曰學不從良知入必有誠非所
誠之弊[二]嵊縣錢朝式往賑全活四萬餘[三]又與蘇元璞鄭錫
元營立姚江書院順治初卒[三]年三十八

韓當[四]字仁父餘姚人亦國模弟子自沈史歿書院輟
講垂十年康熙九年[五][六]當復主院事以倡明理學自任弟子
七十餘人其學兼綜諸儒以致知爲宗求反改過爲輔尤
嚴於儒佛之辨家貧甚破衣盂粥終身晏如未嘗向人稱
貧痛近世喪不遵古禮風俗敝而物力殫曰志聖人之
學當自立身處家始出陸梭[七]山居家四則示學者曰能仿
此亦自足用也人有過於講學時以危言動之而不明言
其過聞者內愧沾汗退而相語曰此從韓先生來不覺自
失卒年七十三[八]疾亟謂弟子曰吾於陽明宗旨覺有心[九]得
然檢點於心終無受用小子識之味其言則知其學不尊

守仁，而尊朱子矣(十)。

邵曾可，字子唯，亦餘姚人。孝感弟子也。性孝友愷悌，少好書畫。一日讀孟子，至伯夷聖之清者也，忽有悟，悉棄去，壹志於學。初立姚江書院，人頗迂笑之，曾可厲色曰：不如是，便虛度此生。遂往學。其初以主敬為宗，自師孝感後，專守良知。嘗曰：於今乃知知之不可以已。日月有明，容光必照。不爾，日用跬步，鮮不貿貿者矣。孝感病，走十餘里叩牀下問疾，不食而返。如是月餘，亦病，同儕推為篤行。年五十一卒(十一)。

邵廷采(十二)，字念魯，浙江餘姚人。諸生。曾可孫。幼時，曾可偶舉宋儒語教之，輒曰：其人安往耶？願師事之。曾可以為有志，即送之姚江書院。時沈國模年八十，為諸生設講，廷采立聽久之。執卷諮曰：孩提不學不慮，堯舜不思不勉，同乎？國模歎曰：孺子知良知矣！能敬以恕，吾何加焉？自是從韓當受業，又問學於黃宗羲。初讀傳習錄，無所得。既讀劉宗周人譜，曰：吾知王氏學所始事矣。蠡縣李塨貽書，問明儒異同，廷采答曰：致良知者，主誠意，陽明而後，顧學蕺山。又嘗與人論學，廷采曰：天泉四言，陽明原本無極之說，儒也。龍溪浸淫無生之旨，釋也。孝感熊賜履以闢王學為己任，廷采曰：是不足辨，顧在力行耳。

廷采雖講學，好求經世大略。論改學校曰：重經術，廢時文，如試頌說可也。用徵辟，嚴保舉，罰其不稱可也。立明師，養廩貢，如經義、治事分課可也。行科目，復對策，如賢良方正三試可也。又曰：學校兼騎射，然後用之，可以當大事。今西北之人不知耕，東南之人不知戰，皆危事也。生平於曆算、占候、陣圖、擊刺無不學，嘗與將軍施琅縱談沿海要害，琅奇之。既遊西北，走潼關，講學於黃岡之姚江書院。復入京師，商邱宋犖、鄞萬經欲招入一統志館，以老辭。晚歲，思記著述以自見。以為陽明扶世翼教，作王子傳；蕺山功主慎獨，忠清節義，作劉子傳；王學盛行，而艮、畿踰雜，羅、揚詭亂，務使合乎規矩，作王門弟子傳；金鉉、祁彪佳、張兆鼇、黃宗羲等確守師說，作劉門弟子傳。嘗從宗羲問逸事，於明末諸臣尤能該其本末，所作宋遺民所知傳、倪文正施忠愍諸傳凡數十篇，欲勒成一書，未竟。有東南紀事十二卷、西南紀事十二卷。康熙五十年卒，年六十四。弟子刻其文為思復堂文集二十卷[十四]，又姚江書院志略四卷。

校記

〔二〕王朝式傳如此行文，似乎朝式之學與劉宗周相左。其實不然。據董瑒王徵士傳，明天啟二年，朝式即及劉子之門。崇禎十三年，朝式卒。劉宗周有祭文云：始金如甫弱冠而及吾門，負志不凡。比聞已得所師承，予姑逡巡謝之，而處以朋友之間。自此往還無間，每相見，必以學問為相切劘，絕不及流俗。……而訖為同志者幾二十年。」劉文且曰：「予猶記同社之席，金如偶舉立誠之說及省察克治之說，予心喜而目之曰，金如自此進矣。竟以同人意見相左，不竟其說，遂成空谷。嗚呼，予負金如矣！」惟其如此，董瑒喟歎：「讀劉子祭徵士文，徵士真不負劉子十九年之訓者哉！」

〔三〕據上引董瑒王徵士傳，嵊縣救災係明崇禎十年事。王朝式等遵劉宗周命，攜所募錢糧前往，「以佐縣令所不逮」。凡三募三往，賑饑民四萬二千餘口。故「往賑」當作「往助賑」。「全活」二字亦過甚其詞，當依邵廷采姚江書院傳作「全濟」。清國史影印本即作「全濟」。

〔三〕據上引董、邵二文，王朝式卒於明崇禎十三年，而非如此傳之「順治初」。

〔四〕「韓當」，《清國史》本作「韓孔當」，不誤。點校本誤據《耆獻類徵》刪「孔」字，則誤。

〔五〕「康熙九年」誤。據邵廷采《姚江書院傳》，當作「康熙八年」。孔當所撰《姚江書院紀事》一文，亦自署「己酉」，即康熙八年。

〔六〕「當」字不全，應作「孔當」。

〔七〕「梭」字原作「棱」，誤。據《清國史》逕改。

〔八〕韓孔當卒於何年，《清國史》失記。據邵廷采《姚江書院傳》，為康熙十年。

〔九〕「心」字，據邵廷采《姚江書院傳》，當作「新」。《清國史》即作「新」。

〔十〕僅據不具首尾之一語，即斷言韓孔當之學「不尊守仁而尊朱子」，顯然先入為主，失之武斷。

〔十一〕邵曾可卒於順治十六年，不當失記。

〔十二〕邵廷采傳本在清史列傳卷六十七儒林傳上二。

〔十三〕韓當誤，當依清國史作韓孔當。

〔十四〕思復堂文集有二十卷之説，然訖今未見傳本。故當依清國史作十卷，不必改作二十卷。

清史稿卷四百八十

儒林一

謝文洊

甘京 黄熙 曾曰都 危龍光 湯其仁 宋之盛 鄧元昌

謝文洊[一]字秋水，南豐人。明諸生。年二十餘[二]，入廣昌之香山，閱佛書，學禪。既讀龍溪王氏書，遂與友講陽明之學。年四十，會講於新城之神童峰，有王聖瑞者，力攻陽明。文洊與爭辯累日，為所動，取羅欽順困知記讀之，始一意程、朱。闢程山學舍於城西，名其堂曰尊雒。著大學中庸切己録，發明張子主敬之旨，以為為學之本。畏天命一言盡之，學者當以此為心法，注目傾耳，一念之私，醒悔刻責，無犯帝天之怒。其程山十則，亦以躬行實踐為主。時寧都易堂九子，節行文章為海內所重；髻山七子[三]，亦以節概名，而文洊獨反己闇修，務求自得。髻山宋之盛過訪，文洊遂邀易堂魏禧、彭任會程山，講學旬餘。於是皆推程山，謂其篤躬

行識道本甘京與文游為友後遂師之康熙二十年〔四〕卒年六十有七

京字健齋南豐人負氣慷慨期有濟於世慕陳同甫之為人講求有用之學與同邑封濬曾曰都危龍光湯其仁黃熙師事文游粹然有儒者氣象時號程山六君子著軸園稿十卷

熙〔五〕字維緝順治十五年進士文游長熙僅六歲熙服弟子之事常與及門之最幼者旅進退朔望四拜侍食起饋唯諾步趨進退維謹不以為勞彭士望比之朱子之事延平母喪未葬鄰不戒於火延燎將及熙撫棺大慟願以身同燼俄而風返人以為純孝所感

曰都〔六〕字姜公諸生其學務實體諸己因自號體齋以學行為鄉里所矜式

龍光字二為善事繼母繼母遇之非理委曲承順久

而愛之若親子焉。

　其仁，字長人。著四書切問、省克堂集。

與文游同時者，有宋之盛、鄧元昌。

　之盛，字未有，星子人。明崇禎己卯舉人。結廬髻山足，不入城市，（七）以講學為己任。其學以明道為宗，識仁為要。於二氏微言奧旨，皆能抉摘異同。與文游交最篤。晚讀胡敬齋居易錄，（八）持敬之功益密。與甘京論祭立尸、喪復之禮不可廢，魏禧亟稱之。

　元昌，字慕濂，贛縣人。（九）諸生。年十七，得宗五子書，遂棄舉子業，致力於學。雩都宋昌圖以通家子謁之，元昌喜之，曰：「吾小友也。」館之於家，昕夕論學。為日程，言動必記之，互相考覈。一日，昌圖讀朱子大學或問首章，元昌過窗外，駐聽之，謂昌圖曰：「子勉之，毋蹈吾所悔，永為朱子罪人，偷息天地也。」其互相切劘如此。

校記：

〔一〕清史稿之謝文洊傳，源自清國史。現存清國史文洊傳凡兩稿，一見於儒林傳卷一，一見於儒林傳上卷五，前者不及三百字，後者則五百餘言。史稿所采即前稿，惟文字略有增删。

〔二〕據謝鳴謙程山謝明學先生年譜，文洊生於明萬曆四十四年（一六一六年），譜主年二十餘，正值明清易代，天下大亂。史稿不言此一背景，則傳主入山學禪緣由不明。

〔三〕髻山七子，前當依清國史增「星子」二字。

〔四〕據前引程山謝明學先生年譜，文洊卒年應為康熙二十一年。

〔五〕黄熙傳，前當依清國史補封濬傳。

〔六〕「姜公」誤，據徐世昌清儒學案卷十八程山學案，當作「美公」。

〔七〕清國史之宋之盛傳，於「結廬髻山，足不入城市」前，本有「國變後」三字。史稿刪此三字，意欲何為？訾之為敗筆，恐不過分。

〔八〕「胡敬齋居易錄」失誤有二。其一，史稿例不稱號，當依清國史，逕作「胡居仁」。其二，「居易錄」之「易」字誤，當作「居業錄」。

〔九〕鄧元昌傳，清國史附見於儒林傳上卷二三黃永年傳後。傳末明言，元昌「乾隆三十年卒，年六十餘」。顯然與謝文洊、宋之盛生不同時。史稿竟以「與文洊同時」為由，將元昌傳提前，不知史例何在！

清史列傳卷六十六

儒林傳上一

謝文洊　甘京　封濬　黃熙　宋之盛　鄧元昌〔一〕

謝文洊，字秋水，江西南豐人。明諸生。年二十餘，入廣昌之香山，閱佛書，好之。後讀王畿及王守仁書，大悔，遂與友講陽明之學。會於新城之神童峰，有王聖瑞者，力攻陽明，文洊與爭辨累日，為所動。取羅欽順困知記讀之，始一意程、朱。邑城西有程山，在獨孤及彈琴馬退石之左，文洊闢學舍其間，名其堂曰尊雒。與其徒敦實行，修古禮，晝之所為，宵必書之考業記。過朔望，相質訂。出入循循，里中人不問而知為程山弟子也。時寧都易堂九子，節行文章為海內所重，星子髻山七子，亦以節概名。文洊獨反己闇修，務求自得。髻山宋之盛過訪文洊，文洊遂邀易堂魏禧、彭任，會程山講學，旬餘，皆推文洊，謂其篤躬行，識道本。

所著有大學中庸切己録二卷，首以君子有三畏講義一篇，發明張子主敬之旨，以爲爲學之要。畏天命一言盡之矣。聖人一生，戰兢惕厲，無非畏天命之心法。學者常當提持此語，注目而視唯此，傾耳而聽唯此，稍有一念之私，急須當下提醒，痛責，速自洗滌，以無犯帝天之怒。工夫既久，樂天境地可得而臻也。次爲程山十則，亦以躬行實踐爲主。末附西銘解一篇，謂此爲學者究竟指歸，因尊之曰事天謨。自言八九易稿乃定，竊欲折衷先儒，啓發來學云。他著又有易學緒言二卷，風雅倫音二卷，左傳濟變録二卷，大臣法則八卷，程門主敬録一卷，初學先言二卷，義正編一卷，兵法類案十二卷，程山集十八卷。康熙二十年卒，年六十七。同邑甘京，與文游友，少文游七歲，已而服其誠也，遂師之。

甘京，字健齋，南豐人。諸生，好學，能詩文，負氣慷慨，慕陳同甫之爲人，講求有用之學，嘗區畫田賦上下，上有司行之。值邑荒亂，京請免荒稅，均賦役，賑饑平寇。又潛身走山砦下，知賊中險易，陳策請剿。人稱其經濟。閩中令聞其名，欲以重金聘入幕中，弗應。及師文游立身砥行，溫潤栗理，魏禧兄事之。其論學謂朱、陸歸宿不異，所趨之塗異。塗異自有失，護其失而爭之，則害矣。著有通鑑類事鈔一百二十卷，軸園稿十卷，不焚草二卷，無名高士傳一卷。京與同邑封濬、黃熙、曾曰都、危龍光、湯其仁同師文游，時號程山六君子。

封濬字禹成，順治間貢生。性孝友。父病，祈天請代。凡不得於父，爲懇解而曲成之。年二十四，教授里中，生徒且百人。至四十，師文游。少文游五歲，執禮恂恂如未成人。性耐勞勤，爲人排難解紛，秩秩有次序。值清丈邑田，濬與黃熙任其事，毋敢干以私。後彭士望以出位爲戒，因自號位齋。

黃熙，字維緝，順治十五年進士，官臨川教諭，以親老乞養歸。文游長熙僅六歲，熙服弟子之事，常與及門之最幼者旅進退，朔望四拜，侍食起饋，唯諾步趨維謹。彭士望比之朱子之事延平。文游於人少許可，獨引熙為入室弟子。性至孝，父歿，蔬食三年。後奉母居山砦，母喪，山居延燎，熙撫棺大慟，願以身同燼，俄而風返火滅，人以為孝感。卒年六十二。著有徵園遺稿。魏禧嘗曰：程山之門，濬為最長，其德宇尤大醇，篤行有道君子也。又曰：曰都毅而介，其仁和而有守，京與龔光坦中而好義，熙虛己而摯，此五君子者，性情行己不同，而孝友於家，廉於財，不苟且於言行，學古賢者之學，而缺然以為若將弗及，則無不同。其推挹甚至云。

宋之盛，字未有，江西星子人。崇禎十二年舉人，少孤，事兩兄如父。國變後，足不入城市，結廬髻山，與同里查轍、吳一聖、余暐、查世球、夏偉及門人周祥發講學，時稱「髻山七隱」。其學以明道為宗，識仁為要，於二氏微言奧旨，皆能抉摘異同。與文游交最篤。嘗與甘京論祭立尸喪復之禮不可廢，魏禧亟稱之。禧語京：「學道必工文章，使其言可法可傳。」之盛非之曰：「若是，則教儒者以作文矣。」晚讀胡居仁居業錄，持敬之功益密。康熙七年卒。著有求仁編、丙午山間語錄、程山問辨、髻山語錄。孫士宗能傳其學。

鄧元昌[五]，字慕濂，諸生。年十七，得宋五子書，讀之，涕泗被面下，曰：「嗟夫！吾乃今知為人之道也。出入禽門，忍不自返，何哉？」遂棄舉子業，致力於學。宗昌圖以通家子往謁，元昌喜曰：「吾小友也。」館之於家，昕夕論學，為日程，言動必記之，互相考覈。一日，昌圖讀朱子大學或問首章，元昌過窗聽之，感慟不能起。謂昌圖曰：「子勉之，毋蹈吾所悔，永為朱子罪人，偷息天地也。元昌有長兄，瞽而頑，大小事必稟而後行。後母性頊刻，每怒，必長跪請罪，得解乃起。後母弟亡，弟婦有子，請於元昌曰：「感兄公之德，願苦守撫孤兒。」元昌泣拜之，自是不入處室，挾子與弟子處於堂，督課之。有田在城南，秋熟，視穫，見貧子拾棄穗者，招之曰：「來！汝無然，吾自與汝穀，教汝讀書。」群兒爭趨之。始教以識字，既使諷章句，以俚語曉譬之。群兒踴躍受教。既卒穫，群兒嗥曰：「先生且歸，奈何？」有泣者。後每秋穫，群兒來學，以為常。城南人無少長，皆稱鄧先生。見元昌來，必起立，有衣冠問元昌者，則曰我鄧先生客也，不敢慢。其感人如此。著有慕濂遺集。乾隆三十年卒，年六十餘。

校記。

〔一〕鄧元昌傳，原編次於清史列傳卷六十七，儒林傳上二、附見於黃永年傳。

〔三〕兩句之「唯此」、點校本皆屬下句、誤、故改。

〔三〕據之前史稿校記所引傳主年譜、文游卒年當爲康熙二十一年。

〔四〕「廉於財」句、點校本將「不苟」二字屬上讀、誤、故改。

〔五〕鄧元昌傳未記籍貫、不誤。因之前陳道傳末、已明言元昌爲贛縣人。

清史稿卷四百八十

儒林一

高愈　顧培　彭定求　彭紹升

高愈〔一〕，字紫超，無錫人，明高攀龍之兄孫也。十歲，讀攀龍遺書，即有向學之志。既壯，補諸生，日誦遺經及先儒語錄，謹言行，嚴取舍之辨，不尚議論。嘗曰：士求自立，須自不忘溝壑始。事親孝，居喪不飲酒食肉，不內寢。晚年窮困，饘粥七日矣，方挈其子登城眺望，充然樂也。儀封張伯行巡撫江蘇，延愈主東林書院講會，愈以疾辭。平居體安氣和，有忿爭者，至愈前輒愧悔。鄉人素好以道學相詆諆，獨於愈僉曰君子也。顧棟高嘗從愈遊，說經娓娓忘倦。年七十八卒〔二〕。嘗撰朱子小學注，又所〔三〕著有讀易偶存、春秋經傳日鈔、春秋類、春秋疑義、周禮疏義、儀禮喪服或問。東林顧、高子弟顧樞、高世泰等鼎革後尚傳其學〔四〕。

初〔五〕，世泰為孝龍從子，少侍講席。晚年，以東林先緒為己任，葺道南祠、麗澤堂於梁谿，一時同志恪遵遺規。祁州刁包等相與論學，學者有「南梁北祁」之稱。大學士熊賜履講學出世泰門下，儀封張伯行、平湖陸隴其亦嘗至東林講學。賜履、隴其自有傳。

顧培〔六〕，字畇滋，無錫人。少從宜興湯之錡學，憣然悔曰：「道在人倫庶物而已〔七〕。」之錡歿，有弟子全敬，培築共學山居以延敬。晨夕講會，遵孝龍靜坐法，以整齊嚴肅為入德之方。默識未發之中，篤守性善之旨。晚歲，四方來學日衆。張伯行頗疑靜坐之說，培往復千言，暢高氏之旨。

彭定求〔八〕，字勤止，又字南畇，長洲人。父瓏，授以梁谿高氏之學，又嘗師事湯斌。康熙二十五年，一甲一名進士，授翰林院修撰，歷官國子監司業、翰林院侍講，充日講起居注官。前後在翰林才四年，即歸里不復出。作高望吟七章，以慕七賢。七賢者，白沙、陽明、東廓、念菴、梁谿、念臺、漳浦也。又著陽明釋毀錄、儒門法語、南畇文集。嘗與門人林雲翥書云：有願進於足下者有二，[九]一曰無遽求高遠而略庸近。子臣弟友，君子之道，至聖以有餘不足爲斤斤，孟子以堯、舜之道，孝弟而已。然則舍倫常日用，事親從兄之事不爲，而鉤深索隱，以爲聖人之道，有出於人心同然之外者，必且流於異端堅僻之行矣。一曰無妄生門戶異同之見。騰口說而遺踐履，[十]朱子之會於鵝湖也，傾倒於陸子義利之說。此陽明拔本塞源之論，致良知之旨，一脈相承。其因時救弊，乃不得已之苦衷，非角人我之見。僕詠遺經，蕩滌瑕滓，因有儒門法語。足下有志聖賢，當以念臺劉子人譜證人，會二書入門，且無嘵嘵於紫陽、姚江之辨也。定求卒年七十有八。[十一]其孫啓豐，官兵部尚書，自有傳。

啓豐子紹升，頗傳家學，述儒行，有二林居集。然彭氏學兼朱、陸，識兼頓、漸。啓豐、紹升頗入於禪，休寧戴震移書紹升辨之。紹升又與吳縣汪縉共講儒學，縉著三錄、二錄，尊孔子而游乎二氏。此後江南理學微矣。

校記

〔一〕清國史之高愈傳凡二稿，一見於儒林傳卷一一，一見於儒林傳上卷卷一〇。前稿三百餘言，後稿稍長，約五百餘言。清史稿係沿用前稿，文字略有增删調整。

〔二〕江慶柏先生著清代人物生卒年表，以江蘇藝文志爲據，記高愈卒於康熙五十六年，享年七十有八。

〔三〕「所」字係史稿所加，可省。

〔四〕「東林顧、高子弟」句，前述高愈傳後稿，置於傳首，緊接「攀龍從孫」後。

〔五〕「初」字爲史稿所加，可省。

〔六〕依史稿文例，高愈傳末既有「東林顧、高子弟顧樞、高世泰等，鼎革後尚傳其學」語之後，又接以高世泰傳，則理當再接顧樞傳。然史稿自亂文例，卻不載顧樞，而以清國史附見於湯之錡傳之顧培取代。張冠李戴，學脈紊亂，殊不可取。

〔七〕史稿之顧培傳，源自彭紹升二林居集之顧先生培傳。傳文云：「顧昀滋名培，江南無錫人。少善病，母憂其不壽，命棄舉子業，習長生家言。事導引，頗得其術。年二十五，從宜興湯之錡問學，幡然悔曰：『道在人倫庶物而已，乃吾向者之自私也甚哉！』」史稿祇記「幡然悔」語之上半句，卻不載傳主早年習長生家言之經歷，以致所指不明。

〔八〕彭定求傳，清國史載在儒林傳上卷卷一二。清史稿多有刪削，取以附見高愈傳。

〔九〕一句之中，首尾連見二「有」字，當屬語病。清國史原作「有願進於足下者二」，則與定求之與林雲翥書，大體一致。原書作「然願進於足下者，其說有二」。

〔十一〕「一曰無妄生門户異同之見」以下文字，既非清國史引文，更非傳主原書。擅改前賢遺文，如此修史，何以取信後世！

〔十二〕定求卒年誤。清國史之定求傳，本作「康熙五十八年卒，年七十五」，甚確。史稿誤改，不知何據。

清史列傳卷六十六

儒林傳上一

高愈　顧培[一]　彭定求[二]

高愈，字紫超，江南無錫人。諸生。明左都御史攀龍從
孫。東林高顧子弟，入國朝後，頗傳其學。攀龍從子世泰，字
彙旃，少侍講席，學甚該究。嘗著五朝三楚文獻錄，學者重
之。攀龍歿後，與嘉善陳龍正訂正遺書。崇禎十年成進士，
授禮部主事，歷官湖北提學僉事。明亡，不仕。晚年以東林
先緒爲己任，葺道南祠、麗澤堂於梁谿，一時同志恪遵遺
規。祁州刁包聞聲謁之，相與論學，時稱「南梁北祁」。盩厔李
顒[三]至常州，與會講於東林書院，歡若平生。

同時顧樞，字庸菴，憲成長孫。天啓元年舉人。嘗從攀
龍講性命之學。明亡，閉戶讀書，足不入城市，與世泰俱以
理學名。著有西疇日鈔二卷。世泰有高子節要十四卷，紫

陽通志錄四卷。

愈十歲讀攀龍遺書，即知嚮學。及壯，日誦遺經及先儒語錄，孝友肫懇，言動不苟。攀龍嘗作靜坐說示學者，愈私淑前徽，平居體安氣和，雖子弟未嘗譙訶。終日凝坐不欠伸，當盛暑不裸跣。其忿爭者至愈前，輒愧悔。縣中人好以道學相詆諆，獨稱愈曰君子。尤嚴取舍之辨，嘗曰：士求自立，須自不忘溝壑始。巡撫張伯行延主東林講席，辭以疾。有司饋之人，蔑，不受。年七十，門弟子以新冠為壽，亦卻之。既而大困，饘粥七日矣，挈其子登城上眺望，充然樂也。治經精密，尤長於禮。保德姜橚佐督學高裔校閱，賞其文，語人曰：江南宿學之士，愈及桐城方苞而已。同縣顧棟高嘗從愈遊，說經娓娓不倦，棟高歎曰：便便之腹，真五經笥，但不為假卧耳。卒年七十八。著有高註周禮二十二卷，又小學纂註六卷。乾隆中，督學尹會一以小學取士，頒行其書。

顧培，字畇滋，與族弟鏊同從之錡問學，之錡歿，築共學山居，以延敬朝夕講貫，守高攀龍靜坐說，默識未發之中，久之，遂篤信性善之旨。張伯行撫吳，詣東林講學，頗以靜坐為疑。培往復千言，暢高氏之旨，伯行無以難之。

定求，字勤止，年二十餘，瓏被誣落職，定求除夕冒雪往，溯灘涉嶺，崎嶇四千餘里，不四旬至粵，見瓏抱哭，士民皆感動。康熙二十五年一甲一名進士，初置第三，聖祖以策末有勸勉朕躬語，擢第一，授修撰，尋請歸省，居二年，瓏從之入京，充纂修兩朝聖訓官、日講起居注官，遷國子監司業，編孝經旁訓，翻譯國書，頒示八旗官學生，立月課條約，禁吏胥括索，考到出咨，不受一錢。晉侍講，復乞假歸，未至，瓏卒，抵家撫棺慟絕。自是忌日前半月齋居哀慕，如喪時，終其身。聖祖南巡，命中使賜御書，傳旨云：汝學問好，品行好，家世好，不管閒事。並問病痊否。已命就揚州書局與校全唐詩，許銷假照現任官陞轉。定求在局二載，竣事即還，亦未嘗銷假也。

初，瓏授定求以梁谿高氏之學，定求又師事湯斌。後讀傳習錄，於陽明良知之說憬然深省，自是以陸王為宗。嘗作高望吟七章，以慕七賢。七賢者，陳獻章、王守仁、鄒守益、羅洪先、顧憲成、劉宗周、黃道周也。其與門人林雲翥書曰：有願進於足下者二，一曰無遽求高遠而略庸近。吾夫子以庸德庸言自勉勉人，孟子曰堯舜之道，孝弟而已矣。然則舍現前實地而鈎深索隱，以為聖人之道有出於人心同然之外者，必反流入異端堅僻之行矣。一曰無徇聲聞而遺踐履。陸子鵝湖之會，講義利章，聞者流涕。陽明拔本塞源論，直接孟子正人心之義，深切著明。白沙曰：名節者，道之藩籬。固未有理學而不名節者也。若徒紛論異同，自附壇坫，違其趨向，正在鄉愿之窠窟，而自絕於狂狷之羽翼中行。縱使著書等身，正蹈程子玩物喪志之戒，可謂其術中乎？又曰：鞭辟近裏工夫，舍致良知三字，蔑由伐毛洗髓，邇來真儒得力於此者，惟夏峰、二曲深信不疑。大約聖學必動靜合一，而下學之始，須由靜坐。延平未發以前氣象，的是師傳心法也。時陸隴其書出，附和之者多，以排擊陽明為功，故定求云然。定求沉潛篤志，初乞假歸省，跪請曰：兒願得閉門讀書，如童子入塾時，庶少補前過乎？及家居，禁絕鼓吹，時舉豆腐會，招老友談道，竟日。著有學易纂錄、儒門法語、密證錄、姚江釋毀錄、周忠介遺事及南畇文集十二卷。五十八年卒，年七十五。

定求孫啓豐，啓豐子紹升，頗傳家學，然彭氏學參朱、陸，識兼頓漸。啓豐、紹升遂流入於禪。休寧戴震嘗移書紹升辨之。啓豐，雍正五年一甲一名進士，官至兵部尚書。自有傳。

校記：

〔一〕清史列傳之顧培傳，原附見於湯之錡傳。

〔二〕清史列傳之彭定求傳，原附見於彭瓏傳。

〔三〕「顒」字原作「容」，係清人避諱改字。

〔四〕「之錡」謂湯之錡。

〔五〕「敬」謂金敬。

〔六〕「瓏」謂彭瓏。

〔七〕點校本拔本塞源論「論」字屬下句，誤。「拔本塞源」一說，見王陽明傳習錄卷中之答顧東橋書。

〔八〕點校本「須由靜坐延平未發以前氣象」連讀，誤。當作「須由靜坐。延平未發以前氣象」。

清史稿卷四百八十

儒林一

湯之錡

施璜　張夏　吳曰慎

湯之錡，字世調，宜興人。安貧力學，於書無所不讀，尤篤信周子主靜之說。或譏其近於禪，之錡曰：「程子見學者靜坐，即歎其善學。易言齋戒以神明其德，靜坐即古人之齋戒，非禪也。」居親喪，一循古禮，就地寢苫。事諸父如父，昆弟無間言。既而得高攀龍復七規，喟然曰：「此其入學之門乎！」仿其說，為春秋兩會，聞風者不憚數千里來就學焉。明亡，之錡年二十四，即棄舉子業。嘗論出處之道曰：「潛龍勿用，潛要確，若不確，則遁世不見知而悔矣。古來多少高明，只為此一悔所誤。」常州知府駱鍾麟請關西李顒講學毘陵，特遣使聘之，之錡堅辭不赴。後延主東林、延陵諸講席，又不就。之錡為學，專務切近，絕無緣飾。或詢陽明致良知之說及朱陸異同者之錡曰顧吾力行何如耳多辨論何益一日抱微疾整襟危坐而逝年六十二及門金敞顧培輩建書院於惠山之麓奉其主祀之著偶然云集

施璜字虹玉休寧人少應試見鄉先生講學紫陽瞿然曰學者當如是矣遂棄舉業發憤躬行日以存何念接何人行何事讀何書吐何語五者自勘教學者九容以養其外九思以養其內九德以要其成學者稱誠齋先生已而遊梁谿事高世泰將歸與世泰期某年月日當赴講及期世泰設榻以待或曰千里之期能必信乎世泰曰施生篤行君子也如不信吾不復交天下士矣言未既璜果挈弟子至著有思誠錄小學近思錄發明

張夏字秋韶亦無錫人隱居蕺川之上孝友力學初從馬世奇受經後入東林書院從高世泰學積十餘年遂入世泰之室世泰卒其子弟相與立夏為師事之如世泰

湯斌撫江蘇，至東林，與夏講學，題其言，延至蘇州學宮，爲諸生講孝經、小學。退而注〔七〕孝經解義、小學論注〔八〕。

吳曰慎〔九〕，字徽仲，歙縣人。諸生。盡心於宋五子書，論學主乎敬，故自號曰靜菴〔十〕。初遊梁谿，講學東林書院，已而歸歙，會講紫陽、還古兩書院，興起者衆。

校記：

〔一〕湯之錡傳，清國史原編次於儒林傳上卷卷一〇。清史稿取以入傳，文字略有增刪。

〔二〕施璜傳，清國史原編次於儒林傳上卷卷一〇附見於汪佑傳。清史稿取以附見湯之錡傳，文字刪削甚多。

〔三〕「紫陽」之後，脫「書院」二字，當依清國史作「紫陽書院」。

〔四〕「小學」之後，脫「發明」二字，當依清國史作「小學發明」。

〔五〕張夏傳，清國史原編次於儒林傳上卷卷一〇附見於高愈傳。傳主字之「秋韶」，依清國史當作「秋紹」。

〔六〕高愈係江蘇無錫人，故清國史以張夏附愈，則記夏亦無錫人。清史稿改張夏附湯之錡，之錡係江蘇宜興人，而稱夏籍貫之亦無錫人，亦字前無所承，顯然多餘。

〔七〕「注」字誤，依清國史當作「著」。

〔八〕張夏著雒閩源流錄，影響甚大，清國史已記入傳文。清史稿削而不記，當屬疏漏。孝經解義當作孝經衍義。

〔九〕吳曰慎傳，清國史原編次於儒林傳上卷卷一〇，附見於汪佑傳。清史稿改附湯之錡傳，文字頗多刪節。

〔十〕「靜菴」之「靜」字誤，當依清國史作「敬菴」。

清史列傳卷六十六

儒林傳上一

湯之錡 施璜[一] 張夏[二] 吳曰慎[三]

湯之錡，字世調，江蘇宜興人。年二十四，遭國變，屏居田野。至性純篤，居親喪，一循古禮。事諸父如父。於儒先書無所不讀，而以周子主靜之說為宗。嘗寓居無錫，四方來學者衆。之錡仿高攀龍復七規春秋兩會，教以默識大原，實體倫物。常州知府駱鍾麟請盩厔李顒[四]講學東林，遣使聘之，不赴。後又延主東林、延陵諸講席，亦不就。嘗論出處之道曰：「潛龍勿用，潛要確，不確則遯世[五]不見知而悔矣。」為學專務切近，無緣飾。或問朱、陸異同，之錡曰：「顧力行何如耳，多辨論何益？」年六十二卒。及門武進金敞、無錫顧培，建書院惠山之麓，奉主祀之。著有偶然云集十卷。

施璜，字虹玉，安徽休寧人。少應郡試，入紫陽書院聽

講。瞿然曰：「學者當如是矣。」遂棄舉業，發憤躬行，已而會講
推璜，璜先一日齋宿，務設誠以感人。教學者九容養外，九
思養內，以造於誠，先後主講垂四十餘年。康熙三十二年，
聖祖賜「學達性天」額於紫陽書院，璜因輯書院志十卷。初，
璜好學，不敢自足，聞四方名賢，徒步千里，嘗過梁谿，訪高
世泰，將歸，與世泰約期某年日當赴講。及期，世泰設榻以
待。或曰：「千里之期，能必信乎？」世泰曰：「施生篤行君子也。」言
未終，璜果至。又嘗應聘金陵，與孝感熊賜履論學，尤相契。
賜履稱其易說、西銘問答、太極圖注、翼有功經傳。及賜履
再用，璜遺之書曰：「國家歲漕東南粟輸京師，累費巨萬，如
使畿甸及齊、晉之地，相水利以興稻田，則數百萬之粟，可
取之如反掌也。」賜履善其言。其學以復性為宗旨，主敬為
工夫，自為日記，立存心、行事、讀書、接人、吐論五目，注其旁
曰：「無錄怠也，錄善掩不善欺也。怠則恥，欺則甚恥。」每日從

朝至暮，以所行所得注於下，題曰思誠錄。如是者亦四十餘年。又以文成之道不熄，朱子之道不著，講論之餘，悉力排擊。論者謂其崇尚正學，與汪佑同功。他著有誠意問答、性理發明、易書詩四書釋注、五經臆說、訂學庸或問、辨學彙言、四禮要規、新安塾講錄、紫陽通志續錄。其五子近思錄發明、小學發明二書，尤爲海內傳誦。

張夏，字秋紹，亦無錫人。明諸生，隱居菰川，孝友力學。初受業於馬世奇，博通經史。後從高世泰學，歸本自治，積十餘年，遂入世泰之室。世泰歿，其子弟相與立夏爲師，事之如世泰。湯斌撫吳，至東林，與夏講學，疑其言，聘講孝經、小學於學宮。退而著孝經衍義、小學論注，其論學謂東林顧、高兩先生一提性善以破無善，一提格物以救空知，辨析絲毫，俾夜復旦。著雒閩源流錄十九卷，取有明一代講學之儒，分別其門戶，大旨闡洛閩之緒，而力闢新會、姚江之說，然於陸氏之派，亦節取所長。又以東林之學，始宋楊時，因重輯楊文靖年譜二卷。又著錫山官賢孝略三卷。

吳曰慎，字徽仲，安徽歙縣人。諸生。篤行好學，尤致力宋五子書。其學以敬爲主，故號曰敬菴。嘗作性情說，謂孟子道性善，當時有異論，蓋未嘗爲氣質之說以通之。然推孟子口之於味之類，而曰性也，又曰動心忍性，則亦就形氣嗜欲而言。犬之性不若牛之性，牛之性不若人之性，亦謂氣稟之殊。是孟子雖未言氣質，而其意已躍如言外也。性囿於氣質，發而爲情，不能盡善。欲理性情，非治心不可；欲治心，非敬義不可。蓋中和者性情之德，敬者所以中，義者所以和。中庸之戒懼，敬也；慎獨，義也。敬義者所以變化氣質，克己復禮之道也。又以金谿之徒援儒入釋，非痛切明辨無以盡絕根株，悉袪障蔽，因著就正錄、敬菴存稿諸編。嘗遊梁谿，從高世泰遊，後還歙，會講紫陽，興起甚衆。

著書三十餘種，易學尤深，有周易本義翼、周易集粹、文徵數十卷。文徵取史以證象，尤曉然於貞勝之旨。御纂周易折中，曾取其書數十則。

校記：

〔一〕清史列傳之施璜傳，原附見於汪佑傳。

〔二〕清史列傳之張夏傳，原附見於高愈傳。

〔三〕清史列傳之吳曰慎傳，原附見於汪佑傳。

〔四〕「顒」字原作「容」，係清人避諱改字，故逕以改回。

〔五〕「遯世不見知」語出中庸，當連讀。點校本誤將「遯世」讀斷，故逕改。

清史稿卷四百八十

儒林一

陸世儀

陳瑚 盛敬 江士韶

陸世儀，字道威，太倉州人。少從劉宗周講學〔一〕，歸而鑿池十畝〔二〕，築亭其中，不通賓客，自號桴亭。與同里陳瑚、盛敬、江士韶相約，為遷善改過之學〔三〕。或橫經論難，或即事窮理，反覆以求一是。甚有商榷未定，徹夜忘寢，質明而後斷；或未斷而復辯者。著思辨錄，分小學、大學、立志、居敬、格致、誠正、修齊、治平、天道、人道、諸儒、異學、經子、史籍十四門。世儀之學，主於敦守禮法，不虛談誠敬之旨，施行實政，不空為心性之功。於近代講學諸家，最為篤實。其言曰：「天下無講學之人，此世道之衰；天下皆講學之人，亦世道之衰。嘉、隆之間，書院遍天下，呼朋引類，動輒千人，附影逐聲，廢時失事，甚有借以行其私者。此所謂處士橫議也。」又曰：「今所當學者不止六藝，如天文、地理、河渠、兵法之類，皆切於世用，不可不講。所言深切著明，足砭虛憍之弊。其於明儒薛胡、陳王，皆平心論之。又嘗謂學者曰：「世有大儒，決不別立宗旨。」故全祖望謂國初儒者，孫奇逢、黃宗羲、李顒最有名，而世儀少知者。同治十一年，從祀文廟。〔四〕

瑚字言夏，號確菴〔五〕。明崇禎十六年〔六〕舉人。世儀格致篇首提「敬天」二字，瑚由此用力，頗得要領，因定為日紀考德法，而揭敬勝怠勝於每日之首，格致誠正修齊治平於每月之終，益信「人皆可以為堯舜」非虛語也。復取小學分為六：曰入孝，曰出悌，曰謹行，曰信言，曰親愛，曰學文；大學分為六：曰格致，曰誠意，曰正心，曰修身，曰齊家，曰治平。謂小學先行後知，大學先知後行，小學之終即大學之始。瑚之為學，博大精深，以經世自任，值婁江湮塞、江南大饑，瑚上當事救荒書，皆精切可施行，而時不能用。明亡，絶意仕進，避地崑山之蔚村。田沮洳，瑚導鄉人築岸禦水，用兵家束伍法，不日而成。父病，刺血籲天，願以身代。父卒，遺產悉讓之弟。康熙十四年卒，年六十有二。[七]門人稱曰安道先生。巡撫湯斌即其故居為之立安道書院。

敬，字宗傳[八]，號寒溪。諸生。長世儀一歲，矢志存誠主敬之學。篤於孝友，居喪三年，不飲酒食肉，有弟遇之無禮，敬終始怡怡。

士韶，字虞九，號藥園。諸生。其學以世儀為歸。同時理學諸儒多著述，士韶以為聖賢之旨盡於昔儒之論說，惟在躬行而已。晚年取所作焚之，故不傳於後云。

校記：

[一]「少從劉宗周講學」，無據失實。清史稿之陸世儀傳，源自清國史世儀本傳。國史原作「嘗欲從劉宗周問學，不

果言之有本。據傳主論學酬答與張受先論學書及《思辨錄後集》卷九〈諸儒〉，世儀雖尊劉宗周爲「今海內吾仰以爲宗師者」，且於明崇禎十五年冬，與同邑張采相約前往紹興請益，因故未能成行。迨於三年之後，宗周故世，更無任何世儀追隨問學的記載。因此，雍乾間史家全祖望撰《陸桴亭先生傳》，如實記云：「張受先謂之曰：『講學諸公寥寥矣，蕺山其今日之碩果乎？曷與我往叩之。』先生擔簦從之，受先不果而止，終身以爲恨。」

〔三〕歸而鑿池十畝云云　語出《清國史》及全氏撰傳，而《史稿》有意隱去鑿池不出緣由及時間，紊亂史實，殊不可取。據《陸桴亭先生傳》記：「國亡，嘗上書南都，不用。又嘗參人軍事。既解，鑿池寬可十畝，築亭其中，不通賓客。桴亭之名以此。」《清國史》之《世儀本傳》亦云：「明亡，不復出，鑿池十畝，築亭其中，不通賓客，自號桴亭。」

〔三〕史稿於此處所記時序顛倒，並非實録。據陳瑚撰陸桴亭先生行狀，傳主之與陳瑚、江諸友相約爲體用之學，乃明崇禎九年事，而鑿池不出，則已入清。

〔四〕據凌錫祺尊道先生年譜，始議譜主從祀文廟事當同治十三年四月，江蘇巡撫張樹聲疏請。五月十六日飭下禮部議覆。光緒元年二月十五日，獲准。又據清會典事例卷四三六禮部一四七中祀，光緒元年奏准先儒陸世儀從祀聖廟，位列西廡明儒黄道周之次。

〔五〕清史稿例不書號，自成一體，無可厚非。然此篇入正傳之陸世儀及附傳三家，字號皆書，章法自亂，百密一疏。

〔六〕明崇禎十六年舉人，誤。據王瑬撰陳先生瑚傳，傳主舉鄉薦，爲崇禎壬午，即十五年。

〔七〕年六十有二，不確。據上引陳瑚傳，傳主生於明萬曆四十一年，卒於清康熙十四年，得年六十有三。

〔八〕據江慶柏先生清代人物生卒年表，及楊廷福、楊同甫二位先生編清人室名別稱字號索引，傳主當字聖傳。

清史列傳卷六十六

儒林傳上一

陸世儀 陳瑚 盛敬 江士韶

陸世儀，字道威，江南太倉州人。年十六，父勖之曰：「一飲一食，常維經義，可以收放心。或坐或卧，如對聖賢，可以卻邪念。」世儀揭之座隅。年二十七，為主敬之學，慮敬之或至散漫，時奉一天以臨之，功乃大進。嘗欲從劉宗周問學，不果。後與同里陳瑚、盛敬、江士韶諸人倡明正學，慮驚世駭俗，深自韜祕。或橫經論難，或即事窮理，反覆以求一是。甚有商榷未定，徹夜忘寢，質明而後斷；或未斷而復辨者。

世儀之學，篤守程、朱。自言初有得於心，為「嚴師隨事精察」八字，謂「心為嚴師」即居敬，「隨事精察」即窮理。既有得於「理一分殊」四字，謂聖賢工夫，隨事精察是起手，一以貫之是究竟，而此四字，自精察而造一貫之階梯也。既而曠觀天地古今無有不貫，謂邵子遍物皆成四片，此衹是於陰陽老少處看得熟，然終落氣數。若見得理一分殊親切，則遍物一片亦可，千萬片亦可。其論太極圖說謂主敬二字是立人極之本，中正仁義又是主靜之實落處。周子自注云無欲故靜，無欲則純乎理，是以天理為靜，人欲為動。乃知仁義中正之外，別無主靜也。其論性謂孟子衹就四端發現處言，不必說到渾然至善。又謂論性離不得氣質，一離氣質便要離天地。蓋天地亦氣質也，離天地則於陰陽外別尋太極，太極不落空虛，即同於一物。世儀不善陳王之學，然能平心以論之。其論白沙曰世多以白沙為禪宗，非也。白沙曾點之流，其意一主於灑脫曠閑，以為受用，故與禪思相近。其靜中養出端倪之說，中庸有之，然不言戒懼慎獨，與惟詠歌舞蹈以養之，則近於手持足行無非道妙之意矣。不言睹聞見顯，而惟端倪之是求，則近於莫度全鉞之意矣。白沙本與敬齋俱學於吳氏，皆以居敬爲主，後來自成一家，始以自然爲宗。而敬齋則終身無所轉移，此狂狷之分。其實白沙所謂自然者，誠也，稍有一毫之不誠，則粉飾造作，便非自然。或者以率略放誕爲自然，非也。其論陽明曰：陽明之學，原自窮理讀書中來，不然，龍場一悟，安得六經皆湊泊？但其謂庭前格竹七日而病，是則禪家參竹篦之法，原非朱子格物之說，陽明自誤會耳。蓋陽明少時，嘗從事禪宗，而正學工夫尚寡。初官京師，雖與甘泉講道，非有深造。居南中三載，始覺有得，而才氣過高，遽爲致良知之說，自樹一幟。是後畢生鞅掌軍旅之中，雖到處講學，然終屬聰明用事，而少時之熟處難忘，不免逗漏出來。要之，致良知固可入聖，然切勿打破敬字，乃是壞良知也。其致之亦豈能廢窮理讀書？然陽明之意，主於簡易直捷，以救支離之失。故聰明者厭窮理讀書之繁，動云一切放下，直下承當。心麤膽大，祇爲斷送一敬字，不知即此簡易直捷之一念，便已放鬆脚根也。」論者謂其洞見得失，足發諸家紛爭之說。

生平於象緯、律曆及禮樂、政事、異同，無所不究。所著思辨錄，疏證剖析，蓋數百萬言，分小學、大學、立志、居敬、格致、誠正、修齊、治平、天道、人道、諸儒、異學、經史、子籍十四門，凡三十五卷。大旨主於敦守禮法，不虛談誠敬之旨，施行實政，不空爲心性之功。於近代講學諸家，最爲篤實。故其言曰：「天下無講學之人，此世道之衰；天下皆講學之人，亦世道之衰。嘉隆之間，書院遍天下，呼朋引類，動輒千人，甚有借以行其私者，此所謂處士橫議也。」又曰：「今所當學者止六藝〔四〕，如天文、地理、河渠、兵法之類，皆切於世用〔五〕，不可不講。」其言足砭虛憍之弊。後儀封張伯行序其書，謂世稱世儀爲朱子後一人，余不敢知，然其於內聖外王之道，思辨有素，不可謂非正學干城云。明季流寇事亟，世儀謂平賊在良將，尤在良有司，宜大破成格，凡進士貢監諸生，不拘資地，但有文武幹略者，輒與便宜，委以治兵積粟守城之事，有功即以爲其地之牧令，如此則將兵者所至有呼應。今拘以吏部之法，重以賄賂，隨人充數，是賣封疆也。時不能用。

明亡，不復出，鑿池[六]十畝，築亭其中，不通賓客，自號桴亭。順治十五年，始應學政張能鱗聘，爲輯儒宗理要。十七年，應諸生之請，講學東林。康熙五年，復講學毘陵。已復歸講里中。當事屢欲薦之，力辭。十一年卒，年六十二。所著有論學酬答、宗禮、典禮、折衷、禮衡、易窺、詩鑑、書鑑、春秋考論等四十餘種。國朝諸儒恪守程、朱家法者，世推二陸，謂世儀及隴其也。光緒元年，禮部議覆江蘇巡撫張樹聲疏奏，奉旨從祀文廟。

陳瑚，字言夏，亦太倉州人。明崇禎十六年舉人。世儀作格致篇，首提敬天二字，瑚由此用力，遂得要領。每日課程，以敬怠善過自考。嘗與世人論致中和工夫，瑚答之曰：「工夫全在存養省察。玩注中約之、精之二語，約之有漸漸收斂入內意，精之有漸漸擴充向外意。即如戒慎恐懼，何得偏擇所謂不睹不聞者而用功？祇是持敬於己，不問其睹聞與否，步步存天理於胸中，然後漸漸收斂，直至夢寐所不及，簡精神所不及持，純是一團天理，此之謂約之，此之謂致中。慎獨則先從己所獨知之地用力，然後推向外去，自一事一物以至萬事萬物，無不各當，絕無一毫人欲，此之謂精之，此之謂致和。」世儀諸人皆然其言。著聖學入門書，分小學為六：入孝、出悌、謹行、信言、親愛、學文；大學為六：格致、誠意、正心、修身、齊家、治平。謂小學先行後知，大學先知後行，小學之終，即大學之始。

湖之學博大精深，尤講求經濟大略。暇則橫槊舞劍，彎弓注矢，其擊刺妙天下。值婁江堙塞，江南大饑，湖上當事救荒書。其預備之政四：曰築圍岸，開港浦，廣樹藝，預積儲。防捄之政四：曰慎災眚，早奏報，懲游惰，勸節省。補苴之政四：曰通商，勸分，興役，弭亂。賑恤之政四：曰招流亡，緩徵索，審刑獄，恤病囚。又陳支吾三議，其議食四條：曰勸義助，勸轉輸，招商米，優米肆。議兵八條：曰嚴保甲，練鄉民，設偵探，勸習射，練夫役，練牙兵，備城守之人，備城守之器。議信六條：曰勵士節，和大戶，巡郊野，安典肆，清獄囚，嚴督察。又著江南二策：曰定常賦以絕蠹漁，此治標之法；興水利以闢田疇，此治本之法。皆精切可施行，時不能用。其論理財，謂管子富國之法，大約籠山澤之利，操輕重之權，可施之一國，不可施之天下。苟利吾國，鄰國雖害不恤也。此有餘，彼不足，不足者亦王土也。此享其利，彼受其弊，弊者亦王民也。故桑、孔用之漢而耗，王、呂用之宋而亡。時稱爲篤論。瑚嘗自言，其學如醫之治病，求之於古猶方藥也，求之於今猶切脈也。按脈求病，按病定方，按方用藥，故百發不爽。然主人諱疾，則良醫亦束手矣。

明亡，絕意仕進，奉父寓崑山之蔚村。田沮洳，瑚導鄉人築岸禦水，用兵家束伍法，不日而成，歲獲豐稔。又立孝弟、力田、爲善三約，衆皆悅從。父病，刺血籲天，願以身代父。卒，遺產悉讓之弟。康熙八年，詔舉隱逸，知州白登明將以其名上，瑚力辭乃已。遊其門者，多俊偉英略之士。十四年卒，年六十三。卒後，村人立祠祀之。巡撫湯斌即其居爲安道書院。他著有求道錄、淮雲問答、築圍說、治病說、救荒定議等書。其孫搜輯彙編爲五十八卷。

盛敬，字聖傳，亦太倉州人。諸生。長世儀一歲(九)矣，志存誠主敬之學。篤於孝友。居喪三年，不飲酒食肉，有弟遇之無禮，敬始終怡怡。家貧，韲鹽不給，讀書窮晝夜。瑚嘗稱其深思靜氣，學力日進，雖論事或有未當，而嚴儒釋之分、敬怠之辨，至為精密。

江士韶，字虞九，亦太倉州人。諸生。其學以世儀為歸，盛敬嘗以世儀開闢、士韶懇到稱之。同時諸人多務著述，士韶以為三代聖賢之旨盡於昔儒論說，惟在躬行而已。晚年取所作焚之，故不傳於後。惟世儀所著《思辨錄》未有倫次，士韶纂輯精要，類分而書之，遂行於世。

校記

〔一〕「榷」字原誤作「椎」，依《清國史》改。

〔二〕「無欲故靜」四字，係《太極圖說》自注語，以下則皆世儀言，原點校未審，故逕改。

〔三〕據《思辨錄輯要》，「經史子籍」不確，當作「經子史籍」。

〔四〕「止六藝」三字，誤據別書改。據原書及清國史影印本，皆當作「不止於六藝」。

〔五〕「世用」二字，原書及清國史影印本均作「用世」，可不改。

〔六〕「鑿池」「池」字原誤作「地」，依清國史改。

〔七〕當為「崇禎十五年」，詳見清史稿陳瑚傳前注。

〔八〕「治平」二字，點校本誤據別書改作「治國」，故逕以改回。

〔九〕「歲」字，原誤作「處」，逕改。

清史稿卷四百八十

儒林一

張履祥　錢寅　何汝霖　凌克貞　屠安世　鄭宏　祝洤

張履祥，字考夫，桐鄉人。明諸生。世居楊園村，學者稱爲楊園先生。七歲喪父，家貧，母沈教之曰：「孔、孟亦兩家無父兒也，只因有志，便做到聖賢。」長受業山陰劉宗周之門。時東南文社各立門户，履祥退然如不勝，惟與同里顏統、錢寅、海鹽吳蕃昌輩以文行相砥刻。統、寅、蕃昌相繼殁，爲之經紀其家，自是與海鹽何汝霖、烏程凌克貞、歸安沈磊切劘講習，益務躬行。嘗以爲聖人之於天道，庸德之行，庸言之謹，盡之矣。來學之士，一以友道處之。謂門人當務經濟之學，著補農書。歲耕田十餘畝，草履箬笠，提筐佐饁。嘗曰：「人須有恒業，無恒業之人，始於喪其本心，終於喪其身。」許魯齋有言，學者以治生爲急，愚謂治生以稼穡爲先，能稼穡則可以無求於人，無求於人則能立廉恥；知稼穡之艱難，則不妄求於人，不妄求於人，則能興禮讓。廉恥立，禮讓興，而人心可正，世道可隆矣。」初講宗周慎獨之學，晚乃專意程、朱，踐履篤實，學術純正。大要以為仁為本，以修己為務，而以中庸為歸。康熙十三年卒，年六十四。著有願學記、讀易筆記、讀史偶記、言行見聞錄、經正錄、初學備忘、近古錄、訓子語、補農書、喪葬雜錄、訓門人語及文集四十五卷〔三〕。同治十年，從祀文廟。

履祥初兄事顏統。周鍾之寓桐鄉也，至其門者踵接，統曰：「鍾為人浮偽，不宜為所惑。」履祥嘗曰：「自得士鳳，而始聞過。余不失足於周鍾、張溥之門者，皆其力也。」

寅，字子虎，與履祥為硯席交。崇禎癸未冬，海寧祝淵以抗疏論救劉宗周被逮，履祥與寅送之吳門。次年，遂偕詣宗周門受業焉。自是寅造履益謹，寇盜充斥，不廢學。卒年三十四〔四〕。

汝霖，字商隱，海鹽人。嘗與友人曰：「周、程、張、朱一脈，吾輩不可令斷絕。」居喪三年，未嘗飲酒食肉。隱居澉浦紫雲村，學者稱紫雲先生。履祥子維恭，嘗受業於汝霖、克貞之門。又有吳璜、安道、邱雲〔五〕，皆履祥友，並命維恭師事焉。曰：「數人皆深造自得，君子人也。」

璜，秀水人。剛直好義，勢利不動心。安道，嘉興人。雲，桐鄉人。安道嘗言：「君子之異於小人，中國之異於夷狄，人類之異於禽獸，有禮無禮而已。士何可不學禮？」又曰：「東林諸公，大抵是重名節，然止數君子，餘皆有名而無節也。」

克貞，字渝安，烏程人。履祥交最篤，嘗謂：「父子兄弟安得人人大中、明道、伊川，夫婦安得人人伯鸞、德曜，在處之得其道耳。」與履祥遊蕺山之門者，有屠安世、鄭宏〔六〕。

安世，秀水人。聞宗周講學，喜曰：「苟不聞道，虛生何為！」

遂執贄納拜焉。宗周既殁，從父兄偕隱於海鹽之鄉。病作，不粒食者十有七年。得宗周書，力疾鈔録，以躬責己，無時或怠。嘗曰：朝聞夕死，何敢不勉。卒年四十六。

宏，海鹽人。與弟景元俱從劉宗周受業，篤於友愛。景元短世，乙酉後，絶意進取，躬灌園蔬，養母屢空，晏如也。敝衣草履，不以屑意。嘗徒跣行雨中，人不能識也。卒年五十六。

淦，字人龠，海寧人。乾隆丙辰舉人。私淑復祥，爲梓其遺書。所著有淑艾録。吳蕃昌、沈磊在孝友傳。

校記：

〔一〕史稿之復祥傳，源自清國史。於傳主喪父之年，記爲九歲，史稿則改作七歲，不知根據何在。據考傳主楊園先生全集卷廿一先世遺事有云：復祥遭家不造，有生八年，先子棄世。又云：萬曆己未，水澨先君子已沒矣。己未爲萬曆四十七年，傳主時年九歲。道光間蘇惇元重訂張楊園先生年譜，於萬曆四十七年九歲條，即據以記作：春正月，丁父憂。國史之所記，當自此出。史稿擅改，不可取。

〔二〕張履祥如山陰受業劉宗周之門，時當崇禎十七年，年三十四。清國史及前引年譜敘次甚確。史稿不依信史，擅將此事提前，大誤。

〔三〕四十五卷誤。據同治本楊園先生全集，當作五十四卷。

〔四〕據楊園先生全集卷二十二祭錢字虎文，錢寅卒於順治四年。

〔五〕吳璜之吳字誤，當作呂。呂璜，字康侯，浙江秀水人。安道二字前漏一屠字。屠安道，字子高，浙江嘉興人。詳見張楊園先生年譜順治十七年、康熙三年二條。

〔六〕宏字　據楊園先生全集卷廿一同學紀略，當作「弘」。史稿避清高宗名諱改。

清史列傳卷六十六

儒林傳上一

張履祥

淩克貞 何汝霖 張嘉玲 祝淦 陳梓

張履祥，字考夫，浙江桐鄉人。九歲喪父，哀毀如成人。家貧，母沈教之曰：「孔、孟亦兩家無父兒也，祇因有志，便做到聖賢。」及長，與同里顏統、錢寅、海鹽吳蕃昌輩以文行相砥。時東南社事方興，各立門戶，統與履祥戒勿往。年三十二，見漳浦黃道周於杭州，道州以近名為戒，履祥謹誌之。年三十四，如山陰受業劉宗周之門，歸而自謂有得。年三十九，友人規之曰：「欲誠其意，先致其知。」因覺人譜獨體猶染陽明遺意，程、朱之學，與烏程淩克貞、海鹽何汝霖、歸安沈磊切劘講習，專務躬行。

其學大要以仁為本，以修己為務，而以中庸為歸，窮理居敬，宗法考亭，知行並進，內外夾持，無一念非學問，無一事非學問。與汝霖書曰：承喻頭腦之說，按論語一書，謹言慎行爲多，不亟亟於頭腦也。顏子述善誘之功，則曰博文約禮而已；請爲仁之目，則曰非禮勿視聽言動而已。此即所謂約禮之實也。曾子一貫之旨，則曰忠恕而已。子思受曾子之學者也，中庸所述與論語曾子之言，如合符節，故曰忠恕違道不遠。孟子傳子思之學者也，其言曰居仁由義，曰求放心。其曰求其志，無暴其氣，即求放心之謂也。求放心，則中庸戒慎恐懼之謂，而論語日省其身，臨淵履冰之旨也。仁義二字，論語未嘗並舉，易傳則曰立人之道曰仁與義，中庸則曰仁者人也，義者宜也，則亦夫子之言也。至云反身而誠，樂莫大焉，強恕而行，求仁莫近焉，則與曾子、子思先後一轍矣。三代而下，濂溪則曰主靜立人極，關中則曰知禮成性，程門則曰敬義夾持，曰存心致知，曰理一分殊，朱子則曰居敬窮理，要而論之，豈有異旨哉！居敬所以存心也，窮理所以致知也。惟居敬故能直其内，惟窮理故能方其外，惟内之直故能立天下之大本，惟外之方故能行天下之達道。然居敬窮理，又非截然有兩種工夫也。博學、審問、慎思、明辨，是為窮理。其不敢苟且從事，勤始怠終，及參以二三，即為居敬。故又曰：學者用功，當在分殊上。其曰：知禮成性，即約禮之謂。親親之殺，尊賢之等，皆天理也，故曰禮所生也。三百三千所從出也，所謂分殊其曰：主靜立極者，定之以中正仁義而已也。仁義不執於中正，則仁或流於兼愛，義或流於為我，而人極不立矣。禮以敬為本，敬則自無非僻之干，人欲退而天理還矣。欲退理還，則終日言言所當言，終日行行所無事，而靜矣。故又曰無欲故靜。然則濂溪、橫渠雖不言主敬，而敬在其中矣。由是而上，質之鄒魯，豈不同條而共貫哉！吾人學問，舍居仁由義，更無所謂學問；吾人工夫，舍居敬窮理，更無所謂工夫凡先儒之言，若志伊尹之所志，學顏子之所學，若為天地立心，為生民立命，若以興起斯文為己任，種種道術，舉不外是，更何有於頭腦之求？古人騎驢覓驢之喻，是之謂矣。特患居敬之不熟，而有或得或失之憂，窮理之未精，而有或然或不然之慮。要亦無他道也，有不熟則勉進於熟而已，有未精則勉求其精而已。平日工夫，惟在涵養其本原，以為制事酬物之主爾矣。朋友講習，養也；獨居思索，亦養也。讀書考究，養也；飲食動作，亦養也。念茲在茲，釋茲在茲，如伏雌之抱卵，其退不舍，其進不銳，如日月之貞恆，修其疆畔，時其耔耘，如農夫之力穡，而後可致其精也，而後可幾於熟也。必若先儒云滿腔子皆惻隱之心，盎然若太和元氣之流行於天地之間；必若先儒云在我之權度精切不差，截然如萬物之各正性命；子思所云擇善固執，孟子所云深造自得，其或以此也歟！夫學問者，將以盡性命之理也。苟不本於天之所賦、物之所受，非學問之正也。安可使之有兩截乎？事物者，身心之準則也。苟事至物來，而處之不當其分，正身心之病也，安可視為兩途乎？事物之不能不日至者，勢也。迎之非也，拒之亦非也，以其皆不免於自私而用智也，非順應之道也。無事則讀書，讀書者，所以維持此心，而不使其或怠也，非以務博也。默坐則思索，思索者，所以檢點其身，而不使其有闕也，非以耽寂也。事至則泛應，泛應者，所以推行天理於事事物物，而不使其有過不及也，非以外馳也。無衆寡，無小大，無敢慢，則一矣。無有事無事，無有人無人，無敢慢，則一矣。一則窮通一矣，壽夭亦一矣，死生亦一矣。

晚為汝霖評王氏傳習錄，以為讀其書，使長傲文過，輕自大而無得。又曰：「一部傳習錄，驕吝二字足以蔽之。」所自著備忘錄，篤實正大，足救俗學之弊，論者比之河津讀書續錄。他著有願學記、讀易筆記、讀史偶記、言行見聞錄、經正錄、初學備忘、近鑑、近古錄、訓子語、補農書、喪葬雜説、[四]訓門人語及詩文集，凡五十四卷。[五]

履祥少有大志，明亡乃避世，畏聲利若浼。以訓蒙自給，交友盡規，而不喜講學，來學之士，一以友道處之。黃宗羲方以紹述宗周鼓動天下，履祥曰：此名士，非儒者也。歲耕田數十畝，草履箬笠，提筐佐饁。嘗曰：許魯齋言學者以治生為急，愚謂治生當以稼穡為先。能稼穡則無求於人，而廉恥立；知稼穡艱難則不妄取於人，而禮讓興。廉恥立，禮讓興，世道可復古矣。又嘗言嘉郡水利不講，時被旱潦，其要在濬吳淞江。其後嘉善柯聳建議濬之，本履祥説也。康熙十三年卒，年六十四。同治十年，禮部奏請從祀文廟，在東廡先儒孫奇逢之次，奉旨依議。

初，履祥弱冠時，凡事統。周鍾之寓桐鄉也，至其門者踵接，統曰：鍾為人浮偽，不宜為所惑。履祥嘗曰：自得統而始聞過，余不失足於周鍾、張溥之門者，皆其力也。又從宗周遊，與寅偕。宗周曰：二子有親乎？對曰：俱幼喪父。宗周色動，徐曰：修身所以事親也。海寧祝淵抗疏論宗周被逮，履祥與寅送之吳門。寅造履端謹，寇盜充斥，不廢學。與統俱早卒。

凌克貞，字渝安，浙江烏程人。交履祥三十年，誼最篤。履祥嘗曰：錢寅既歿，復得克貞，不幸中之幸也。克貞為學，篤守程、朱。嘗與履祥書，謂學者入手，當思有著力處，便求超脫不得。又言：古今人物，史冊外何限？修身力行，當懷遯世不見知之心。讀書論世，應具不受前人欺之見。又言：今日人士，不患不聰明，患不篤實。士不篤實，聰明愈多，適以濟其偽。見貧士不事課授，即不樂，或勸其治生，答曰：授徒即吾之治生也。履祥卒，克貞序其遺書以行。

何汝霖，字商隱，浙江海鹽人。隱居澉浦紫雲村，與復祥志同道合，相交十七年。嘗語友人曰：周、程、張、朱一脈，吾輩不可令斷絕。居喪三年，自卧疾外，未嘗飲酒食肉。嗣弟歿，家破，遺孤無託，汝霖衣食教誨，為安定其室家。復祥嘗命子維恭受業於克貞、汝霖及秀水呂墳、嘉興屠安世〔六〕、同邑邱雲，曰：數人皆深造自得君子人也，吾切磋受益為多。其見重如此。復祥病革，以全稿託汝霖。及卒，汝霖經紀其喪葬，友朋弟子數十人為會葬焉。

張嘉玲，字佩蔥，江南吳江人。居父喪，三日不食，小祥內蔬食水飲。三年中衰麻不去身，未嘗沐浴入內室。復祥聞而敬之。嘉玲介克貞執贄往見，固求納拜，不許。逾五年，致書汝霖，乞正師弟之稱，仍不許。復祥嘗曰：佩蔥質敏而志剛，行修而氣下，肫肫有德君子人也。又與友人書曰：近得畏友佩蔥，庶慰日暮之懷，以其能策頹惰耳。吾人德業不及後生，大爲可恥。嘉玲從履祥久，所詣獨粹，世比之黃勉齋。其講學排陸王而宗程朱，嘗曰：陸王學術之可憂，本爲賢智之過。今之言陸王者，皆出於愚不肖之不及，所以爲患愈深。方欲有所論著，病作遂卒，年僅三十四。惟與履祥答問一卷，刻楊園全書中。其後私淑履祥者，有海寧祝淦、餘姚陳梓。

祝淦字貽孫，乾隆元年舉人。四歲喪父，母日取數字敎之，每課必首人字，曰：人須是頂天立地。淦感動，遂自號人齋。及長，嗜理學書，讀履祥集，謂其昌言貞教，與朱子一揆。因取備忘錄增删之，爲淑艾錄十四卷。又由履祥而上溯朱子，掇取文集、語類，分十四門，編次爲下學編十四卷。又嘗爲友人删節禮記注疏，兼博考諸家，擇其長說，爲書七十卷，未及訂正，二十四年卒，年五十八。

陳梓字俯恭，少讀書有大志，書體古別，與李鍇齊名時稱「南陳北李」。吳江姚瑚曾及顧祥之門，梓弱冠從瑚遊，與祝淦交最契。私淑顧祥，撰四書質疑以教學者，隱居事親，不求聞達。雍正二年，舉孝廉方正，辭不就。晚居臨山聚徒講學。海昌范鯤表彰顧祥遺書，梓復為訂定年譜。他著有刪後文集。乾隆二十四年卒，年七十七。

校記：

〔一〕「求」字誤。據傳主楊園先生全集卷五與何商隱一所引孟子公孫丑語，當為「持」。

〔二〕據上引與何商隱一，「所」字前脫一「皆」字。

〔三〕據與何商隱一，「殊」字後脫一「也」字。點校本於「分殊」下作逗號，即緣脫字之誤。

〔四〕據楊園先生全集，「說」字誤，當為「錄」。

〔五〕清國史原作「四十五卷」，誤。點校本改作「五十四卷」，確然可據。

〔六〕屠安世另有其人，此處所言當指屠安道。據蘇惇元輯張楊園先生年譜順治十七年，五十歲條記，是年譜「主交呂康侯、屠子高。康侯名璜，秀水人。子高名安道，嘉興人。

清史稿卷四百八十

儒林一

沈昀 姚宏任 葉敦艮 劉汋

沈昀，字朗思，本名蘭先，字甸華，仁和人。劉宗周講學蕺山，昀渡江往聽。與應撝謙友，其學以誠敬為宗，以適用為主，而力排二氏。家貧絶炊，掘階前馬蘭草食之。鄰有遺之米者，昀宛轉推辭，忽仆於地，其人驚駭潛去，良久方甦，因笑曰：「其意可感，然適以困我。」撝謙歎曰：「我於交接之際，自謂不苟，以視沈先生，猶覺愧之。」宗周身後，傳其學者頗滋諍訟，昀曰：「尼父言躬行君子，若騰其口說以求勝，非所望於吾也。」以喪禮久廢，緝士喪禮說，以授同郡陸寅。疾革，門人問曰：「夫子今日何如？」曰：「心中無一物，惟誠敬而已。」卒年六十三。[二]窮無以為殮，撝謙涕泣不知所出，曰：「我不敢輕授賻襚，以汙先生。」其門人姚宏任趨進曰：「如宏任者，可以殮先生乎？搗謙曰：子篤行，殆可也。姚遂殮之，葬於湖上。

宏任，字敬恆，錢塘人。少孤，母賢婦也。宏任隱市廛，其母偶見貿絲銀色下劣，愠甚，曰：汝亦為此乎！宏任長跪謝，願得改行，乃受業於搗謙。日誦大學一過，一言一行，服膺師說，遇事必歸於忠厚。搗謙不輕受人物，惟宏任之餽不辭，曰：吾知其非不義也。宏任每時其乏而致之，終身不倦。搗謙卒，執喪如古師弟子之禮。姚江黃宗炎許之曰：是篤行傳中人也。晚年，以非罪陷縲絏，憲使閱囚入獄，宏任方朗誦大學，憲使異之，入其室，皆程朱書，與之語，大驚，即日釋之。然宏任卒以貧死。

葉敦艮，字靜遠，西安人。劉宗周弟子。嘗貽書陸世儀討論學術，世儀喜曰：證人尚有緒言，吾得慰未見之憾矣。

劉汋，字伯繩，宗周子。宗周家居講學，諸弟子間教未達，輒私於汋，汋懸機闡譬，具有條理。宗周殉國難，明唐、魯二王皆遣使祭，廕均、官均辭。既葬，居藏山一小樓二十年，杜門絶人事，孝訂遺經，以竟父業。有司或請見，雖通家故舊，亦峻拒之。所與接者，惟史孝咸〔五〕、惲日初數人，或勸之舉講會，不應。臨卒，戒其子曰：「若等安貧讀書，守人譜以終身足矣。」人譜，宗周所著書。所臥之榻，假之祁氏，疾亟，強起易之，曰：「吾豈可終於祁氏之榻！」

校記

〔二〕史稿之沈昀傳，源自清國史。「年六十三」後，原傳尚有「時康熙十九年也」七字。史稿刪此七字，以致傳主卒年不明，顯然失誤。

〔三〕「篤行傳」之「篤」字誤，當爲「獨」。中國古代史籍並無篤行傳之目，有之乃係後漢書獨行列傳。史稿之姚宏任傳源自全祖望姚敬恆先生事略，全先生文即作「獨」。

〔三〕西安乃浙江衢縣，即今衢州市，而非同名之他省城邑。史稿於傳主籍貫，不存行省所在，並非良法。

〔四〕史稿葉敦艮傳引述陸世儀此語，足見迄於劉宗周故世，陸先生始終未得拜謁。而先前之陸世儀傳，又稱傳主少從劉宗周講學，豈不自相矛盾！倘若史稿當年精心校勘，自然就可避免此類失誤。

〔五〕「史孝感」感字誤，當爲「咸」。史稿之劉汋傳，係取清國史舊文，參酌邵廷采貞孝先生傳而成。關於劉汋與史孝咸諸友往來事，清國史不記，而貞孝先生傳則記之甚明。謂汋「坐臥蕺山一小樓，竟二十年，故人自史子虛、張奠夫、惲仲升數輩也，希復接面。」子虛乃史孝咸之字，史稿之史孝咸傳即稱孝咸字子虛。

清史列傳卷六十六

儒林傳上一

沈昀　劉汋

沈昀，字朗思，原名蘭先，字甸華，浙江仁和人。明諸生。父之龍，以學行著聞。昀讀書好古，聞劉宗周講學蕺山，渡江往聽，遂為正學。室無容榻，椸無懸衣，披帙覽書，凝坐終日。以貧故，與父皆教授於外。反侍親庭，動循法度，不苟言笑。其學以誠敬為宗，以適用為主，專宗考亭，不雜金谿、姚江之緒。於二氏則辭而闢之。晚節見習之者多，亦不與較辨也。平居日有課，月有程，每月則綜其所得，與同人相質難。聞四方有賢士，即書其姓氏置夾袋中，冀一見之。然不肯妄交，於取與尤介。連日絕炊，掘階前馬蘭草食之。鄰有餽之米者，昀宛轉謝辭，憊而仆，其人駭走，良久始蘇，因笑曰：「其意可感，然適以困我耳。」同邑應撝謙與昀友善，嘗歎曰：「辭受一節，生平自謂不苟，然以視沈先生，猶覺愧之。」宗周卒後，傳其學者頗滋爭訟，昀曰：「尼父言躬行君子，若騰其口說以求勝，非所望於吾輩也。」遭明亡，棄舉業，論二子止令下學，弗令干祿，雖極困躓不變。疾革，門人問曰：「此時先生誠敬之功，當無稍閒？」昀曰：「唯唯。」至夜半遂卒，年六十三，時康熙十九年也。卒後貧無以殮，攜謙至，涕泣不知所出，曰：「我不敢輕受賻襚，以汙先生。」其門人姚宏任趨進曰：「若宏任者，可以殮先生乎？」攜謙曰：「子篤行，殆可也。」乃殮而葬焉。

昀著有《宗五子要言》、《四先生輯略》、《四書宗法》、《七經評論》、《名臣言行錄》、《居求編》等書，以貧累無副本，攜謙所見不過數卷，後全祖望求其遺書，竟不可得。昀居父喪時，訂《士喪禮》，薈萃先儒之言，定其可行者，以授門人錢塘陸寅。

劉汋，字伯繩，浙江山陰人，宗周子。宗周講學，諸弟子聞教未達，輒私於汋。汋應機開譬，具有條理。嘗語葉敦艮曰：「學問之要，只是於倫常日用間事事不輕放過，自然造到廣大高明田地。」宗周殉國難，明唐、魯二王皆遣使祭，蔭汋官，汋辭。治喪畢，隱剡溪之秀峰，手輯宗周文集、語錄，撰年譜二卷，數易稿，皆精楷，目為損明。順治九年，張履祥至山陰見汋，蔬布如居喪時，勸之曰：「禮，有疾，飲酒食肉，三年內猶得行之。」汋曰：「不敢，吾大痛於心，不忍食也。」凡杜門絕人事者二十年。康熙三年卒，年五十二。臨卒，戒其子曰：「若等安貧讀書，守人譜，終身足矣。」人譜者，宗周所著書也。所卧榻，假之祁氏，彊起易之，曰：「吾豈可終於祁氏之榻！」

初，宗周欲著禮經考次一書，屬汋撰成。汋日夕編纂，以夏小正為首編，而附月令，帝王所以治曆明時也；次丹書，而附王制，正己以正朝廷百官萬民也。於是原禮之所由起，而次禮運焉；推禮之行於事，而次禮器焉；驗樂之所以成，而次樂記焉。然後述孔子之言，次哀公問、次燕居、閒居、坊記、表記，設為禮典。次以祭法、祭義、祭統、大傳，施於喪葬，次以喪大記、喪服小記、雜記，申以曾子問、檀弓、奔喪、問喪，終之以間傳、三年問。喪服四制，而喪禮無遺矣。君子常服深衣，雅歌投壺，不可不講也，則次以深衣、投壺。男女冠笄婚姻所有事，則次以冠義、昏義，而鄉飲酒義、射義、燕義、聘義，合三十篇，謂之禮經。別分曲禮、少儀、內則、玉藻、文王世子、學記七篇，謂之曲禮。垂老未卒業，其子茂林始克成之。凡正集十四卷，分集四卷。

茂林，字子本，幼侍宗周，聞慎獨之旨。既長，移居證人書院，靜驗獨體，闡明絕學，與外父黃宗羲復興證人社講學不輟。晚歲詣益純，著吾老子微言內外六十四篇，分上下十二卷。內篇以闡天人性命、陰陽理氣、修己立誠之道；外篇以道綱常倫紀、禮樂刑政、致君澤民之務。又著九經翼彔一書。茂林孝友性成，兢兢自守，惟期克揚先業云。

校記：

〔二〕「編」字誤，當依影印本清國史作「篇」。

〔三〕「喪服四制」點校本作「二篇，即以喪服為一篇，四制為一篇」，誤。依禮記逕改。

〔三〕「而」字之下，點校本增「終之以」三字，依清國史影印本刪。

〔四〕「禮經」二字，清國史同，疑誤。禮記之禮器篇有云：故經禮三百，曲禮三千，其致一也。經言其大，曲謂其小，故此處之「禮經」二字與其後之「曲禮」對稱，似當作「經禮」，而非專指儀禮之禮經。

〔五〕文王世子為禮記中之一篇，點校本為求合七篇之數，分作「文王」與「世子」兩篇，誤，依禮記逕改。

〔六〕「用」字誤，依清國史影印本，當作「明」。

〔七〕吾屯子微言一書，清國史影印本作「四十四篇」。

清史稿卷四百八十

儒林一

應撝謙

應撝謙，字潛齋，錢塘人。明諸生。性至孝，殫心理學，以躬行實踐為主。不喜陸王家言，足跡不出百里。隘屋短垣，貧甚，恬如也。杭州知府嵇宗孟數式廬，欲有所贈，囁嚅未出。及讀撝謙所作無悶先生傳，乃不敢言。康熙十七年，詔徵博學鴻儒，大臣項景襄、張天馥交章薦之，撝謙輿牀以告有司曰：「撝謙非敢卻薦，實病不能行耳。」客有勸者曰：「昔太山孫明復嘗因石介等請，以成丞相之賢，何果於卻薦哉？」撝謙曰：「我不能以我之不可，學明復之可。」乃免徵。二十二年卒，年六十九。

撝謙於易、書、詩、禮、樂、春秋、孝經、四書各有著說。又撰教養全書四十一卷，分選舉、學校、治官、田賦、水利、國計、漕運、治河、師役、鹽法十考，略仿文獻通考，而於明代事實尤詳。其不載律算者，以徐光啓已有成書；不載輿地者，以顧炎武、顧祖禹方事纂輯也。又有性理大中二十八卷，門人錢塘淩嘉邵〔四〕、沈士則傳其學。

校記

〔一〕傳主籍貫，清國史記爲「浙江仁和人」，持之有故。雍乾間史家全祖望撰應潛齋先生神道碑，即作「杭之仁和縣人也」。仁和、錢塘二縣，雖於民國初合爲一縣，然訖於清亡，皆分縣而治，同屬杭州府。史稿改「仁和」爲「錢塘」，當屬失誤。

〔二〕「張」字誤，據清國史，當作「李」。

〔三〕應撝謙傳，清國史存有二稿，於傳主卒年，皆記作：「康熙二十二年卒，年六十九」。當有所本。前引全祖望撰神道碑，則記爲康熙二十六年病革，尚手輯周忠毅公傳，未竟而卒，春秋六十有九」。可備一說。

「西」部字」誤。據全祖望文及清國史，當作「印」。

清史列傳卷六十六

儒林傳上一

應撝謙

應撝謙，字嗣寅，浙江仁和人。明諸生。生而有文在手，曰八卦，左耳重輪，右目重瞳。少即以斯道爲己任。年二十三，作君子自勉論，殫心理學，以躬行實踐爲主。與錢塘虞鈖、蔣志春等爲攬社，取有所不爲也。性至孝，授徒養母，三旬未娶。人問之，曰：娶則無以養母，鰥居可俟也。歸安沈士穀慕其義，妻以兄女，貧使奉養。撝謙終不肯入私室，母歿，除喪始成禮。家居足不出百里，隘屋短垣，貧甚，淡如也。杭州府知府嵇宗孟數式廬，欲有所贈，囁嚅未出；及讀撝謙所作無悶先生傳，乃不敢言。海寧知縣許酉山請主書院，造廬者再，撝謙辭曰：使君學道，但從事於愛人以德足矣。康熙十八年，詔徵博學鴻儒，內閣學士項景襄、李天馥交章薦，撝謙與壯以告。客有勸者曰：昔太山孫明復嘗因石介等請，以成丞相之賢，何果於卻薦哉？撝謙正色曰：我不能以我之不可學明復之可。巡撫爲言，實老病不能行，乃免徵。

撝謙爲學，不喜陸王家言，嘗謂陽明之功，講而不正。又謂陽明自少獨學無師，堅於自用，其論性論太極，亦頗與程朱不同，然其教人用功，必以窮理格物爲本，謹守朱子家法，讀書務窮底蘊。所著述二十八種，於經有周易集解、詩傳翼、書傳拾遺、春秋傳考、禮學彙編、論孟拾遺、學庸本義、孝經辨定、古樂書二卷，議論醇正，考訂簡覈，深得要領。自序曰：夫樂何爲而作也？民受天地之中，稟陰陽之氣，有清濁之聲，而性情形焉。聲之變有萬，而不離於五，喉音宮，齒音商，牙音角，舌音徵，唇音羽。五者備矣，無中聲則不發。中氣實矣，無五者則不聲。此民之具於天者也。然此五者，惟中土之人得其中。九州之外，偏氣所極，皆得其一方之音而不能變。至於禽蟲，則唯具一聲。聖人懼人之習於偏音而失其中性，乃取十二月之中氣，命神瞽考中聲而量之以制，此十二律所由起也。其聲之下而濁者，至黃鐘而極；高而清者，至應鐘而極。彼此旋宮，因時發歛，太聲不至震越，小聲不至哀細。使天下之人皆以為節，聽而發之，以和其聲，以平其心。然後耳目聰明，血氣流行，風俗變化，師訟不興，職是故也。今宗伯不考聲，學宮不正律，使俗樂慆行於天地之間，以敗亂人心而蠱惑風俗。嗚呼，豈不痛哉！又著性理大中二十八卷，因性理大全增損之，而退太極圖說於末卷。其論陽明一卷，陸隴其嘗特表之，曰王學考。又教養全書四十一卷，分選舉、學校、治官、田賦、水利、國計、漕運、治河、師役、鹽法十考，略仿文獻通考，而於明代事實尤詳。其不載律算者，以徐光啟已有成書；不載輿地者，以顧炎武、顧祖禹方事纂輯也。又潛齋文集十卷，康熙二十六年〔三〕辛未年六十九。門人錢塘淩嘉印、沈士則能傳其學，而姚宏任尤以篤行稱。

校記：

〔二〕康熙十八年，誤，當作康熙十七年。據清聖祖實錄卷七十一，康熙十七年一月辛未條記，聖祖頒諭吏部，自古一代之興，必有博學鴻儒振起文運，闡發經史，潤色詞章，以備顧問著作之選。且命：凡有學行兼優，文詞卓越之人，不論已仕未仕，令在京三品以上及科道官員，在外督撫布按，各舉所知，朕將親試錄用。是為詔徵博學鴻儒。現存清國史儒林傳之兩稿，亦皆作康熙十七年。

〔三〕原作康熙二十二年，點校本據碑傳綜表改，可備一說。

清史稿卷四百八十

儒林一

朱鶴齡　陳啓源

朱鶴齡〔一〕，字長孺，吳江人。明諸生，穎敏嗜學，嘗箋注杜甫、李商隱詩，盛行於世。鼎革後，屏居著述，晨夕一編，行不識途路，坐不知寒暑。人或謂之愚，遂自號愚菴。嘗自謂疾惡如仇，嗜古若渴，不妄受人一錢，不虛詛人一語云。著愚菴詩文集。初爲文章之學，及與顧炎武友，炎武以本原相勗，乃湛思覃力於經〔二〕注疏及儒先理學。以易理至宋儒已明，然左傳、國語所載占法，皆言象也，本義精矣，而多未備，撰易廣義略四卷。以蔡氏釋書未精，斟酌於漢學、宋學之間，撰尚書埤傳十七卷。以朱子掊擊詩小序太過，與同縣陳啓源參考諸家說，兼用啓源說〔三〕，疏通序義，撰詩經通義二十卷。以胡氏傳春秋多偏見鑿說，乃合唐、宋以來諸儒之解，撰春秋集說二十二卷。又以杜氏注左傳未盡合，俗儒又〔四〕以林氏注彙之詳，證參考，撰讀左日鈔十四卷。又有禹貢長箋十二卷，作於胡渭禹貢錐指之前，雖不及渭書，而備論古今利害，旁引曲證，亦多創獲。年七十餘卒。〔五〕

啓源，字長發〔六〕。著有毛詩稽古編，其詮釋經旨，一準毛傳，而鄭箋佐之。訓詁聲音以爾雅為主，草木蟲魚以陸疏為則。於漢學可謂專門。又有尚書辨略二卷，讀書偶筆二卷，存耕堂稿四卷。

校記：

〔二〕清史稿之朱鶴齡傳，源自清國史。據清國史影印本，所存朱鶴齡傳凡二稿，一見儒林傳卷一，一見儒林傳下卷卷一。就傳文內容及修辭可見，前者為初稿，後者乃定稿。史稿所用係初稿，而非定稿，自然難免疏失。朱鶴齡本以經學著稱，並非理學中人，故清國史定稿置於儒林傳下卷，與清初諸經學大儒同編。史稿儒林一，冠以一代理學諸儒，乃體例使然，而獨置朱鶴齡於其間，顯然自亂體例，編次失當。

〔二〕據清國史朱鶴齡傳定稿，「經」字之前脫一「諸」字。

〔三〕詩經通義既係與陳啓源合著，則兼用「啓源說」五字，自屬多餘。前述定稿，即删此五字。

〔四〕一句之中，「又」字連用，有損修辭。據前述定稿，第二一「又」字已改作「復」。

〔五〕朱鶴齡卒年，清國史定稿記之甚確，作「康熙二十二年卒，年七十八」。

〔六〕傳主名字之後，依史稿體例，當記籍貫，不可省。

清史列傳卷六十八

儒林傳下一

朱鶴齡　陳啓源

朱鶴齡，字長孺，江蘇吳江人。明諸生。穎敏嗜學，嘗箋注杜甫、李商隱詩，盛行於世，故所作韻語，頗出入二家。入國朝，屏居著述，晨夕一編，行不識途路，坐不知寒暑。人或謂之愚，遂自號愚庵。嘗自謂：「疾惡如仇，嗜古若渴，不妄受人一錢，不虛誑人一語」云。著愚庵詩文集。其書元好問集後云：「好問於元，既足踐其土，口茹其毛，即無反詈之理。乃今之訕詆不少避者，若欲掩其失身之事，以誑國人，非徒悖也，其愚亦甚。」其言蓋指國初居心反覆之輩，可謂知大義矣。初為文章之學，及與顧炎武友，炎武以本原相勖，乃湛思覃力於諸經注疏及儒先理學，以易理至宋儒已明，然左傳、國語所載占法，皆言象也，本義精矣，而多未備，撰易廣義略四卷。以蔡氏釋書未精，斟酌於漢學、宋學之間，撰尚書埤傳十七卷。以朱子掊擊詩小序太過，與同縣陳啓源參考諸家說，疏通序義，撰詩經通義二十卷。又以杜氏注左傳未盡合，俗儒復以林氏注奪之，因詳證參考，撰讀左日鈔十四卷。又有禹貢長箋十二卷，作於胡渭禹貢錐指之前，雖不及渭書，而備論古今利害，旁引曲證，亦多創獲。康熙二十二年卒，年七十八。

陳啓源，字長發，江南吳江人。諸生。性嚴峻，不樂與外人接，惟嗜讀書。晚歲研精經學，尤深於詩。朱鶴齡著詩經通義，於國朝獨採啓源之說。所著毛詩稽古編三十卷，其詮釋經旨，一準毛傳，而鄭箋佐之；訓詁聲音，以爾雅爲主；草木蟲魚，以陸疏爲則。於漢學可謂專門。又著有尚書辨略二卷，讀書偶筆二卷，存耕堂稿四卷。

校記：

〔一〕清史列傳之朱鶴齡傳，爲清國史之改定稿，見儒林傳下卷卷一。

〔三〕「本義」指朱熹周易本義，故當加書名號。

清史稿卷四百八十

儒林一

范鄗鼎　党成　李生光

范鄗鼎，字彪西，洪洞人。性孝友，闡明絳州辛全之學。康熙六年進士，以母老不仕。河汾間人士多從之受經。十八年，以博學鴻儒薦，未起。立希賢書院，置田贍學者。輯理學備考三十卷、廣理學備考四十八卷、國朝理學備考二十六卷，采辛全、孫奇逢、熊賜履、張夏、黃宗羲諸家緒論，附以己說，議論醇正。又著五經堂文集五卷、語錄一卷。又以其父芸茂有垂棘編，作續垂棘編十九卷、三晉詩選四十卷。

同時為辛全之學者，有絳州党成、李生光。

成，字憲公。其學以明理去私為本，生平不求人知。鄗鼎嘗揚之於人，意甚不懌，時目為狷者。其辨朱、陸異同論者多以陸為尊德性，朱為道問學。此言殊未然。蓋朱子之道問學，實以尊德性也。陸氏則自錮其德性矣，何尊之可云？陸子嘗曰：「不求本根，馳心外物，理豈在於外物乎？」此告子義外之學也。朱子曰：「本心物理，原無內外，以外物為外者，是告子義外之學也。」即此數語，可以見二家之異同矣。若粗論其同，二家皆欲扶世教，崇天理，去私欲，其專心似無大異者。而實究其學，則博文約禮者，孔顏之家法，屢見於論語，朱子得其正矣。陸氏乃言「六經皆我注腳」，又言「不識一字，管取堂堂作大丈夫」，豈不偏哉？其辨論如此。

生光，字闇章，未冠為諸生。辛全倡學河汾，遂往受業。篤於內行，事親至孝，全深重之。明亡，絕意仕進，自號汾曲逸民。構一草堂，日夕讀書其中，以二南大義、程朱微言訓門弟子。著有儒教辨正、崇正黜邪彙編，凡萬餘言。

校記：

〔一〕清史稿之范鄗鼎傳，源自清國史。國史范傳凡二稿，一見於儒林傳卷二，一見於儒林傳上卷卷七。前者文簡，可稱簡稿。後者文繁，當稱繁稿。清史稿所用乃簡稿，清史列傳則存繁稿。繁稿傳主名，簡稿作「鎬鼎」，繁稿作「鄗鼎」，依傳主五經堂文集，統一作「鄗鼎」。

〔二〕理學備考全稱明儒理學備考，定本凡三十四卷。

〔三〕當稱廣明儒理學備考。

〔四〕黨成傳出清國史異同二字後，脫一「謂」字。

〔五〕李生光傳亦出清國史。生光年輩長於成，故國史編次在前。史稿長幼倒置，不知所本何在。

清史列傳卷六十六

儒林傳上一

范鄗鼎 李生光 党成

范鄗鼎，字彪西，山西洪洞人。康熙六年進士。祖弘嗣，父芸茂，俱及絳州辛全之門。芸茂天性孝友，力行全所講執敬之學。崇禎末，負母避寇，又隻身代父入見偽官，俱得免。明亡，杜門不出，卒於家。鄗鼎少時，父授以全所著養心錄，曰：「此辛先生第一書也。」初以五經應試，嗜左、國、秦、漢之文，務為奇奧，既而曰：「人不為理學，將為何如人？文不為理學，將為何如文？」自是益究心濂、洛、關、閩諸書，闡明辛全之學。性至孝，父往見偽官時，牽衣仆地，竟夜乃蘇。及通籍，養母不仕，閉戶讀書。立希賢書院，置學田，贍學者。河汾人士多從受經。與錢塘應撝謙、盩厔李顒，以理學著於南北。十八年，太常寺卿朱裴薦舉博學鴻儒，以母老辭。四十二年，

聖祖西巡，鄗鼎迎駕，進所輯理學書，御書「山林雲鶴」四字賜之。後卒於家。〔三〕

鄗鼎爲學，不開講堂，不事著作，不主一家言，惟彙輯古今嘉言懿行以教學者。初輯理學備考，刪取辛全、孫奇逢書十卷，續補己說六卷，後復刪取熊賜履、張夏、黃宗羲書，合三十四卷。嘗以寄平湖陸隴其及李顒。隴其謂薛、胡、王、陳不當并列，顒則謂姚江一變至道。孫鍾元明目張膽主張姚江，可謂卓見。然鄗鼎復新城王士禛書云：馮恭定有言，除卻氣節、事功、文章，將於何處見道學？近人指文成爲異端，狎侮前哲，訕謗學官。先生謂其無羞惡之心，僕更謂其失爲下不倍之道也。至於黃梨洲學案，屬意專在文成，亦屬偏見，僕取其收羅宏富，自叙處不諱淺深，各得醇疵，互見之意耳。蕭山毛奇齡序其書，謂鄗鼎無偏陂之見存於中云。他著有五經堂文集五卷、語錄一卷、三晉詩選一卷。又以祖弘嗣有晉垂棘編，作續編十九卷。鄗鼎初得世祖所頒勸善要言、牛戒彙鈔，刊布鄉里，故垂棘續編兼言感應之說。然網羅放失，山右文獻賴之。

李生光，字闇章，山西絳州人。幼端方，不與群兒伍。未冠為諸生，聞辛全倡學河津，遂往受業。篤於內行，事親至孝，全深重之。明亡，絕意仕進，自號汾曲逸民，構一草堂，日夕讀書其中，以二南、大義、程朱微言訓門弟子。著有儒林辨正、崇正闢邪彙編，凡萬餘言。衛道之力甚勇，學者多傳誦之。

党成，字憲公，亦絳州人。幼為學有志聖賢，村居鍵戶，日誦濂、洛、關、閩書，以身體之。其學以明理去私為本，生平不求人知，鄗鼎曾揭之於人，意甚不懌。時目為狷者。家貧，取與不苟，與人語悉本諸經。嘗為友人作一齋解云：朱子曰，一者誠而已矣。周子曰，聖可學乎？曰可。有要乎？曰一為要一者無欲也。經傳所載，若一德，若一貫，誠之說也。所謂聖也。若惟一，若克一，無欲之說也。所謂學聖者也。致力於無欲，則聖可學矣。」鄒鼎嘗稱其言。其辨朱、陸異同，謂論者多以陸為尊德性，朱為道問學。此言殊未然。蓋朱子之道問學，實以尊德性也；陸氏則自錮其德性矣，何尊之可云？陸子嘗曰：「不求根本，馳心外物，理豈在於外物乎？」此告子義外之學也。朱子曰：「本心物理，原無內外，以外物為外者，是告子義外之學也。」即此數語，可以見二家之異同矣。其辨析精當，類如此。蔚州魏象樞聞其名，致請講學，三返，卒不答。象樞益高之。著有學庸瀋言、日知錄等書。弟子同里李毓秀傳其學。

校記

〔一〕「錢塘」，誤。當依清國史所記，作「仁和」。

〔三〕「顯」字原作「容」，係清人避諱改字，故逕以改回。下同，恕不出校。

〔三〕據五經堂文集，范鄗鼎生於明天啓六年，卒於清康熙四十四年，享年八十。

〔四〕「禛」字原作「禎」，清國史作「正」，皆係清人避諱改字，故逕以改回。

〔五〕「根本」二字顛倒，當依清國史作「本根」。

清史稿卷四百八十

儒林一

白奐彩

党湛　王化泰　孫景烈

白奐彩〔一〕，字含貞〔二〕，華州〔三〕人。私淑於長安馮從吾，玩易洗心，詩、禮、春秋，多所自得。蓄書之富，陝以西罕儷。校讐精詳，淹貫靡遺，而沖遜自將，若一無所知。與同州党湛、蒲城王化泰諸人相切磋。率同志結社〔四〕，不入城市，不謁官府，終日晏坐一室，手不釋卷。同知郝斌式廬，聆奐彩論議，退而歎曰：「關中文獻也。」

湛〔五〕，字子澄。嘗言：「人生須作天地間第一等事，為天地間第一等人。」故自號兩一。究宋、明以來諸儒論學語，揭其會心者於壁，默坐土室，澄心反觀。久之，恍然有契，自是動靜云為，卓有柄持。聞李顒倡道盩厔，冒雪履冰，不憚數百里訪質所學。相與盤桓數日，每至夜半，未嘗見惰容。其志篤養遂如此。

化泰[三]字省庵。性方嚴峭直，面斥人過，辭色不少貸。人有一長，即欣然推遜，自以為不及。關學初以馬嗣煜嗣馮從吾，而奐彩、湛、化泰皆有名於時。武功馮雲程、康賜呂、張承烈，同州李士濱[七]、張珥，朝邑王建常、關獨可，咸寧羅魁，韓城程良受，蒲城甯維垣，郃州王吉相，淳化宗振麟，皆篤志勵學，得知行合一之旨。至乾隆間，武功孫景烈亦能接關中學者之傳。

景烈[八]字酉峰。乾隆三[九]年進士，授檢討，以言事放歸。教生徒以克己復禮，居平雖盛暑，必肅衣冠。韓城王杰為入室弟子，嘗語人曰[十]：「先生冬不爐，夏不扇，如邵康節，學行如薛文清。」又曰[十一]：「先生歸籍三十年，雖不廢講學，獨絕聲氣之交[十二]，為關中學者宗。」有自來矣。

校記：

〔一〕清史稿白奐彩傳，源自清國史儒林傳上卷卷四之白氏傳，兼採李顒宿儒泊如白君暨元配王孺人合葬墓誌銘而成。惟删削不當，校讐未審，以致釀成疏失。

〔二〕含貞之「貞」字誤，當作「章」。

〔三〕記白奐彩籍貫作「華州」，不確。清國史亦然。據上引李顒所撰墓誌銘，白氏之先雖華州人，然奐彩遠祖君禮自元季即徙居同州，故當作同州人。奐彩序李顒學髓亦自署「同州白煥彩識」。又奐彩所生活之時代，同州、華州同屬陝西西安府，分縣而治，不可混淆。

〔四〕「李同志結社」云云，時間不明，係删削舊文不當所致。依清國史及顒文，當在康熙七年李顒講學同州之後。

〔五〕清史稿党湛傳，源自清國史，尤多採李顒党兩一翁行略。

〔六〕清史稿王化泰傳，源自李顒題王省菴墓碣。

〔七〕「濱」字誤，依清國史儒林傳，當作「璸」。

〔八〕清史稿孫景烈傳，源自清國史，見儒林傳上卷卷二三。

〔九〕「乾隆三年」誤，據清國史，當作「乾隆四年」。

〔十〕史稿此處句讀有誤。據清國史，引述王杰語，當止於「獨絕聲氣之交」，「爲關中學者宗云云」，乃史稿景烈傳執筆者語。

清史列傳卷六十六

儒林傳上一

白奐彩

党湛[三] 孫景烈[三]

白奐彩，字含章，陝西華州人[三]。明諸生。其伯兄嘗及馮從吾之門，奐彩聞其緒論，私竊嚮往，遂棄帖括，息進取，一反之於經，玩易洗心，詩、禮、春秋，多所自得。明末，與馬嗣煜論學寄園，律身愈嚴。康熙七年，聞李顒倡道盩厔，奐彩與同州党湛、李士璸、王四服、馬棫、張珥及蒲城王化泰迎顒於家。諸人皆年長於顒，折節北面，請教惟謹。奐彩於進修之要，靡不究極，最後以向上一機請，顒欣然告以安身立命之旨，脱去支離，直探原本。奐彩錄之，以告同學，題曰學髓，後編入二曲集中。顒既西去，奐彩率同志結社，切劘恪守師說，不入城市，不謁官府，終日晏坐一室，手不釋卷。同知郝斌式廬，聆其論議，歎曰：「關中宿儒也。」二十三年卒，年

七十八奐彩與化泰四服及湛皆先顯歿顯嘗致書守令
表三人墓曰高士表湛墓曰理學孝子

党湛字子澄陝西同州人嘗言人生須作天地間第
一等事為天地間第一等人故自號兩一性至孝父病癱
家人莫敢進湛侍養不離側及歿廬墓三年根究理道玩
諸儒論學語揭其會心者於壁居恆默坐土室澄心反觀
久之怳然有契自是動靜云為卓有把持及從顯學盤桓
日夜未嘗有惰容卒年八十四

孫景烈字孟陽陝西武功人乾隆四年進士改翰林
院庶吉士散館受檢討以言事放歸少家貧力學讀小學
近思錄諸書確然有守為諸生時入院試有公役無禮於
一生不可堪景烈怒援以見督學督學察其意氣非常為
之責役嘗官商州學正革陋規倡社學為諸生闡發經義
究義利之辨當道為舉孝廉方正及放歸陳宏謀尹繼善

先後延主關中蘭山書院後復主鄠縣明道書院日與士徒講性命之學雖盛暑必肅衣冠學使者慕其名夏日見之不敢揺扇其爲學恪守朱子而以四書集注爲主諸經子史悉薈萃印證以此講學本體之以持身涉世其講大學格致謂陸王之説混窮理於去私講中庸天命之謂性謂天命善不命惡講四勿章復禮謂禮即爲國以禮之禮嘗擧真西山語曰古之學者爲己爲青紫而明經爲科擧而業文去聖人之旨遠矣十五年宏謀以經明行修薦景烈固辭韓城王杰臨潼王巡泰皆其入室弟子杰嘗語人曰先生冬不鑪夏不扇如邵康節學行如薛文清又曰先生歸籍三十年雖不發講學而獨絶聲氣之交四十七年卒年七十七著有關中蘭山明道書院講義易經管窺詩經講義性理講義康海武功志注蔡封聞見錄菜根園愼言錄古文似廬陵有逸氣有酉麓山房存稿可園集

校記

〔一〕清史列傳白奐彩傳，附見三家傳，党湛之後，爲李士瓚、馬棫士（點校本誤作士）清國史不誤，清史稿不取李、馬二家，代之以王化泰、孫景烈。

〔二〕孫景烈傳原編次於卷六十七儒林傳上二。

〔三〕華州誤，當作同州。同州詳見清史稿白奐彩傳注〔三〕。

〔四〕受字誤，依清國史，當作授。

〔五〕棨字，清國史同。張驥關學宗傳、王美鳳整理關學文庫本作部。

清史稿卷四百八十

儒林一

胡承諾

胡承諾〔一〕，字君信，天門人。明崇禎舉人〔二〕。國變後，隱居不仕，臥天門巾柘間。順治十二年，部銓縣職。康熙五年，徵入都。六年，至京師，以詩呈侍郎嚴正矩云：「垂老只思還舊業，暮年所急匪輕肥。」既而告歸，得請。構石莊於西村，自號石莊老人。竆年誦讀，於書無所不窺，而深自韜晦。晚著繹志。繹志者，繹己所志也。凡聖賢、帝王、名臣、賢士與凡民之志業，莫不兼綜條貫。原本道德，切近人情，酌古而宜今，為有體有用之學。凡二十餘萬言，皆根柢於諸經，博稽於諸史，旁羅百家，而折衷於周、程、張、朱之說。承諾自擬其書於徐幹中論、顏之推家訓，然其精粹奧衍，非二書所及也。二十六年〔三〕六月卒，年七十五。所著有讀書說六卷，文體類淮

南、抱朴、麟〔四〕雜細碎、隨事觀理而體察之。殆繹志取材之餘、與是書相表裏〔五〕

校記：

〔一〕清史稿胡承諾傳、源自清國史、見儒林傳上卷卷八。

〔二〕據胡玉章胡東柯先生年譜、承諾係崇禎九年舉人。

〔三〕二十六年誤、當為康熙二十年。據上引年譜、承諾生於明萬曆三十五年、卒於清康熙二十年、年七十有五。

〔四〕麟字誤、依清國史、當作鱗。

〔五〕胡承諾既入清史稿儒林傳、又見同書卷四百八十四之文苑傳一。雖文字略有異同、然一人兩傳、足見史館當年修史之粗疏。

清史列傳卷六十六

儒林傳上一

胡承諾

胡承諾，字君信，湖北天門人。明崇禎舉人。入國朝，隱居不仕，臥天門巾柘間。順治十二年，部銓縣職。康熙五年，檄徵入都。六年，至京師，以老乞歸。構石莊於西村，自號石莊老人。窮年誦讀，於書無所不窺，而深自韜晦。晚著繹志。繹志者，繹己所志也。由聖賢修身立命，以及帝王之任官行政、制事治人，名臣賢士之所以持躬成業，凡民之所以居室盡倫，莫不兼綜條貫。原本道德，切近人情，考據古今，推準時會，爲有體有用之學。自志學至自叙，凡六十一篇，二十餘萬言。

其言有曰：「性原於天，其體常明，非物欲所能蔽。其或蔽之，則以學埽除之。命通於性，其理常定，非吉凶所能侵。

其或侵之，則以學持守之。故學者，性所由盡，命所由正也。人有蔽塞，求通則通矣，以其知學也。物無求通之志，故蔽塞自如，以其不知學也。然則為學之功，非直通塞之關，又人物之別也。」又曰：「性授於情，而後有益於天下；情依於性，而後無害於天下。」又曰：「酧飽傷生，多於飢渴。文字伐性，甚於顓蒙。法令誨奸，捷於教導。」又曰：「根本未固，不必豐其枝葉。親戚多怨，不必問其交遊。言行多疾，不必觀其事業。不見敬於州里，不必論其立於朝廷，臨於民庶也。」又曰：「物必有措置之所，措諸其所，聖人不能易也。義者事之所也，事有常有變，而義以為中。常之所宜，聖人用其中，非用其常也，故處常足以應變。變之所宜，聖人從其中，不從其變也，故應變所以守常。」又曰：「六經者，復性之書也。其議道也，以聖人為則。其制法也，以衆人為心。於聖人見道之極，於衆人見道之同。衆人之所同，即天心也。治法盡是矣。舍此求治，必秦漢以下任勢之爲，不久而遂散，似治而實亂。又曰：欲立法度，先正人心；欲明號令，先慎起居；欲用刑辟，先崇教化；欲撥亂興治，先使一綱舉而萬目張。又曰：聖王之有用舍，所以變化人才，不但澄清流品。意在澄清，則綜覈之念多於愛養，官常雖勵，僥倖者亦叨竊其間。意在愛養者，長育之指既切，名實之辨自著，賢者無不遂其志，不肖者有改悔之益。又曰：法之將壞，紕繆居多，如繩之將絶，不能縛物也。有司更加以苟且，是引將絶之繩，縛難繫之物。健者放逸莫追，所繫縛者跛躄而已。又曰：古之人不敢輕言變法，必有明哲之德，於精粗之理無所不照，不獨精者爲之地，即粗者亦爲之地，有和悦之氣，於異同之見無所不容，不獨同者樂其然，即異者亦樂其然，然後可奪其久安之法，授以更新之制，而不驚顧，不讙譁也。又曰：能聚斂者未必能富國也，能富國者未必能安天下也。富在閭閻府庫，則上溢而下漏。富在大夫之家，則本顛而末蹶。富在市廛，則金生而粟死。必也富在四野，然後貨財流，天下安矣。」又曰：「欲富國者，當使君民之力皆常有餘。民之餘力生於君之約取。君之餘力，生於民之各足。」皆根柢經史，旁羅百姓〔一〕，而折衷於周、程、張、朱之說。

承諾自擬其書於徐幹中論、顏之推家訓，然其精粹奧衍，非二書所及也。二十年〔二〕卒，年七十五。別有讀書說六卷，文體類淮南、抱朴，鱗雜細碎，隨事觀理，而體察之治，繹志取材之餘，與是書相表裏。又有菊佳軒詩，今不傳〔三〕。

校記：

〔一〕「姓」字誤，據清國史之胡承諾傳，當作「家」。

〔二〕清國史記承諾卒年，作康熙「二十六年」，誤。點校本據耆獻類徵改作「二十年」，甚確。

〔三〕蒨佳軒詩，清國史執筆者未得一見。後復出於世，徐世昌主編晚晴簃詩匯嘗取以入録。又據柯愈春清人詩文集總目，記國家圖書館藏有民國初重刻石莊詩二十七卷，計檄遊草一卷，青玉軒詩七卷，蒨佳軒詩十一卷，頤志堂詩八卷。

清史稿卷四百八十

儒林一

曹本榮 張貞生

曹本榮〔二〕字欣木〔三〕，黄岡人。順治六年進士，改翰林院庶吉士，布袍蔬食，以清節自勵。八年，授秘書院編修，應詔上聖學疏千言，其略云：皇上得二帝三王之統，則當以二帝三王之學為學。誠宜開張聖聽，修德勤學，舉四書五經及通鑑中有裨身心要務、治平大道者，內則深宮燕閒，朝夕討論；外則經筵進講，敷對周詳。君德既修，祈天永命，必基於此。有詔嘉納。十年，擢右春坊右贊善，兼國子監司業，刊白鹿洞學規以教士。十一年，轉中允。十二年，世祖甄拔詞臣品端學裕者充日講官，本榮與焉。十三年，升秘書院侍講、左春坊左庶子，兼侍讀。日侍講幄，辨論經義，敕本榮同傳以漸撰易經通注九卷，鎔鑄衆説，詞理簡明，為說經之圭臬。本榮又著五大儒語〔三〕、周張精義、王羅擇編諸書。十四年八月，充順天鄉試正考官。九月，充經筵講官。十一月，以失察同考官作弊，部議革職，上以其侍從講幄日久，宥之。十八年，遷翰林院侍讀學士，改國史院侍讀學士。康熙四年〔四〕，以病請回籍，卒於揚州〔五〕。

本榮之學，從陽明致知之說〔六〕，故論次五大儒，以程朱薛與陸王並行。既告歸，宦橐蕭然，晏如也。疾革，門生計東在側，猶教以窮理盡性之學。卒之日，容城孫奇逢痛惜之〔七〕。子宜溥，由廩生薦舉博學鴻儒，試授檢討。

張貞生〔八〕，字簀山〔九〕，廬陵人。順治十五年進士，官翰林院侍講學士。時議遣大臣巡察，貞生上疏諫，召對，所言又過戇。下考功議，革職為民。蒙恩鐫二級去官。初聞陽明良知之說，其後乃一宗考亭。居京師，寓吉安館中，蓬蒿滿徑，突無炊煙，瀕行不能具裝，故人餽贐，一無所受，其狷介如此。

尋奉特旨[十一]，起補原官，至京卒[十二]。著《庸書》二十卷、《玉山遺響集》[十三]。

校記：

[一]《清史稿》之曹本榮傳，源出《清國史·儒林傳》上卷卷八。

[二]欣木誤，據《清國史》之曹本榮傳，其字當作「木欣」。

[三]據《清國史》語，「字」之後，尚脫一「要」字。本榮所著當名《五大儒語要》。

[四]康熙四年，不確。據本榮弟子計東撰《中憲大夫內國史院侍讀學士曹公本榮行狀》，本榮於康熙三年請假回籍還葬。

[五]據上引《行狀》，曹本榮生於明天啓元年八月，康熙三年十一月二十三日卒於揚州，年四十有四。

[六]依《清國史》，「致知」二字間，脫一「良」字；「說」字之後，脫一

入」字，當為「本榮之學，從陽明致良知之說入」。

〔七〕史稿如此行文，似本榮病卒揚州，孫奇逢亦在當日得知。其實不然。是時，奇逢南徙河南輝縣已十餘年，隱居不出，迄於逝世，從未到過揚州。至於本榮去世，噩耗斷不可得悉於「卒之日」，當係其後南中友人所告。因之，此處行文，當依清國史，作「其卒也，容城孫奇逢哭之，比之元許衡」。

〔八〕清史稿張貞生傳，源出清國史，見儒林傳上卷卷九。本獨自為傳。史稿取付曹本榮傳，二家籍不同省，學非同宗，不知根據何在。

〔九〕據錢儀吉碑傳集之侍講學士張公貞生行略，貞生字「幹臣」，別字「簣山」。清國史亦記「字幹臣」。史稿不取傳主正字，獨用別字，蓄意立異，意欲何為？

〔十〕「尋奉特旨，起補原官」，尋謂何時？不明。據上引行略，當爲康熙十三年。

〔十二〕據清國史，張貞生卒於康熙十四年。

〔十三〕當依清國史，作玉山遺響六卷。

清史列傳卷六十六

儒林傳上一

曹本榮 張貞生[一]

曹本榮，字欣木[二]，湖北黃岡人。順治六年進士，改翰林院庶吉士，布袍蔬食，以清節自勵。八年，授祕書院編修。九年，應詔上聖學疏千言，其略云：皇上得二帝三王之統，則當以二帝三王之學為學。誠宜闡張聖德[三]，修德勤學，舉四書、五經及通鑑中有裨身心要務，治平大道者，內則深宮燕閒，朝夕討論；外則經筵進講，敷對周詳。君德既修，祈天永命，必基於此。有詔嘉納。十年，擢右春坊右贊善，尋陞國子監司業，以正學為六館倡，刊白鹿洞規以教士。十一年，轉中允。十二年，世祖章皇帝甄拔詞臣品端學裕者充日講官，本榮與焉。十三年，陞祕書院侍講，左春坊左庶子兼侍讀。日侍講幄，辨論經義。世祖章皇帝諭曰：易自魏王弼唐孔穎達有注與正義，宗程頤有傳、朱熹本義。出學者宗之。明永樂間，命儒臣合元以前諸儒之說彙為大全，皆於易理多所發明，但其中同異互存，不無繁而可刪、華而寡要。且迄今幾三百年，儒生學士發揮經義者亦不乏人，當加採擇，折衷諸論，簡切洞達，輯成一編，昭示來茲。乃敕本榮與傅以漸撰易經通注九卷，鎔鑄衆說，詞簡理明，為說經之圭臬。本榮素善病，上遣醫診視，御筆仿巨然畫賜之。上一日讀孟子「人知之亦囂囂」，顧本榮曰：「自得無欲，汝足當之。」十四年，充順天鄉試正考官。九月，充經筵講官。十一月，以失察同考官作弊，吏部議革職，上以其侍從講幄日久，宥之。十八年，遷翰林院侍講學士，轉侍讀學士，改國史院侍讀學士。康熙四年，以病乞歸，卒於揚州，年四十四。

本榮之學，從陽明致良知入，而加以踐履篤實之功。嘗謂：「明德與仁，皆心之妙用，性原不睹不聞，見此之謂見道，聞此之謂聞道。又謂顏子不改其樂，從戒慎恐懼中來。初著居學錄，自序謂孩稚知能，而同然之仁義已達，墟墓哀敬，而百千之禮制以生。仁體事而皆存，心隨處而各具。又著五大儒語要，以程、朱、薛、陸、王並敘。又著王羅擇編，二溪之後，附以白沙。他著有周張精義、格物致知說及紳錄十卷，奏議稽詢四十四卷。病亟時，行李蕭然，門生計東在側，猶教以窮理盡性之學。其卒也，容城孫奇逢哭之，比之元許衡。

子宜溥，由廕生薦舉博學鴻儒，試授檢討。

張貞生，字幹臣，江西廬陵人。少入塾受經，即有志聖賢之學。順治十五年進士，改翰林院庶吉士，散館授編修。居京邸，以苦節稱。嘗上諫止游畋一疏，論者以比陸宣公。擢國子監司業，課諸生嚴正。尋遷侍讀。康熙十年，充日講起居注官。在經筵講書，陳說無餘。上命之賦詩，貞生辭以

小道不足為游陞侍講學士時議遣大臣巡方貞生言徒擾百姓無益察吏安民當責成督撫以出位言事降二級然卒罷巡方之差

貞生初闡陽明良知之說後讀羅欽順困知記乃專宗考亭以慎獨主敬為歸粹然一出於正與孝感熊賜履並以理學名嘗與賜履書曰若提明善二字謂可包知行姚江復起將有詞於我矣蔚州魏象樞問孔顏樂處從何處尋貞生曰下學上達克己復禮因舉山居聯語曰孔子何以樂發憤忘食顏子何以樂既竭吾才嘗謂學問有漸進工夫別無頓悟法門又謂諸家言自然言頓悟不問元氣虛實專用表散之劑不害人不止矣所居蓬蒿滿徑突無炊煙大書座右曰最危是人禽之界喫緊在義利一關歸時不能具裝故人餽贐一無所受家居搆我師祠祠薛胡羅高四先生又捐宅為誠意書院自於玉山下葺頹垣

居之。十四年〔八〕，奉旨召用，至京卒，年五十三。病篤，友人候之，猶惓惓言學不已。著有唾居隨錄四卷、庸書二十卷、玉山遺響六卷。後平湖陸隴其見其書，深爲嘉歎，稱貞生氣能抗萬乘之威，力足卻紛華之習，乃區區璧庵一書，遂退然自下，盡改其故學。非天下大勇，其孰能之？因鈔其粹語入集中。

校記：

〔一〕張貞生原獨領一傳，並附張烈、張能麟二家。爲使與史稿合校，改從其例，附見於曹本榮傳後。

〔二〕清國史原作本欣甚確，點校本所改失誤。

〔三〕「德」字誤，依清國史當作「聽」。

〔四〕「康熙四年」誤，依計東中憲大夫内國史院侍讀學士曹公本榮行狀，當作「康熙三年」。

〔五〕據上引行狀，曹本榮康熙三年十一月二十三日在揚州病逝。

〔六〕點校本於自序引文斷句有誤，故改。

〔七〕「墊」字原作「塾」，形近而誤，故改。

〔八〕「康熙十四年」誤，據侍講學士張公貞生行略，當作「康熙十三年」。

清史稿卷四百八十

儒林一

劉原淥　姜國霖　劉以貴　韓夢周　梁鴻翥　法坤宏　閻循觀　任瑗

劉原淥，字崑石，安丘人。明末，盜賊蠭起，原淥與仲兄某率鄉人壘土為堡以禦賊。賊至，守堡者多死，仲兄出鬭，身中九矢，力戰。原淥從之，發數十矢，矢盡，仲兄麾之去。原淥大呼曰：「離兄一步非死所！」乃斬二渠帥，獲馬六匹，賊遁去。亂定，以力耕致富。既而推膏腴與兄，以其餘為長兄立後。兼贍亡姊家。謝人事，求長生之術。得咯血疾，遂棄去。後讀宗儒書，乃篤信朱子之學。集朱子書作續近思錄。嘗曰：「學者居敬、窮理，二者皆法先王而已。小心翼翼，昭事上帝，居敬之功也。不識不知，順帝之則，窮理之功也。」每五更起，謁祠後，與弟子講論，常至夜分。仲兄疾，籲天祈以身代。兄死，三日內水漿不入口。又為鄉人置義倉，儉歲煮粥以食饑人嘗曰：人與我一天而已，何畛域之有焉？卒年八十二。著讀書日記、四書近思續錄〔五〕四卷。

後數十年，昌樂有閻循觀、周士宏，濰縣有姜國霖、劉以貴、韓夢周，德州有孫于簋、梁鴻翥，膠州有法坤宏，同縣有張貞，猶能守原濼之學〔六〕。

國霖〔七〕，字雲一，濰縣人。父客燕中，感病，國霖往省，跣走千里。至則父已歿，無錢市棺，以衣裹尸，負之行，乞食歸里。泣告族黨曰：父死不能斂，又不能葬，欲以身殉，又有老母在，長者何以教我？人憐其孝，為捐金以葬。母易怒，一日怒甚，國霖作小兒嬉戲狀，長跪膝前，執母手摑其面，母大笑，怒遂已。時年五十矣。師事昌樂周士宏，嘗與國霖至莒，樂其山川，死即葬於莒。國霖築室墓側，安貧守素，不求於人。值歉歲，莒人恐其餓死，聞於官而賙之粟，亦弗卻也。昌樂閻循觀問國霖喜讀何書，曰：論語，終身味之不盡。

以貴〔八〕字滄嵐。康熙二十七年進士。任蒼梧令，地瑶僮雜處，營茶山書院，以詩、書爲教。歸里後，杜門著書，有蓼乘集。

夢周〔九〕字公復。乾隆二十二年進士。其學以存養、省察、致知三者爲入德之資，每跬步必以禮，以恥求聞達爲尚。後爲来安知縣，有政聲。長洲彭紹升稱其治来如元魯山。有理堂文集，表方石，獎忠節，皆有關於世道。

鴻翥〔十〕字志南，德州人。每治一經，案上不列他書，有疑義，思之累日夜，必得而後已。益都李文藻一見奇之，爲之延譽，遂知名於世。以優行貢成均。卒年五十九。有周易觀運等書。

坤宏〔十一〕字鏡野，膠州人。得傳習錄大喜，以爲如己意所出。其學以陽明爲宗，以不自欺爲本。乾隆六年舉人，官大理評事。卒年八十有奇〔十二〕。

循觀(十三)字懷庭，昌樂人。專志洛、閩之學，省身克己，刻苦自立。治經不立一家言，而要歸于自得。乾隆三十四年(十四)進士，吏部考功司主事。著困勉齋私記、西澗文集及尚書春秋說(十五)。

任瑗(十六)字恕菴，淮安山陽人(十七)。年十八，棄舉子業，講學靜坐三年，歎曰：「聖人之道，歸於中庸，極於(十八)精義入神以致用也，利用安身以崇德也，豈是之謂哉。」乾隆元年，大吏舉瑗應博學鴻詞，廷試罷歸。韓夢周語人曰：「任君體用具備，有明以來無此鉅儒。」及韓將北歸，瑗語之曰：「山左人多質直，君當接引後進，以續正學。」因作反經說以示之。年八十二卒(十九)。著有纂注朱子文類一百卷、論語困知錄二卷、反經說一卷、陽明傳習錄辨二卷、知言劄記二卷、朱子年譜一卷。

校記：

〔二〕劉原淥傳源自清國史，見儒林傳上卷卷一四。

〔三〕仲兄既不具名，則「某」字已多餘，清國史即無「某」字。

〔三〕「先王之先」字誤，當依清國史作「文」，因為文中所引兩詩，皆出大雅，一出大明，一出皇矣，皆係贊美文王之德。

〔四〕依清國史傳主卒於康熙三十九年，史稿失記。

〔五〕依清國史，近思續錄前「四書」二字屬衍文。

〔六〕史稿原淥傳後，以「猶能守原淥之學」為由，附見姜國霖、劉以貴、韓夢周等七人。諸家所跨已越康、雍、乾三朝，與劉原淥並無學術師承。其中之法坤宏，史稿明言「其學以陽明為宗」，而原淥乃篤信朱子之學，兩家同編，豈非自相矛盾。

〔七〕姜國霖傳源出清國史儒林傳上卷卷二五，附見於閻循觀傳。

〔八〕劉以貴傳源出清國史，見儒林傳上卷卷一四。

〔九〕韓夢周傳源出清國史，儒林傳上卷卷二五，附見於閻循觀傳。

〔十〕梁鴻翥傳源出清國史，儒林傳上卷卷二五，附見於法坤宏傳。

〔十一〕法坤宏傳源出清國史，見儒林傳上卷卷二五。

〔十二〕依清國史，明載坤宏卒於乾隆五十年，年八十七。史稿纂意不取，改作「卒年八十有奇」，不知根據何在。

〔十三〕閻循觀傳源出清國史，見儒林傳上卷卷二五。

〔十四〕「乾隆三十四年」誤，依清國史，當作「乾隆三十一年」。

〔十五〕據清國史，閻循觀治尚書、春秋，所著並非尚書說、春秋說，當為尚書讀記、春秋一得。

〔十六〕任瑗傳源出清國史，儒林傳上卷卷二一，附見於朱澤澐傳。

〔十七〕史稿列傳，傳主籍貫例不記行省，逕記縣邑。任瑗傳獨異，記及淮安府名。自亂章法，殊不可取。

〔十八〕「極於」二字後，當有脫字，否則如此行文，語意不清。據清國史，所脫二字為「盡性」。

〔十九〕「年八十二卒」，具體時間不明。據清國史，任瑗乾隆三十九年卒，年八十二。

清史列傳卷六十六

儒林傳上一

劉源淥　劉以貴

劉源淥[二]，字崑石，山東安丘人。生五歲，問身所從來，父奇之。十四歲而孤，事母至孝。遇難，負母逃，卒免於禍。年二十餘，值明季盜賊蠭起，與仲兄率鄉人列堡而守。賊至，守者多死，仲兄身中九矢，戰益力。源淥從之，發數十矢，矢盡，仲兄麾之去。源淥大呼曰：「離兄一步，非死所。」乃斬二渠帥，獲馬六匹，賊遁去。亂定，以力耕致富。既而推膏腴與仲兄，以其餘爲長兄立後，兼贍亡姊家。仲兄疾，籲天請代，及卒，水漿不入口三日。源淥入國朝後，伏處海濱，購經史及宗儒書，日夜讀之。尤篤好朱子書，反覆推究四十餘年。葺朱子祠於東郭，祭必致其誠。與弟子講論，每至夜分，有所得輒劄記，積數萬言，而大要歸於主敬、集義。其論主敬，以戒懼慎獨為始，而歸之於參前倚衡。論集義，以致知格物為先，而極之於不獲其身，不見其人。嘗曰：學者居敬窮理，二者皆法文王而已。小心翼翼，昭事上帝，居敬之功也。不識不知，順帝之則，窮理之功也。又曰：二程恐懼憂勤，故周子令尋孔顏樂處。今人宜先收定此心，不放。周子令二程尋樂，吾今欲世人尋苦。又曰：學者推測道理，似能覺悟，及發言處世，便多窒礙。故朱子臨終，諄諄教門弟子云：惟事上審求其是，決去其非，積習久之，心與理一，自然所發皆無私曲。學者離物與形而求道，終無得也。生平所服膺者，在明惟薛瑄，在國朝惟陸隴其。自敘其學，謂始去外物而見身，繼去身而見心，又去心而見理。蓋自道其實云。以喪祭禮廢，俗日偷，斟酌古今，定為品式，邑人化之。又為鄉人置義倉，儉歲煮粥以待餓者。曰：人與我一天也，何畛域之有？康熙三十九年卒，年八十二。著有近思續錄四卷、讀書日記四卷、冷語三卷、冷語詠，劉安世爲姦邪，謂其害甚章惇、邢恕，則以其與程頤不協，而未見盡言集也。

劉以貴字滄嵐，山東濰縣人。康熙二十七年進士，官廣西蒼梧縣知縣。縣瑤僮雜處，號難治，以貴革除陋習，營茶山書院，以詩書爲教。年四十告歸，杜門著述，嘗謂鄭康成之罷從祀，成於張璁，而實始於程敏政。敏政博利之徒，著道一編，舉朱、陸緒論顛倒年月，謂其早異晚同，姚江因之成朱子晚年定論之說，蓋始以私智議先儒，後遂以學術教人心，其流弊不可勝言。又謂世議康成信緯，不知康成所據之緯書之醇者也。且如三綱五常之說，尚書緯之文也，朱子以之注論語。周子〔天〕三百六十五度四分度之一，易緯之文也，蔡氏以之注尚書。後人不議論朱、蔡，獨毁康成，何耶？其論與朱彝尊康成不當罷從祀議，皆爲卓識。至雍正二年，遂復奉旨從祀。著有古本周易十六卷、析疑二十卷，於注疏外，旁搜一百四十餘家，而考其異同，辨其得失。又有蔡乘集三卷，初學正鵠、正命錄、萊州名賢志等書。卒年六十五。

校記

〔一〕史乘「原錄」、「源錄」混用。官修清國史作「源錄」，清史稿則作「原錄」。私家所記亦然，彭紹升劉先生原錄傳作「原錄」，孫自務劉直齋先生傳則作「源錄」。

〔二〕點校本「此心與不放」讀斷，誤，故改。

〔三〕點校本讀朱子臨終語，斷在「決去其非」，誤。據束景南朱熹年譜長編引李方子紫陽年譜，當斷於「皆無私曲」。又清國史及清史列傳記朱子語，文字皆有誤，依紫陽年譜，「事上」當作「事事」，「積習」當作「積集」。

〔四〕自「始去外物」至「去心而見理」，係引述傳主語，當加引號。

〔五〕「周子」「子」字誤，據尚書注疏考異當作「周天」。

清史列傳卷六十七

儒林傳上二

任瑗

任瑗字恕庵，江蘇山陽人。年十八，棄舉子業，講學靜坐三年。既而嘆曰：聖人之道，歸於中庸，極於盡性，精義入神以致用也，利用安身以崇德也。豈是之謂哉？於是取先儒書潛玩力索，遵程朱遺規，以上求孔孟，謂不得聖賢心精，不足以盡道之極致。近世所謂心學者，以為探本握要，不知道精微而難窮，心易蔽而多私。心其所心，非聖人之心也。著反經說一卷，陽明傳習錄辨二卷，小泉筆記一卷。大旨與平湖陸隴其同，皆以遵朱子闢陸王為急。瑗篤實閻修，不炫於時，為高安朱軾所引重。濰縣韓夢周遊淮安，與之交，嘗與人曰：任君體用具備，有明以來，無此大儒。乾隆元年，兩江總督趙宏恩舉博學鴻詞，廷試罷歸。三十九年卒，年八十二。瑗講經世之務，嘗隨父官延平，佐平順昌寇，興舉淮安水利，俱有成效。他著有纂注朱子文類一百卷，論語困知錄二卷，中庸困知錄四卷，易學象數傳心錄一卷，太極圖說析疑一卷，通書測一卷，讀經管見一卷，讀史衡說二卷，困學恐聞二卷，知言劄記二卷，朱子年譜一卷，文集十餘卷。

校記：

〔二〕任瑗傳原編次附見於朱澤澐傳。

清史列傳卷六十七

儒林傳上二

閻循觀 韓夢周 姜國霖

閻循觀，字懷庭，山東昌樂人。乾隆三十一年進士，授吏部考功司主事。當官議事，務持大體，事或齟齬，不盡押，同列強之，答曰：吾學何事，豈至是變耶？吏舞文，不遂責，取陳宏謀所刻在官法戒錄為講說，俾知悔改。一同年友為外官，遺之金，不受，曰：忝居此職，不敢受，且不可以貧累君也。居二年，引疾歸。歸一年而卒，年四十五。

循觀性穎敏，初好佛氏說，既讀宋儒書，乃一奉程、朱為宗。其學以忠恕為根本，以倫常為實際，主敬克己，時時提醒此心，刻苦自立，而諄諄致戒於近名，於河津之派為近。嘗作去惰堂記，謂年二十後，有意於克己之學，久之知心實多欲，於是強制吾欲，然時復橫決。復自念曰，欲之所起由於爲善不誠，因從事於謹微而求誠。自是私僞之萌頗少，萌亦易除，然終不能禁也。年來德不加進，學不加修，每一念及，嗟咨流涕，忽若有誘於中者，乃知吾之惡曰情，要在去情而已矣。情於實踐，故終不能釋然於異說；情於矯其所便安，故力不能繼；情於去僞，故恆心不堅。因臚爲三目以自詔，曰：「存省勿忘，躬行勿急，常業勿廢。」又嘗讀書程符山中，杪秋木落，讀屈賈傳，累欷無窮。忽自省曰：「此非情之正，君子憂德不戒年，修身不垢俗。」更取儀禮讀之，已天晶月明，澹然見古人素位之意。時濰縣韓夢周亦居山中，相友善，好學者多從之遊。兩人論學，皆斥陽明，而縉觀謂王氏發明知行合一之旨，最爲有味，然由其說，終任心而廢講習，言雖高，非貞則。其論爲持平。

說經明白簡易，先儒有誤，依文釋之，不改字。著有尚書讀記一卷，大旨不信古文，解金縢「弗辟」爲弗辟攝政之嫌、康誥首四十八字非錯簡、費誓伯禽征徐戎為周公在時事、皆根據史記為說。又春秋一得一卷、於筆削大義多所發明。如曰：武子來求賻、罪魯也；曰州吁不稱公子、絕之於衛也；曰諸侯不得專殺大夫、故凡大夫之殺、春秋皆稱國舉官、不論有罪無罪及殺當其罪否也；曰梁山崩、穀梁氏曰：君親縞素、帥群臣而哭之、既而祠焉、斯崩山之壅河流者矣。此術者之言也；左氏曰：君為不舉、降服乘縵、徹樂出次、祝幣史辭以禮焉。此有司之存也；胡氏曰：古之遭變異而外為此文者、必有恐懼修省之心生於內、徒舉其文、而無實以先之、何以弭災變乎？此儒者之道也。其持論正大多類此。他著有毛詩讀記、困勉齋私記、西澗草堂集、名人小傳、見聞隨筆。性至孝、少孤、未諳葬事、地卑水齧冢、既長、以為大戚、陰雨輒號泣不食、繞墓走達夜、後墓雖遷、終以此致羸疾、浸淫而終。

韓夢周，字公復，山東濰縣人。少孤，力學，揭「毋不敬，思
無邪」二語於座右，跬步必以禮。乾隆二十二年，成進士，授
安徽來安知縣。始至，斥蠹役，勸農功，訓民節儉，逐黠商之
以窳物罔民者。來安北繞群山，南多圩田，民凋瘵甚。夢周
令依山種桑，募兗、沂人習蠶者教之蠶。嘗欲開浦口黑水
河，使縣南之水不由瓜埠口，可直達江，則圩田不受災，而
民利數倍。因著圩田圖三記，具詳其地里丈尺工程，上之
總督高晉。晉許為奏請，會以捕蝗不力罷歸。去之日，士民
炷香攜酒相屬於道。歸後，講學程符山二十七年。嘉慶三
年卒，年七十。

夢周為學，以存養為根本，省察為修治，窮理為門戶，
篤守程、朱。檢身若不及，嘗曰：「震驚百里，不喪匕鬯，誠敬之
效也。能誠敬，則心之理得矣。」其辨陸、王，謂：「宗南渡後，杲堂
出於佛徒，最為黠桀。語張子韶曰：『侍郎把柄在手，便須改

頭換面，以諉朱學。子韶欣然從之，於是儒佛之界始大亂。然子韶之徒智不足自全，每供敗闕。象山、陽明則陰證釋氏之諦，而巧為改換之術。又謂陽明即心即理，與釋氏即心即佛詞異而實同。又謂陽明功業軒爍，不必盡由講學，蓋人本豪傑，夙究於經世之務，又能內定其心，足以乘機制變，故成功如此。至於聖賢體用之全，為學之功，則不可一毫借也。又謂為陽明之學者有二，其一學問空疏，不耐勞苦，樂其簡易而從之，其一博覽典籍，勤而無得，見其專主向裏，遂悔而從之。前者多高明之人，後者亦沉潛之士，皆有造道之質，乃蹈於一偏，不復見古人之大全，可惜也。交遊中與山陽任瑗最契，於彭紹升、汪縉、羅有高，皆謂其學陸、王而卒歸於佛。又不喜戴震孟子字義疏證，謂程、朱以理為我所本有，學以復之，戴氏以理為我所本無，但資之於學。即此觀之，孰為得失，不待繁證深辨也。著有理堂文集、日記、陰符經注等書。

夢周少與閻循觀師昌樂滕綱。綱字建三，歲貢生。隱居窮經，不稱人過失，一錢之餽，不苟受。母疾，嘗一日夜行五百里求藥療母，良已。嘉慶三年卒，年七十。

姜國霖字雲一，亦濰縣人。父客京師病，國霖往省，至則已殁，無錢市棺，以衣裹尸，負之乞食而歸。里中憐其孝，醵金以葬。母善怒，一日怒甚，國霖作小兒嬉戲狀，長跪膝前，持母手撾其面，母大笑，自是不復怒。是年五十矣。師事昌樂周士宏。士宏有高致，與國霖至莒，樂其山水，家焉。死即葬於莒。國霖築室墓側，安貧守素，不求於人。年七十，躬親耕耘。乾隆十三四年，濰大饑，劚菜根為食，貌轉腴。閻循觀問國霖喜讀何書，曰：論語，終身味之不盡也。其自述生平學力，年四十始能不以貧富攖其心，五十始能不以死生動其心。及卒，循觀為作言行記。

清史列傳卷六十七

儒林傳上二

法坤宏 梁鴻翥

法坤宏，字鏡野，山東膠州人。乾隆六年舉人，以年老，授大理寺評事。曾祖若真，字漢儒，順治三年進士，官至河南布政使。康熙十八年，舉博學鴻儒。古文學樊宗師，詩學李賀，有黃山詩留十六卷。卒年八十四。坤宏少為學，不肯事章句，性澹泊，不諧俗，與人言陳義至高，人以為迂，因自號迂齋。初讀宋儒書，未厭也。既得傳習錄，大喜，以為如己意所出。其學以陽明為宗，以不自欺為本。同時閻循觀、韓夢周皆譏切之，坤宏曰：此無事口談也。君子之學，譬之飲食，得其甘者果其腹，飫其精者澤其體。徒諜諜然為他人辨是非，所謂舍爾靈龜，觀我朵頤也。

坤宏博通諸經，尤邃於春秋，著春秋取義測十二卷，凡九易稿而後成。自序曰：「取義測測孔子竊取魯春秋之義也。史家記事之法，自有大例，君舉必書，諸侯之會其德刑禮義無國不記。魯之春秋，雖能有懲惡勸善之義，而其事其文無關教義，拘於史例者，固已多矣。孔子於是筆而削之，筆其事文之足為法戒者，削其事文之無足為法戒者。故曰『其義則某竊取之矣』。其義，魯春秋之義，孔子以筆削取之，故曰取義。蓋春秋之教，主於徵信，達道，據事直書，而其義自見。而說經者紛紛，謂孔子作春秋，假魯史以識貶當世。隱閔之薨，舊史實書弒，孔子諱其事，改曰『公薨』；溫之會，舊史實書『召王』，孔子嫌其文，改曰『天王狩於河陽』。又謂例當書爵，或黜而稱人；例當書名，或進而書字。是孔子以己意變更舊章，創作一部春秋，取義之旨隱矣。或曰：『若然，孔子直鈔魯史耳，何以云作春秋？』曰：魯史以勸懲舉王法，春秋以筆削章聖教。取義之旨寓於筆削，故曰作魯史舉法而是春秋特筆之以彰其是如趙盾與州吁宋督之弑同書許止與商臣蔡般之弑同書孔子並取之此義明而亂臣賊子之黨無所逃其誅矣魯史舉法而非春秋特削之以章其非如魯群公之錫命則書王使召伯廖賜齊侯命王子虎策命晉侯爲侯伯則不書蓋孔子削之此義明而假仁襲義之奸無敢僭其賞矣然誅賞者法也是非者教也法非天子不敢明教雖庶人亦可明春秋天子之事也筆削之春秋庶人明天子之事也故孔子嘗曰知我者其惟春秋乎罪我者其惟春秋乎記曰屬辭比事春秋教也韓子曰春秋書王法不誅其人身此知孔子者也若紛紛之論皆罪孔子者也又以綱目提要後人傳述或失其初非朱子手訂因略加删訂於其中事關勸懲與春秋義法相應者揭録之爲綱目要略古文嚴於義法史記八家外好歸有光方苞然善下不自足喜人譏彈每一字屢

更不獻。繙觀、夢周皆甚稱其文。著有學古編。五十年卒，年八十七。

梁鴻翥，字志南，山東德州人。優貢生。窮老篤學，月必誦九經一過。每治一經，案上下列他書，有疑義，思之累日夜，必得而後已。鄉里目為癡人。益都李文藻一見奇之，為之延譽，遂知名於世。卒年五十九。著周易觀運、尚書義、書經續解、春秋辨義、春秋義類、儀禮綱目等書。

校記：

〔一〕清國史原作「歸一月而卒」，清史列傳校點本據耆獻類徵，改「月」為「年」，尚可斟酌。傳主友人韓夢周撰繙觀墓誌銘，明言繙觀乾隆三十一年「成進士，補吏部考功司主事。踰歲書至，言部務殷繁，至不暇寢食，且曰將告歸。至於具體歸期，則未述及。隨後便是三十三年九月，君之訃至」。

因此清國史所言並非無據。

清史稿卷四百八十

儒林一

顏元　王源　程廷祚　惲鶴生

顏元[一]，字易直，博野人。明末，父戍遼東[二]，殁於關外。元貧無立錐，百計覓骨歸葬，世稱孝子。居喪，守朱氏家禮[三]惟謹。古禮：初喪，朝一溢米，夕一溢米，食之無算。家禮刪去無算句，元遵之，過朝夕不敢食，當朝夕遇哀至，又不能食，病幾殆。又喪服傳既練，舍外寢，始食菜果，飯素食，哭無時。家禮改為練後止朝夕哭，惟朔望未除者會哭，凡哀至皆制不哭。元亦遵之。既覺其過抑情，校以古喪禮非是，因歎先王制禮，盡人之性，後儒無德無位，不可作也。於是著存學、存性、存治、存人四編以立教[四]，名其居曰習齋。肥鄉漳南書院邑人郝文燦請元往教[五]。有文事、武備、經史、藝能等科，從遊者數十人。會天大雨，漳水溢，牆垣堂舍悉沒，人跡殆絕。元歎曰：天不欲行吾道也。乃辭歸。後八年而卒，年七十。門人李塨、王源編元年譜二卷，鍾錂輯言行錄二卷、闢異錄二卷。

王源，字崑繩，大興人。兄潔，少從梁以樟遊。以樟談宗儒學，源方髫齔，聞之不首肯，唯喜習知前代典要及關塞險隘攻守方略。年四十，遊京師，或誚其不為時文，源笑曰：是尚需學而能乎？因就試，中康熙三十二年舉人。或勸更應禮部試，謝曰：吾寄焉為謀生計，使無詬厲已耳。崑山徐乾學開書局於洞庭山，招致天下名士，源與焉。於儕輩中獨與劉獻廷善，日討論天地陰陽之變，伯王大略，兵法、文章、典制，古今興亡之故，方域要害，近代人才邪正，其意見皆相同。獻廷歿，言之輒流涕。未幾，遇李塨，大悅之，曰：自獻廷歿，豈意復見君乎？塨微言聖學，源聞之沛然，因持大學辨業去，是之。塨乃為極言顏元明親之道，源曰：吾知所歸矣。遂介塨往博野，執贄元門，時年五十有六矣。後客死淮上[十]。所著平書十卷，文集二十卷。

程廷祚[十一]，字啓生，上元人。初識武進惲鶴生，始聞顏、李之學。康熙庚子歲[十二]，塨南遊金陵，廷祚屢過問學，讀顏氏存學編，題其後云：「古之害道，出於儒之外；今之害道，出於儒之中。顏氏起於燕、趙，當四海倡和，翕然同氣[十三]之日，乃能折衷至當，而有以斥其非。蓋五百年間一人而已。」故嘗謂為顏氏，其勢難於孟子，其功倍於孟子。於是力屏異說，以顏氏為主，而參以顧炎武、黃宗羲，故其讀書極博，而皆歸於實用。乾隆元年，舉博學鴻詞，至京師，有要人慕其名，囑密友達其意曰：「主我，翰林可得也。」廷祚拒之，卒報罷[十四]。十六年，上特詔舉經明行修之士，廷祚又以江蘇巡撫薦，復罷歸。卒[十五]，年七十有七。著易通六卷，大易擇言三十卷，尚書通議三十卷，青溪詩說三十卷[十六]，春秋識小錄三卷，禮說二卷，魯說〔十七〕二卷。

惲鶴生〔十八〕字皋聞，武進人。因交李塨，得睹顏氏遺書，自稱私淑弟子。於經長毛詩，著詩說，以毛鄭為宗〔十九〕。

校記：

〔一〕清史稿之顏元傳，源自清國史，載儒林傳上卷卷一五。

〔二〕父戍遼東，「戍」字嚴重失實，源出清國史曲筆，殊不可取。據李塨顏習齋先生年譜記，明崇禎十一年冬，清兵襲擾畿輔，顏元父昶被擄掠而去，並非戍守邊關。

〔三〕朱氏家禮，清國史原作「朱子家禮」，甚確，史稿改「子」為「氏」，不唯多此一舉，而且節外生枝，易與顏氏父子出嗣之朱氏相混。傳文中之「居喪」，乃元朱姓祖母之喪。

〔四〕顏元所倡「習行經濟」之學，其形成歷時數十年，乃一極爲複雜的歷史過程。史稿以「居喪」個案而論全體，與歷史實際相去太遠。

〔五〕顏元掌教肥鄉漳南書院，時在康熙三十五年，年六十有二。史稿不記具體年代，失誤顯然。

〔六〕顏元卒年，清國史記之甚明，爲「康熙四十三年」。史稿不取定說，改作「後八年」，而卒年含混不清，殊失史法。

〔七〕清史稿之王源傳，源自清國史，載儒林傳上卷卷一五。

〔八〕據李塨撰王子源傳，王源侍父北遊天津，已然四十有五，翌年始中順天舉人。故清國史於王源遊京師，記作「年四十餘」。史稿擅刪「餘」字，失實。

〔九〕據王昶撰王原傳，康熙間，入徐乾學洞庭山書局，預修一統志者，乃康熙二十七年進士青浦王原，而非大興王源。史稿襲清國史之誤，張冠李戴，以致謬種流傳。

〔十〕王源卒年，清國史記之甚明，為康熙四十九年，年六十三。清史稿刪而不記，不知意欲何為。

〔十一〕清史稿程廷祚傳，源自清國史載儒林傳上卷卷一五附見於李塨傳。

〔十二〕李塨南遊金陵，清國史記為康熙五十九年，明確無誤。史稿竟棄而不用，改作干支紀年，自亂體例，無異蛇足。

〔十三〕翁然同氣之“氣”字，清國史本作“風”，戴望撰徵君程先生廷祚傳亦作“風”，史稿改“風”為“氣”，徒增紛擾。

〔十四〕據清高宗實錄記，高宗頒詔令內外大臣薦舉潛心經學者事在乾隆十四年十一月四日，並非史稿所記十六年。又據袁枚撰徵士程綿莊先生墓誌銘，江蘇巡撫以程廷祚應薦為乾隆十五年。

〔十五〕廷祚卒於乾隆三十二年，清國史及諸家碑傳記之甚確。史稿蓄意不用，不知道理何在。

〔十六〕依清國史、青溪詩說當作二十卷。

〔十七〕「魯說」二字間脫一「論」字，當作「魯論說」。

〔十八〕清史稿之惲鶴生傳，源自清國史，載儒林傳上卷卷一五，附見於李塨傳。鶴生年長於廷祚，故清國史以年蓋為序，先鶴生而後廷祚。史稿顛倒次序，實屬無理。

〔十九〕關於史稿王源傳的諸多失誤，請詳拙著清代學術源流中之王源學行述略。

清史列傳卷六十六

儒林傳上一

顏元 王源

顏元，字易直，直隸博野人。明末，父戍遼東，殁於關外。元年五十，貧無立錐，百計負骨歸葬，世稱孝子。居喪，守朱子家禮惟謹。古禮初喪朝一溢米，夕一溢米，食之無算。家禮刪去無算句，元遵之，過朝夕不敢食，當朝夕遇哀至，又不能食，病幾殆。又喪服傳，既練，舍外寢，始食菜果，飯素食，哭無時。家禮改為練後止朝夕哭，惟朔望未除服者會哭，凡哀至皆制不哭。元亦遵之，既覺其過抑情，校以古喪禮非是。因歎先王制禮，盡人之性，後儒無德無位，不可作也。其為學，以堯舜之道在六府三事，周公教士以三物，孔子以四教，非主靜專誦讀，流為禪宗俗學者所可託，乃易靜坐以習恭，內而敬直，外而九容，交攝，讀書擇經史有用者，餘不盡究。嚴課孝弟謹信，稽禮樂兵農之允宜今古者，為倡六藝以教來學。又置日記自省，時下一圈，心慊則書白，否則黑。與蠡縣劉崇文、王養粹、李塨等以聖賢相勉，每會各出日記相質，勸善規過，或諍譏，致愧報無以自容。元嘗欲置妾，為媒所欺，塨責之，亦即屈服也。

同時容城孫奇逢講學百泉山中，元嘗上書辨論，謂「不宜徒為和通朱、陸之說」。又與祁州刁包、上蔡張沐辨學，謂世儒躐講性天，非孔子不可得聞之教法。且聖門經世之撰皆廢失，何以學成致用？因著存性篇二卷，大旨謂孟子言性善，孔子言性相近，習相遠，語異而意同。宋儒誤解相近之意，以善為天命之性，相近為氣質之性，遂使為惡者諉之氣質。不知理即氣之理，氣即理之氣，清濁厚薄，純駁偏全，萬有不齊，總歸一善，其惡者引蔽習染耳。譬之於目，光明能視，則目之性，其視之也，則情之善，視之詳略遠近，則才之強弱，皆不可謂之惡。惟有邪色引動，然後有淫視，是所謂非才之罪，是即所謂習。又謂性之相近，如真金，輕重多寡雖不同，其謂金俱相若也，惟其有差等，故不曰同。惟其同一善，故曰近。舉天下不一之妄，以性相近一言包之，是即性善，是即人皆可以為堯、舜。舉世人引蔽習染無窮之罪惡，以習相遠一言包之，是即非才之罪，是即非天之降材爾殊。其說雖稍異先儒，而於孔、孟之旨會通一理。同時陸世儀、李光地頗見及之，而牽於程、張，不能決。乾隆中，休寧戴震作孟子字義疏證，始本此說而暢其旨。又存學編四卷，大旨謂聖賢立教，所以別於異端者，以異端之學空談心性，而聖賢之學則事事徵諸實用。自儒者失其本原，以心性為宗，一切視為末務，其學遂與異端近。如無極太極，河洛先後天之說，皆出自道家，而以之當聖人言性與天道，至謂與伏羲畫卦同功，宜其參雜二氏而不自知也。又存治編一卷，大旨欲全復井田、封建、學校、徵辟、肉刑，及寓兵於農之法。又存人編四卷，大旨戒愚民奉佛及儒者談禪。肥鄉有漳南書院，邑人郝文燦請元往教。元為立規制，有文事、武備、經史、藝文等科，從遊者數十人。會天大雨，漳水溢，堂舍悉没。元歎曰：「天不欲行吾道也。」乃辭歸。康熙四十三年卒，年七十。

李塨弱冠與元交，年三十一乃投門人刺，與元門人王源同編元年譜二卷，鍾錂又輯言行錄二卷、闢異錄二卷。元之學大抵亦出姚江，而加以刻苦，介然自成一家，以明季諸儒崇尚心學，無補於時，馴至大亂，士麕而靡，兵專而弱，故其學主於勤實，行濟實用，常謂後人動詆宰我、樊遲、季路、冉求、子貢、子張、游、夏諸子，而欲陞周、程與顏、曾接席；然聖門弟子以執業為本，惟在實學、實行、實用之天下，後儒薄事功，故其視諸賢甚卑也。又常語友人曰：如天不發予將，以七字富天下：墾荒，均田，興水利。以六字強天下：人皆兵，官皆將。以九字安天下：舉人材，正大經，興禮樂。」其自貧如此。然矯枉過正，攻駁先儒，未免已甚。其欲復三代之制，亦近於泥古云。

王源，字崑繩，順天大興人。兄潔，少從梁以樟遊。以樟談宗儒學，源方髫齔，聞之不首肯，唯喜習知前代典要，及關塞險隘攻守方略。常從寧都魏禧學古文，自謂必傳於世。年四十餘，遊京師，公卿皆降爵與之交。與鄞萬斯同訂明史稿，兵志源所作也。或病其不為時文，源笑曰：是尚須學而能乎？因就有司求試，中康熙三十二年舉人。或勸更應禮部試，」謝曰：吾寄焉為謀生計，使無詬厲已耳。」崑山徐乾學開書院〔五〕於洞庭山，招致天下名士，源與焉〔六〕。於儕輩獨與劉獻庭〔七〕善，日討論天地陰陽之變，伯王大略，兵法、文章、典制，古今興亡之故，近代人才邪正，其意見皆相同。獻廷殁，言之輒流涕。未幾，過李塨，大悅之，曰：「自獻廷殁，豈意復見君乎！」塨徵言聖學，源聞之沛然，因持塨所著大學辨業去，是之。塨乃為極言顏元明親之道，源曰：「吾知所歸矣。」遂介塨往博野執贄元門，時年五十六矣。效元為日記，立省身錄以糾身心得失，習禮，終日正衣冠，對僕隸必肅然，然自負經世之略益堅，每曰：「吾所學乃今始可見之行事，非虛言也。」康熙四十九年，客死山陽，年六十三。著有易傳十卷，平書十卷，兵論二卷，文集二十卷，或庵評春秋三傳三卷。後元門人築道傳祠祀元，源配焉。

校記：

〔一〕「父戍遼東」，「戍」字乃曲筆致誤，詳見史稿顏元傳校注二。

〔三〕「辨論」二字不確。孫奇逢乃清初河北大儒，望重四方。奇逢學說實係顏元学說之重要來源。康熙九年，元三十六歲，上書奇逢，乃虔誠請益，而非辯論。原書存元著存學編卷一，題為上徵君孫鍾元先生書。

〔三〕「篇」字誤，當作「編」。

〔四〕「文」字誤，當依清國史作「能」。

〔五〕「院」字誤，當依清國史作「局」。

〔六〕王源與徐乾學洞庭山書局毫不相干。此處所述，與同時青浦王原事相混，大誤。

〔七〕「庭」字誤，當作「廷」。

清史稿卷四百八十

儒林一

李塨

李塨，字剛主，蠡縣人。弱冠與王源同師顏元，躬耕善稼穡，雖儉歲必有收，而食必粢糲，妻妾子婦執苦身之役。舉康熙二十九年舉人。晚歲授通州學正，浹月以母老告歸。塨博學工文辭，與慈溪姜宸英齊名，又嘗爲其友治劇邑，逾年政教大行，用此名動公卿間。明珠、索額圖當國，皆嘗延教其子，公就。安溪李光地撫直隸，薦其學行於朝，固辭而不謝。諸王交聘，輒避而之他。既而從毛奇齡學，著周易傳注七卷、筮考一卷、郊社考辨一卷、論語傳注二卷、大學傳注一卷、中庸傳注一卷、傳注問一卷、李氏學樂錄二卷、大學辨業四卷、聖經學規纂二卷、論學二卷、小學稽業五卷、恕谷後集十三卷。

塨學務以實用為主，解釋經義，多與宋儒不合。又其自命太高，於程、朱之講學，陸、王之證悟，皆謂之空談。蓋明季心學盛行，儒禪淆雜，其曲謹者又闊於事情，沿及順、康朝，猶存餘說。蓋〔七〕顏元及塨力以務實相爭，存其說可補諸儒枵腹之弊。然不可獨以立訓，盡廢諸家。其論易以觀象為主，兼用互體，謂聖教罕言性天，乾、坤四德，必歸人事，屯、蒙以下，亦皆以人事立言。陳摶龍圖、劉牧鈎隱，以及探無極，推先天，皆使易道入於無用。排擊未免過激，然明人以心學竄入易學，率持禪偈以詁經，言數者反置象占於不問，誣飾聖訓，弊不可窮。塨引而歸之人事，深得垂教之旨〔八〕。又以大學格物為周禮三物，謂孔子時古大學教法，所謂六德、六行、六藝者，規矩尚存，故格物之學，人人所習，不必再言。惟以明德、親民標其目，以誠意指其入手而已。格物一傳，可不必補。其說本之顏元。毛奇齡惡其異己，作逸講箋以考之，而當時學者多避塨説焉。

校記：

〔一〕李塨傳源自清國史，載儒林傳上卷卷一五。然史稿作者隨意删削，失誤甚多，修史者當引以爲誡。

〔二〕「弱冠與王源同師顏元」，混數十年史事於一語，輕率落筆，嚴重失實。據李塨輯顏習齋先生年譜，塨追隨顏元問學，自康熙十八年始，時年二十有一。史稿記爲「弱冠」，不誤。而王源師從顏元，則已是康熙四十二年，源時年五十有六，稱爲「弱冠」，顯然與歷史實際相去太遠。

〔三〕「塨授通州學正，浹月以母老告歸」，説出方苞李剛主墓誌銘，不確。據馮辰等輯李恕谷先生年譜，塨中舉之後，屢上春官不第，年六十，援例謁選，初得知縣，以母老改授通州學正，未及三月，即以病告歸。

〔四〕塨博學工文辭，與慈溪姜宸英齊名，此說既不載清國史，亦不見方苞撰墓誌銘。據清國史姜宸英傳，宸英乃康熙初葉文苑大家，不惟年輩遠高於李塨，朝野聲名亦更非塨所可相比。康熙三十八年，宸英以七十二歲卒，李塨年方四十有一，始從浙東問樂學於毛奇齡。歸來因此與姜宸英齊名云云，言過其實，並非信史。

〔五〕自又嘗爲其友治劇邑，至既而從毛奇齡學，史稿變亂清國史舊文，顛倒原傳敘事次序，致使傳主學行失實。據馮辰等輯李恕谷先生年譜，譜主先是有康熙三十四年至三十八年間的幕遊浙江，從蕭山毛奇齡問學，北歸之後，始有四十年之講學京城，公卿交口，及其後之助友人治富平等經歷。

〔六〕聖經學規之後，原脫一纂字，據清國史補。

〔七〕前後二句，句首皆用一蓋字，不妥。依清國史第二個」「蓋」字誤，當為「故」。

〔八〕先前既有「排擊未免過激」的訾議，隨之又稱「深得聖教之旨」，豈非自相牴牾？

〔九〕清國史於李塨卒年，記之甚明，為「雍正十一年卒，年七十五」。史稿竟刪而不記，失當。

清史列傳卷六十六

儒林傳上一

李塨　惲鶴生　程廷祚

李塨，字剛主，直隸蠡縣人。康熙二十九年舉人。年六十，選通州學正，居官八十餘日，以病告歸。父明性，明諸生，入國朝不與試，以孝行推，與博野顏元善。元見其所輯性理諸書，深歎服焉。卒年六十九。

塨弱冠學禮於元，又學琴於張而素，學射於趙思光，學數於劉見田，學書於彭通，學兵法於王餘祐，於田賦、祫郊社、宗廟諸大典，靡不研究，捃摭史志所載經史大略，為瘳忘編以備用。既而深服元六藝之教，遂執贄稱弟子。友人郭金湯知桐鄉縣，邀塨往議政，遂之蕭山，學樂於毛奇齡，盡得其舊所傳五聲二變、四清七始、九歌十二律諸遺法，並受其經學。時與往復論易，辨太極圖、河洛之偽，論尚書，辨攷古文爲僞之誤，論詩言小序不可廢。奇齡常稱爲蓋世一人。尊遊京都，交鄭萬斯同，斯同見所著大學辨業，爲之序。時四方名士競聚都門，斯同夙有講會，每講皆顯宦主供張，翰林、部郎、處士數十人環聽。一日塨往，斯同揖衆言曰：「此李先生也，負聖學正傳，請先講以爲求道者路。」塨遜謝去。已而諸人復固請講，塨乃暢發以周官大司徒「三物」解大學「格物」之旨，曰：「人受天地之中以生，則有仁義禮智之性。性先見於行，則爲子臣弟友；行實以事，則爲禮樂兵農。周公以三物教天下，三物之六德，有聖忠和，猶是四德而分其名也。六行有睦婣任卹，五倫所推及也。六藝有射御書數，兵農禮樂之分判也。非六德無以善六行，非六行無以成六德，而非六藝則無以盡六德六行之實事。三者乃本末兼賅之道，外此則異端曲學，烏可訓哉！」衆皆曰然。友人楊勤知富平縣，復邀塨往。既至，陳先陛、黎宗淳、魯登、關、蔡麟、張中、等，皆從之遊。時會諸名士於寓，相與論學，塨喜曰：光陛學易，宗淳學禮，登關學樂，麟學兵，中學平書，吾道其遂興乎？平書者，大興王源所著，塨訂之為分民、分土、建官、取士、制田、武備、六政者也。安溪李光地聞塨學行，使徐用錫招之，不往。已而諸王交聘，皆避去。晚交桐城方苞，苞與塨所學不同，而志相得，其遊如家人。時有謗塨者，苞釋之，為作釋言。苞嘗以程、朱之學規塨，塨雖引以自責，然不能革也。

塨性至孝，父在時，與嫡母鄉居，留塨及生母居城，率四弟課讀。每朔望前一日，薄暮步二十五里至鄉省安，夙興拜父母各四，乃返城拜生母。父歿，擗踴痛絕，三日不食，歛葬虞祭皆如禮。雍正十一年卒，年七十五。著有周易傳注七卷，筮考一卷，郊社考辨一卷，論語傳注二卷，大學傳注一卷，中庸傳注一卷，傳注問一卷，李氏學樂錄二卷，大學辨業四卷、聖經學規纂二卷、論學〔三〕二卷、小學稽業五卷、擬太平策〔四〕七卷、閱史郄〔五〕視五卷、恕谷後集十三卷。塨之學出於元，時稱顏李。然塨廣交遊，有名於時，其學務以實用為主，惟自命太高，於程、朱講習，陸、王證悟，皆謂之空談，蓋自明季心學盛行，儒禪淆雜，其曲謹者又闇於事情，沿及國初，猶存餘說。故元及塨獨力以務實相爭，存其說可補諸儒枵腹高談之弊。其解釋經義，多與宋儒相反，然其論易，以觀象為主，兼用互體，謂聖教罕言性天，乾坤四德，必歸人事，屯、蒙以下，亦皆以人事立言。陳摶龍圖、劉牧鉤隱，以及探無極推先天者，皆使易道入於無用，其說頗醇實，不涉支離恍惚之談。其於大學，所爭在以格物為周禮三物，謂孔子時，三物教法尚存，人人所習，不必再言，惟以明德、親民標其目，以誠意指其入手而已。格物一傳，可不必補。奇齡獨惡其說異己，作逸講箋以攻之。然當時多譏塨說焉。塨弟子甚衆，清苑馮辰、戚縣劉調贊皆能傳其學。辰爲撰年譜四卷，調贊又續一卷。

惲鶴生，字皋聞，江蘇武進人。康熙四十七年舉人，官金壇教諭。少師常熟錢陸燦爲詩文，初喜禪學，既讀宋儒書，服膺主靜之旨，又疑儒者之盛莫如宋，而勢之孱亦莫如宋，以朱子過稱張浚，大非之。後遊蠡吾，交李塨，見顏元及塨所著書，大折服，以爲宋世之不振，皆學術無用之故，遂爲顏李之學。嘗與塨會京師，出日記相質，塨稱其乾乾惕厲，謂可與共明斯道也。生平研究經術，著有讀易譜三卷、禹貢解一卷、思誠堂說詩十二卷、春秋解屬辭比事說六卷、大學正業一卷、先民易用二卷、文集五卷。其詩說，初尊毛駁鄭，塨貽書諍之，乃改從其說，並以毛、鄭爲宗。卒年七十九。

程廷祚，初名默，字啓生，江蘇上元人。諸生。初識惲鶴生聞顏李之學。康熙五十九年，塨南遊金陵，廷祚屢過問學。讀顏元存學編，題其後曰：古之害道出於儒之外，今之害道出於儒之中。顏氏起於燕、趙，當四海倡和翕然同風之日，乃能折衷至當，而有以斥其非，蓋五百年一人而已。故嘗謂爲顏氏者，其勢難於孟子，其功倍於孟子。於是力屏異說，以顏元爲主，而參以顧炎武、黄宗羲。讀書極博，而皆歸實用。乾隆元年，召試博學鴻詞，有要人慕其名，曰：主我，翰林可得也。廷祚拒之，卒報罷。十六年，江蘇巡撫雅爾哈善復以經學薦，亦罷歸。三十二年卒，年七十七。

廷祚深於經學，能確然言其所言，無所依附。嘗曰：墨守宋學已非，墨守漢學尤非。其論易，力排象數，惟以義理爲宗，於漢人爻變、互體、飛伏、納甲諸法，宋人河洛、先天諸圖，及乘承比應諸例，悉埽而空之。著大易擇言三十六卷，易通十四卷，易說辨正四卷。他著又有尚書通議三十卷，青溪詩說二十卷，禮說二卷，春秋識小錄九卷，魯論說四卷。於書攻毛奇齡古文冤詞之說，於春秋考官名、地名、人名，頗爲精核。惟學宗顏、李，好非議程、朱，後桐城姚鼐見所著書，稱廷祚好學深思，博聞強識，而持論稍偏，與休寧戴震頗相似云。

校記：

〔一〕「史」字失當，宜依清國史作「世」。

〔二〕「忘」字原作「志」，清國史同，皆誤。當作「儆忘編」，故據傳主年譜改。

〔三〕「學」字原作「語」，誤。據清國史李塨傳改。

〔四〕「策」字原作「第」，誤。據清國史李塨傳改。

〔五〕「郄」字原作「郗」，清國史李塨傳同，皆誤。當作「閻史郄視」，故據李恕谷先生年譜改。

清史稿卷四百八十

儒林一

刁包　王餘佑

刁包〔二〕，字蒙吉，晚號用六居士〔三〕，祁州人。明天啓舉人，再上春官不第，遂棄舉子業。有志聖賢之學，初聞孫奇逢講良知，心嚮之。既讀高攀龍書，大喜曰：「不讀此書，幾虛過一生。」為主奉之，或有過差，即跪主前自訟。流賊犯祁州，包毀家倡眾誓固守，城得不破。時有二璫主兵事，探卒報賊勢，張甚，二璫怒其惑眾，將斬之。包厲聲曰：「必殺彼，請先殺包。」乃止。二璫相謂曰：「使若居官者，其不為楊、左乎？」賊既去，流民載道，設屋聚養之，病者給醫藥，全活尤多。有山左難婦七十餘人，擇老成家人護以歸。臨行，八拜以重託，家人皆感泣，竭力衛送，歷六府，盡歸其家。甲申國變，設莊烈愍皇帝主於所居之順積樓，服斬衰，朝夕哭臨如禮。僞命敦趣，邑以死拒，幾及於難，遂隱居不出。於城隅闢地為齋，曰潛室，亭曰肥遯，日閉户讀書其中，無問寒暑，學者宗焉。執經之屨滿户外。居父喪，哀毀，鬚髮盡白，三年不飲酒食肉，不內寢。及母卒，號慟嘔血，病數月卒。〔三〕所著有易酌、四書翊注、潛室劄記、用六集，皆本義理，明白正大。又選斯文正統九十六卷，〔四〕專以品行為主，若言是人非，雖絶技無取。包初與新城王餘佑為石交。

餘佑，字介祺，父延善，邑諸生，尚氣誼。當明末，散萬金產結客。有子三，長餘恪，季餘嚴，餘佑其仲也。明亡，延善率三子與雄縣馬魯建義旗，傳檄討賊。時容城孫奇逢亦起兵，共恢復雄、新、容三縣，斬其僞官。順治初，延善為仇家所陷，執赴京。餘恪揮兩弟出，為復仇計，獨身赴難，父子死燕市。餘嚴夜率壯士入仇家，殲其老弱三十口，名捕甚急，上官有知其枉者，力解乃免。餘佑隱易州之五公山，自號五

公山人。嘗受業於孫奇逢，學兵法。後更從奇逢講性命之學，隱居教授，不求聞達，教人以忠孝。卒年七十。〔五〕

校記：

〔一〕清史稿之刁包傳源自清國史，載儒林傳上卷卷一，兼采彭紹升撰刁先生包傳而成。刁包為清初河北理學名儒，年輩高於顏元、李塨，顏元始終事以父執之禮。清國史置刁包傳於首卷，緊接孫奇逢之後，甚是。史稿因顧清國史編次，移刁包傳於顏、李師徒傳後，顛倒長幼，殊不可取。

〔二〕清史稿援清國史舊規，例不稱傳主號，間有例外，亦不見傳首，乃隨文記於傳中。包傳破例記傳主號於卷首，自亂章法。

〔三〕關於刁包卒年，清國史記之甚明，為卒年六十六，時康熙六年也。史稿不用，改作病數月卒，甚爲無理。即使有康熙七年之異說，亦當並存以俟考。

〔四〕斯文正統，清國史記爲十二卷，而非九十六卷。四庫全書總目所記，直隸巡撫採進本亦作十二卷。

〔五〕王餘佑，清國史未入傳，史稿係采王源撰傳及顏習齋先生年譜而成。餘佑卒於康熙二十三年二月，年六十有九。

清史列傳卷六十六

儒林傳上一

刁包

刁包，字蒙吉，直隸祁州人。明天啓七年舉人。李自成躪畿西，包散家財，糾眾禦之，祁得不破。賊退，流民載路，包設屋養之，疾傷者予之藥，或護而歸諸其家。自成建僞號，以官授包，包以死拒之，賊敗乃免。入國朝，遂不仕，爲齋曰潛室，亭曰肥遯，著書養母，凡二十餘年。

包少有志聖賢之學，聞容城孫奇逢講良知，心向之。奇逢南遊過祁，館之二年，與相質正。又與張羅喆、王餘祐諸人講學，爲上谷會語。既讀高攀龍書，大喜曰：「不讀此書，幾虛過一生矣。」爲主奉之，有過即跪主前自訟。其學由高、顧、羅、薛上溯程、朱，而以謹言行爲要。嘗曰：「君子之道三：言語不苟，取與不苟，出處不苟。」又曰：「吾日三省吾身，心無乃有妄念，言無乃有妄發，事無乃有妄爲乎？其勇於自克如此。初居父喪，哀毀，鬚髮盡白，三年不飲酒，不食肉，不入內。及母卒，號慟嘔血，曰：「待罪餘生，恃老母在耳，母逝矣，惟齊衰報本從母而已。」尋卒，年六十六，時康熙六年也。

生平著書，一以明道爲主，嘗讀易傳有得，曰：「天地間有一部易經，合當有一部程傳。」著易酌十四卷，推闡易理，明白正大，足以羽翼程、朱。又有四書翼注十六卷、辨道錄八卷、用六集十二卷、斯文正統十二卷。其潛室劄記二卷，多躬行心得之言，世謂醇正勝奇逢書云。

校記：

〔二〕孫奇逢南遊過祁州刁包館之二年，不確。「年」字當作「月」。據奇逢自記日譜及湯斌輯夏峰先生年譜，奇逢順治六年十一月十一日離鄉，十四日抵祁州刁包掃室迎客，七年二月二十七日，賓主道別，奇逢旋即南去，留祁州前後不過兩月餘。

清史稿卷四百八十

儒林一

李來章

冉覲祖　竇克勤

李來章，字禮山，襄城人。生有神識，嘗觀石工集庭中斵石，輾轉弗合，語之曰：「去宿土，當自合。」是即吾學人心道心之謂。聞者異之。工詩古文辭。康熙十四年舉人。嘗學於魏象樞，魏戒之曰：「欲除妄念，莫如立志。」來章因作書紳語略。其持論以不背先儒、有益世用為主。再學於孫奇逢、李顒。時奇逢講學百泉，來章與冉覲祖諸人講學嵩陽，兩河相望，一時稱極盛焉。再主南陽書院，作南陽學規、達天錄以教學者，士習日上。尋以母老謝歸，重葺紫雲書院，讀書其中，學者多自遠而至。母病目，來章每夙興舐之，目復明。

謁選廣東連山縣。連山民僅七村，丁只二千，外瑤户大排居五，小排一十有七，數且盈萬人。重山複嶺，瘦石巉削，田居十分之一。瑶或負險跳梁，桀章慨然曰：「瑶異類，亦有人性，當推誠以待之。」乃仿明王守仁遺意，日延耆老問民疾苦，招流亡，勸之開墾，薄其賦。復深入瑶穴，為之置約延師，以至誠相感。創連山書院，著學規，日進縣人申教之。而瑶民之秀者，亦知嚮學誦讀，聲徹巖谷。學使者交獎曰：「忠信篤敬，蠻貊信可行矣。」行取[四]，授兵部主事，監北新倉，革運官餽遺。旋引疾歸。大學士田從典[五]、侍郎李先復交章以實學可大用薦，得旨徵召，不出。年六十八卒[六]。所著有禮山園文集、洛學編、連陽八排瑶風土記、衾影錄。

冉覲祖[七]，字永光，先賢鄆國公裔。元末有為中牟丞者，因家焉。康熙二年，鄉試第一。杜門潛居，爰取四書集注研精覃思二十年，章求其旨，句求其解，字求其訓，身體心驗，訂正群言，歸於一是，名曰玩注詳說。遞及群經，各有專書，兼采漢儒、宋儒之說。十八年，開博學鴻儒科，巡撫將薦之，欲一見覲祖，覲祖曰往見是求薦也，堅不往。少詹事耿介延主嵩陽書院，與諸生講孟子一章，剖析天人，分別理欲，衆皆悚聽。三十年成進士，選庶吉士。三十三年授檢討。是歲，聖祖遍試翰林，御西暖閣，詢家世籍貫，獨詳，有氣度老成之褒。越日，賜宴瀛臺，上獨識之，曰：爾是河南解元耶？蓋以示優異也。尋告歸，卒年八十有二〔八〕。

竇克勤〔九〕，字敏修，柘城人。聞耿介傳百泉之學，從遊嵩陽。六年〔十〕鄉舉，至京師，謁睢州湯斌〔十一〕。一夕請業，斌謂師道不立，由教官之失職，勸克勤就教職，選泌陽教諭〔十二〕。泌陽地小而僻，人鮮知學，克勤立五社學〔十三〕，月朔稽善過而勸懲之。暇則齋居讀書，雖饘粥不繼，晏如也。康熙十七年進士〔十四〕，選庶吉士。丁母憂歸，服除，授檢討。一日，聖祖命諸翰林作楷書，克勤書「學宗孔孟，法在堯舜，而其要慎獨」十四字〔十五〕以進。聖祖覽而器之。尋以父老乞歸，嘗於柘城東郊立朱陽學院〔十六〕，倡導正學。中州自夏峰、嵩陽外，朱陽學者稱盛。卒年六十四。〔十五〕著有孝經闡義。

校記：

〔一〕清史稿李來章傳，源自清國史，載儒林傳上卷卷一三。惟删削不當，多見疏失。

〔二〕關於李來章問學經歷，據清國史所記，當為先就學孫奇逢，再是李顒，後方遊魏象樞門。

〔三〕來章何時謁選連山知縣，史稿失記。依清國史，為康熙四十二年。

〔四〕來章行取時間，清國史記之甚明，作康熙四十八年。史稿删而不記，失當。

〔五〕田從典官職，史稿記為「大學士」，不妥。當依清國史，作「侍郎」。據考，李來章卒於康熙六十年，而田從典擢官大學士，已是雍正二年。舉薦來章復出，時從典所任，乃兵部侍郎。

〔六〕李來章卒於康熙六十年，清國史本傳記之甚確。史稿刪而不記，失當。

〔七〕清史稿冉觀祖傳，源出清國史，載儒林傳上卷卷一三。觀祖年輩高於李來章，本獨自為傳，且置於來章傳前。史稿改附來章，不知根據何在。

〔八〕冉觀祖卒於康熙五十七年，清國史本傳記之甚確。史稿刪而不記，失當。

〔九〕清史稿竇克勤傳，源自清國史，載儒林傳上卷卷一三。克勤年長於李來章，本獨自為傳，且編次於來章傳前。史稿改附李來章，失之輕率。

〔十〕從遊嵩陽六年，句，史稿點校本原作「從遊嵩陽。六年」，誤。若依史稿句讀，則傳主乃係康熙六年舉鄉試，旋至京師，謁湯斌問學。其實不然。一則依清制，康熙六年，非鄉試之年。再則據湯右曾撰徵仕郎翰林院檢討靜菴竇公墓誌銘，克勤鄉舉乃在康熙十一年。故從遊嵩陽六年一句，不可斷開。史稿點校本的此處致誤，若究其根源，則在於最初史稿撰稿者之擅改國史舊文。據清國史竇克勤傳，此處行文原作「聞登封耿介講學嵩陽，從遊者六年」。史稿擅刪「者」字，點校者不慎，以致誤讀。

〔十二〕「一」字，清國史作「日」。似以國史為長。

〔十三〕克勤選授泌陽教諭，清史稿未記何年，清國史亦失記。依上引湯右曾撰文，時在康熙二十五年。

〔十三〕「學」字誤，當依清國史作「長」。

〔十四〕「康熙十七年進士」誤。當依清國史，作「康熙二十七年」。據江慶柏清朝進士題名錄，竇克勤為是年三甲第六名進士。

〔十五〕克勤所上楷書語，據清國史及湯右曾文，內容大同小異，然字數多寡不一。史稿別出心裁，竟將兩家之「數語以進」坐實為「十四字」，可謂杜撰故事，畫蛇添足。

〔十六〕「朱陽學院」「學」字誤，當依清國史作「朱陽書院」。

〔十七〕「卒年六十四」，誤。依清國史，當作康熙四十七年卒，年五十六。

清史列傳卷六十六

儒林傳上一

竇克勤

竇克勤，字敏修，河南柘城人。父大任，諸生，爲學以不欺爲本，喜成就後學。克勤少讀大學章句序，躍然曰：道在是矣。自是益研究先儒書，作槃水歌以自警。聞登封耿介講學嵩陽，從遊者六年。鄉舉後至京師，謁睢州湯斌，日夕講業。斌言師道不正，由校官不職，勸克勤就教職。選泌陽教授。泌陽地小而荒，人鮮知學，克勤立五社長，月朔稽善過而勸懲之。每月五日，集童子習禮儀，稍長，教之性理，人皆力學興行。公餘讀書，饘粥不繼，晏如也。康熙二十七年，成進士，改翰林院庶吉士。丁母憂歸，服闋，散館授檢討。會順天學政李光地遭母喪，有請假九月之疏，克勤忽陳書給事中彭鵬劾之。及鵬謫河工，勒限出京，克勤賦海外孤鴻來一章，祖於道。三十九年，充會試同考官，有貴顯干以私，克勤力拒之。聖祖命翰林作楷書，克勤書治法堯、舜，是為至治；學宗孔、孟，是為正學。有天德便可語王道，其要祗在慎獨數語以進。再試皇太后萬壽無疆賦，稱旨，賜御書，加俸金。所居狹隘，僮僕皆辭去，使諸子應門，暇則繞坐授經。蠡縣李塨曰：克勤位望俱重，而最謹飭，可法也。尋以父老乞歸。

先是，克勤於柘城東郊立朱陽書院，倡導正學，及歸，遠近來學，講舍不能容。中州自夏峰、嵩陽外，朱陽學者稱盛矣。大吏重其行，克勤為陳鄉邦疾苦，多賴以更除。四十七年卒，年五十六。士友悲慟，門弟子心喪三年。邑之餓夫頑人，亦匍匐赴哭而去。其感人如此。克勤學術淵源考亭，於金谿、姚江，辨析必求至當，不為附和之詞。著理學宗傳十五卷，始宗周子，終明薛瑄，凡十五人。自序云：尚有邵康節、蔡元定書，俟學者既通六經而後可及。又著有孝經闡義、四書闡義、泌陽學條規、事親庸言、尋樂堂家規、文集等。子容邃，能承其家學。

冉覲祖

冉覲祖，字永光，河南中牟人。先賢伯牛之裔，生而靜重寡言。明季，父於兵發中授章句，沉潛服習。年十一，父卒，號慟依柩旁，昏夜獨居無懼色。少而多藝，汶上袁生精等韻之學，五日盡得其傳。中歲屏除殆盡，究心濂、洛、關、閩之書。康熙二年，舉於鄉。十八年，詔舉博學鴻儒，巡撫將薦之，欲一見。覲祖曰：「是求薦也。」堅不往。登封耿介延主嵩陽書院，生徒雲集，講孟子一章，剖天人理欲之界，眾皆悚然。三十年，成進士，改翰林院庶吉士，散館授檢討。是歲，聖祖遍試翰林，御西煖閣，詢觀祖家世學業甚詳，有「氣度老成」之褒。越明日，賜宴瀛臺，上獨識之，曰：「爾是河南解元耶？」三十六年，充會試同考官，尋乞假歸。儀封張伯行創請見書院，延主講席。觀祖以太極、西銘指示聖學脈絡，嚮道者益衆。假滿補原官，越二年，告歸。

觀祖之學，壹尊程、朱，於陸、王不少假借。著天理主敬圖一卷，上標天理，明性道之重；中列存養、省察、講學、力行四項，為體道之功；下書一敬字，示心法之要。蓋為姚江言超悟者而發。其訓釋宗儒書有性理纂要八卷、正蒙補訓四卷。主嵩陽時，著為學大指十八則以示學者，又著一本論三篇，以闢異教死生之說。大旨謂：「乾父坤母，陰陽之氣合而生萬物。父乾道，母坤道，陰陽之氣合而生子，謂父母之氣不通於天地之氣，非也。譬之掘地為井，井之水猶然地中之水，而此井與彼井，甘苦不同味，盈涸不同時。天地者本之大公，父母者本之至真者也，至真無二，故曰一也。於四書集注覃研二十年，章求其旨，字求其解，句求其訓，訂正群言，歸於一是，著四書玩注詳說。又著易、書、詩、禮記、春秋詳說，兼采漢、宋諸儒，亦時出以己意。時方纂修五經，安溪李光地以聞，上命取其書以供採擇。他著有孝經詳說、陽明疑案、孔子生卒考及詩文雜著。

觀祖性淡退，惟以讀書為事。絕慾三十餘年，晨夕起居，伴以兩僮。晚歲作四時讀書樂詩，遇風日晴和，偕門弟子過魯廟諸邸，徜徉唱和，及暮而歸。行道者以為神仙中人。五十七年卒，年八十二。伯行與觀祖最契，其卒也，而為文祭之，稱生平義利之辨，邪正之分，屢遭困阨而信愈堅，皆觀祖教誨之力云。

李來章

李來章，本名灼然，以字行，河南襄城人。康熙十四年舉人。明謚恭靖敏之後。敏嘗於縣西南紫雲山創立書院講學其中。至曾孫繼業復興之，立為學程規，一遵敏教。世推理學。來章，繼業曾孫，生有神識。嘗觀石工集庭中斷石，輾轉弗合，語之曰：「去宿土，當自合。」是即吾學人心、道心之謂。聞者異之。及長，以光復先緒為己任。就學孫奇逢，會李顒來襄招魂葬父，來章與襄其事，復就顒學。後遊魏象樞門，聞象樞言欲除妄念，莫如立志，作書紳語略。時奇逢講學百泉，來章與耿介、冉覲祖講學嵩陽，兩河相望，一時稱盛。已主南陽書院，作南陽學規以教學者。尋以母老謝歸，重葺紫雲書院，讀書其中，學者多自遠至。母病目，來章夙興舐之，目復明。四十二年，選廣東連山縣知縣。連山民僅七村，丁二千餘，皆瑤戶，大排五，小排十七，數盈萬。又重岡複嶺，田裁十之一。時有經瑤亂，猶弗靖，來章慨然曰：瑤雖異類，亦有人性，當推誠待之。乃仿明王守仁遺意，日延耆老問疾苦，招流亡，勸之開墾，薄其賦。復深入瑤穴，親與設誓，焚妖書，平物價，禁搶掠，解仇怨，殷勤誥戒。復為之設約，延師訓其弟子。又創連山書院，進瑤民之秀者親教之，行之三年，誦讀聲徹巖谷。督撫交獎之，曰：忠信篤敬，蠻貊信可行矣。四十八年，行取授兵部主事，監北新倉，革運官饋遺，尋引疾歸。侍郎田從典、李先復交章以實學可大用薦，得旨徵召，辭不出。六十年卒，年六十八。

來章幼讀二程遺書，沉潛反覆，積三十餘年，嘗作嵩陽書院記曰：道者非他，即易之所謂太極，書之所謂中，大學之所謂至善，其實皆一天也。故董子言：道之大原出於天。然自有生以後，去天漸遠，其能全而無失者，必出於聰明睿智之聖，而大賢以下，率必由學問思辨以致其精，篤行固執以致其一，戒慎恐懼以貫其終始，則踐履既久，性命流行，行止動靜無非天理，斯所謂下學而上達也。故其為學，以合天為歸，克己為要，慎獨為先，嘗以質之耿介，介然之。因著衾影錄、達天錄，其教人以小學、近思錄，曰天地間一大缺陷事，無如發卻小學，使一團天真，盡為功利詩詐之俗所奪，後雖欲收其放心，亦扞格而不入。又曰近思錄一書，為周、孔真命脈，學者不從此入手，皆斷港絕潢，欲求至道難矣。及官連山，讀白沙全集，謂其直捷痛快，然下學之功略焉不講。時縣人衛立組著白沙要語補，來章序之，以為當再取陽明傳習錄，採其要語，為之補正。晚歲尤篤實，答李顒書云：學求自信，若有一毫求人說好之念，便如優伶登場，塗飾粉黛，徒求觀者喝采，心術豈復可問？此實人鬼關頭，學者須先辨取。不然，雖讀破萬卷，於為學無涉也。他著有洛學編、紫雲、連山兩書院志、連陽八排風土記，嶺海拾遺，京華見聞録，隨筆等書。古文摹仿歐、曾，不失典型，有禮山園集八卷。

校記：

〔二〕「顒」字原作「容」，係清人避仁宗名諱改。故還以改回。下同。

清史稿卷四百八十

儒林一

李光坡 從子鍾倫

李光坡，字耜卿，安谿人，大學士光地之弟也。生五歲，與伯叔兄弟俱陷賊壘。既脫難，後受學家庭，宗尚宋儒。及鄉先正蒙引、存疑諸書，次第講治十三經，濂、洛、關、閩書，旁及子史。質不甚敏，以勤苦致熟。論學主程、朱，論易主邵子，兼取揚雄太玄，發明性理，以闡大義。壯歲專意三禮，以三禮之學至宋而微，至明幾絕，儀禮尤世所罕習，積四十年，成三禮述注六十九卷。以鄭康成為主，疏解簡明，不蹈支離，亦不侈奧博，自成一家言。其兄光地嘗著周官筆記一篇，光地子鍾倫亦著周禮訓纂二十一卷，皆標舉要旨，弗以考證辨論為長，與光坡相近，其家學如是也。

光坡家居不仕。康熙四十五年入都，與其兄光地講貫，著性論三篇，辨論理氣先後動靜，以訂近儒之差。及歸，光地貽以詩曰：「後生茂起須家法，我老棲遲望子傳。」其惓惓於光坡如此。光地嘗論東吳顧炎武與光坡皆數十年用心經學，精勤不輟，卓然可以傳於後云。光坡天性至孝，父病篤，炷香焚掌，叩天以祈延壽，病果愈。及舉孝廉方正〔五〕，有司將以光坡應選，而光坡寢疾矣。卒年七十有三〔六〕。又有皋軒文編。

鍾倫，字世得，康熙三十二年舉人，初受三禮於光坡，又與宣城梅文鼎、長洲何焯、宿遷徐用錫、河間王之銳、同縣陳萬策等互相討論，其學具有本原，未仕而卒〔七〕。

校記：

〔一〕清史稿之李光坡傳，源自清國史載儒林傳卷三。

〔二〕蒙引、存疑乃二書，清史稿點校本讀作一書，誤，據李光地榕村續語錄卷一大學即記「蒙引謂存疑」，又謂「同書卷十六學亦記蒙、存二書，近來節改者多。」

〔三〕家居不仕，清史稿原作「家居不仁」，誤。據清國史改。

〔四〕光坡父病，坡焚香叩天，祈延父壽，病果愈之說，源出清國史。清史列傳所記與之有異，作「父病篤，焚香禱天，燃及於掌，不知也」。當以列傳所記可信。將清史列傳與清國史相比照，國史儒林傳亦本有李光坡傳之繁、簡二稿。簡稿入儒林傳卷三，為清史稿所用。繁稿當置於儒林傳上卷卷一八陳遷鶴、方邁二傳間，不知何故，竟然漏編。所幸清史列傳存李光坡一傳，或即當初漏編之繁稿。

〔五〕舉孝廉方正，清史稿失記時間，不妥。據清史列傳，為雍正元年。

〔六〕李光坡卒於何年，清史稿失記，當依清史列傳，作雍正元年。

〔七〕李鍾倫卒年，清史稿失記。當依清史列傳，作康熙四十五年卒，年四十四。

清史列傳卷六十七

儒林傳上二

李光坡 從子鍾倫

李光坡，字耜卿，福建安溪人。父兆慶，明諸生，究心程朱之學。兄光地，官至大學士，自有傳。光坡生五歲，與伯叔兄弟俱陷賊壘，會仲父日煤糾衆與戰，乃得拔歸。少受學家庭，宗尚宋儒及鄉先正蒙引、存疑諸書。弱冠為諸生，次第講治十三經、濂、洛、關、閩書，旁及子史，質不甚敏，以勤苦致熟。其論學主程、朱，論易主邵子，兼取揚雄太玄，以為雄僭經雖有罪，而存易則有功。壯歲專意三禮，以三禮之學至宋而微，至明幾絕，儀禮尤世所罕習，積四十年，成周禮述注二十四卷、儀禮述注十七卷、禮記述注二十八卷，其書以鄭注為主，疏解簡明，不蹈支離，亦不侈奧博，自成一家言。其禮記述注自序云：始讀陳氏集說，疑其未盡，及讀注疏，又疑其未誠。如禮器篇，斥後代封禪爲鄭祖緯啓之，秦皇、漢武前鄭數百年，亦鄭注啓之乎？又譏漢、唐儒者説理如夢，此程、朱進人以知本，吾儕非其分也。今於禮運則輕其出於老氏，樂記則少其言理而不及數，其他多指爲漢儒之附會。而訓禮運之本仁以聚，亦曰萬殊一本，一本萬殊；仲尼燕居之仁鬼神，仁昭穆，亦曰克去己私，以全心德。欲以方軼前人，恐未能使退舍也。其論實能持是非之公，心埽門户之私見。康熙四十五年，入都，與兄光地講貫，著性論三篇，辨論理氣先後動靜，以訂近儒之差。及歸，光地貽以詩曰：「後生茂起須家法，我老栖遲望子傳。」其惓惓光坡如此。

光地嘗論，崑山顧炎武與光坡，皆數十年用心經學，精勤不輟，卓然可傳云。臺灣既平，詔督撫大臣籌度機宜，光坡謂：「防海之道，有慎設其守者，有探止泊而遏之者，有度要需而絕之者。因為策上之。性至孝，父病篤，焚香禱天，燃及於掌，不知也。母老多病，日夕侍寢。居喪十日內，祗飲勺水，哀慕終身。雍正元年，舉孝廉方正，有司以光坡應，已寢疾矣。是年卒，年七十三。又著有皋軒文編一卷。〔二〕

李鍾倫，字世德，〔三〕光地長子。康熙三十二年舉人。幼穎敏，甫十歲，即知孝敬。侍太父母、父母疾，夜闌僕憊，猶親視藥物。篤志經學，以身體之。書禮記九容於壁間以自警。嘗云：人於苦處不能尋樂，如何於樂處有得？初受三禮於叔父光坡，又與宣城梅文鼎、長洲何焯、宿遷徐用錫、河間王之銳、同縣陳萬策等互相討論。其學窮極幽渺，具有本原，文鼎所謂無膏肓之疾者也。著有周禮訓纂二十一卷，於五官詮釋大義，惟考工記不釋，以所補非古經也。其父光地嘗著周官筆記，叔光坡亦著周禮述注，皆標舉要旨，弗以考證辨難為長，與鍾倫書相近，蓋其家學如是。然如辨禘祫、社稷、學校諸篇，及論司馬法車乘士卒之數，亦皆考證精覈。鍾倫通算律，甲數乙數本以赤道求黄道，嘗舉其法以黄求赤，作爲圖論，又製器以象之。其訓大司徒土圭之法，謂百六十餘里景已差一寸，亦得諸實測，非講學家之空言。他著有尚書典謨説、四書節記、菉園遺書四十五年卒，年四十四。子清馥。

校記：

〔二〕光坡傳後，原附有從弟光墺、光型二傳，從略。

〔三〕"德"字誤，據李光地家男鍾倫墓誌銘，當爲"得"。

清史稿卷四百八十

儒林一

莊亨陽 官獻瑶

莊亨陽，字復齋，靖南人。康熙五十七年進士，知山東濰縣。母就養卒於途，歸而廬墓三年，自是未嘗一日離其父。乾隆初元，禮部尚書楊名時薦士七人，亨陽與焉，授國子監助教。當是時，上方嚮用儒術，尚書楊名時、孫家淦，大學士趙國麟，咸以耆壽名德領太學事，相與倡明正學。六堂之長，則亨陽與安溪官獻瑶、無錫蔡德晉等，皆一時之儒。每朔望謁夫子，釋菜禮畢，六堂師登講座，率國子生以次執經質疑。間日則六堂師分占一經，各於其書齋會講。南北學絃誦之聲，夜分不絕，都下號為「四賢五君子」。

遷吏部主事，外補德安府同知，擢徐州府。徐仍歲水災，亨陽相川澤，諮耆民，具方略，請廣開上游水道，以洩異漲，且告石林可危，未及施工而石林決，沛縣城將潰，民竄逃。亨陽駕輕舸行，告父老曰：太守來爾，民何往？親率衆堵築，七日夜城完。在徐三年，兩遇大荒，勤賑事，幾不暇眠食。九年，遷按察司副使，分巡淮徐海道。亨陽通算術，及董河防，推究高深測量之宜，上書當路，大略謂：淮徐水患在壅毛城鋪，而徐州壞壅天然減水壩，而鳳潁泗壞壅車邏昭關等壩，而淮揚之上下河皆壞。宜開毛城鋪以注洪澤湖，則徐州之患息；開天然壩以注高寶諸湖，則上江之患息；開三壩以注興鹽之澤，則高寶之患息；開范公堤以注之海，則興鹽泰諸州縣之患息。當路者頗韙其言，而未能用。

京察，大臣當自陳，高宗命自陳者各舉一人自代，內閣學士李清植舉亨陽，時論以爲允。勘淮海災過勞，以羸疾卒。卒之日，淮海諸氓罷市奔走，樹幟哭而投賻。詢親巡江南，監司皆鞾袴跪迎，亨陽獨長揖。詢責問，曰：非敢惜此滕於公，其如會典所無何？訥默然。亭陽出巡，屬吏循故事餽散，然【六】一切勿拒，曰：物以【七】烹飪，卻之是暴天物而違人情也。所從僕皆自飲其馬，或犒之，跽而辭曰：公視奴輩為兒子，不告而受，於心不安；告公，公必命辭，是仍虛君惠也。強之，皆伏地誓指其心。其感人如此。

官獻瑤【八】，字瑜卿，安溪人。執業於漳浦蔡世遠、桐城方苞，稱高足弟子。亦以揚名時薦，補助教，甫入學，上事宜六條於其長。乾隆四年進士，選庶吉士，充三禮館纂修，授編修。九年，典試浙江【九】。尋提督廣西、陝甘學政，遷洗馬。在關中，求得宗張載二十餘代孫，囑其邑學官教之，識韓城王杰於諸生，以為大器，果如其言。獻瑤少孤，事母孝，自陝甘任滿歸，乞侍養，奉母二十餘載，母年九十乃終。撫愛諸子弟，修大小宗祠，增祭器，考禮經，遵時制，以定儀式，立鄉規以教宗人，置義租以恤親族之貧者。卒年八十【十】。著讀易偶記三卷、尚書偶記三卷〔十一〕、尚書講稿思問録一卷、讀詩偶記二卷、周官偶記二卷〔十二〕、儀禮讀三卷、喪服私鈔並雜記一卷、春秋傳習録五卷、孝經刋誤一卷、文集〔十三〕十六卷、詩集二卷。

校記

〔一〕清史稿之莊亨陽傳源出清國史。亨陽早年雖問業李光地，然一生不以爲學名，而以循良廉能稱，故清國史入亨陽於循吏傳卷四，而不入儒林傳。類傳性質不同，傳主生平各異，傳文布局、内容取捨，自然不可同類。史稿無視諸多差異，既不改寫舊文，惟隨意删削，難免失之輕率。

〔二〕靖南誤。據清國史，當作「南靖」。清史稿地理志亦作「南靖」，屬福建省漳州府。

〔三〕「南北學」三字，史稿點校本屬上句，讀作「各於其書參會講南北學誤，若依其句讀，則南北學當爲學術流派，或如經學史中南北朝時期之南學、北學，或如理學史上清朝初葉之南學、北學，其實不然。清史稿職官志於國子監職官記之甚明，雍正九年，建南學，原注云：在學肄業者爲南學，在外肄業考試者爲北學。

〔四〕天然二字，史稿點校本未加專名號，意爲自然天成之水壩，其實不然。天然乃專用名，史稿河渠志一有云：添建滾水石壩二於天然南北二壩處。天然二字即有地名專號。

〔五〕據清國史莊亨陽傳，亨陽卒後，該傳以亨陽少時執業於李光地爲轉折，記述傳主生前軼事，文凡三百餘言。史稿爲減省篇幅，刪去此段文字之前半段，遂接以諭親巡江南，監司皆鞾袴跪迎，亨陽獨長揖。據考亨陽卒於乾隆十一年，而諭親巡江南則乾隆九年事，史稿如此行文，實是文理不通，令人詫然。

〔六〕據清國史亨陽傳，「然」字誤，當作「紊」，且應與「殽」字連讀，即「屬吏循故事餽殽紊」。

〔七〕據清國史，「以」字誤，當作「已」。史稿擅改舊文，乖違原意，殊不可取。

〔八〕清史稿官獻瑤傳，源出清國史，載儒林傳上卷卷二四。惟刪削過多，精華盡去，令人惋惜。

〔九〕「典試浙江」，「典試」二字不確。當依清國史，明記爲「充浙江鄉試副考官」。

〔十〕官獻瑤卒於何年，史稿失記，清國史同。今人柯愈春清人詩文集總目提要稱獻瑤生於康熙二十五年，卒於乾隆十一年。柯先生所記，未知根據何在。若據清國史及清史稿所記，獻瑤去世，當在陝甘學政任滿，且奉母歸養二十餘年之後。據考官氏陝甘任滿，已是乾隆十五年八月，辭世自然當在乾隆三十五年以後。因此，柯氏書之所記，顯然不可信。又據柯先生書卷二十八鑾山遺集條記，迄於乾隆三十九年，獻瑤依然在世，且為王有嘉遺著撰序一篇。

【十二】據清國史，尚書偶記非三卷，當為一卷。

【十三】據清國史，周官偶記非二卷，當為六卷。

【十三】據清國史，「文集」前脫「石溪」二字，當作「石溪文集」。

清史列傳卷七十五

循吏傳二

莊亨陽

莊亨陽，福建南靖人。康熙五十七年進士，知山東濰縣。母就養卒於署，歸而廬墓三年，自是未嘗一日離其父。父既歿，講學漳江。乾隆初元，禮部尚書楊名時薦十七人，亨陽與焉，授國子監助教。當是時，上方嚮用儒術，尚書楊名時、孫嘉淦，大學士趙國麟，咸以耆壽名德領太學事，相與倡明正學，陶植邦彥。六堂之長，則亨陽與安溪官獻瑤、無錫蔡德晉等，皆一時之儁。每朔望謁夫子，釋菜禮畢，登講座，六堂中國子生以次執經質疑。間日則六堂師分占一經，各於其齋會講。南北學絃誦之聲，夜分不絶，都下號為「四賢五君子」。

遷吏部主事，外補德安府同知，擢知徐州府。徐仍歲水災，亨陽相川澤，諮耆民，具方略，請廣開上游水道以洩盛漲，且告石林可危。未及施工而石林決，沛縣城將潰，民竄逃。亨陽駕輕舠行，告父老曰：「太守來，爾民何往？」親率衆堵築，七日夜，城完。在徐三年，兩遇大荒，勤賑事，至廢眠食。九年，遷按察司副使，分巡淮徐海道。亨陽通算，及董河防，推究高深測量之宜，上書當路，大略謂：淮徐水患，在壅毛城鋪，而徐州壞；壅天然減水壩，而鳳潁泗壞；壅車邏、昭關等壩，而淮揚之上下河皆壞。宜開毛城鋪以注洪澤湖，則徐州之患息；開天然壩以注高寶諸湖，則上江之患息；開三壩以注興鹽之澤，則高寶之患息；開范公隄以注之海，則興鹽泰諸州之患息。當路者未能用，頗韙其言。故事，京察大臣當自陳，高宗命自陳者各舉一人自代，內閣學士李清植舉亨陽，時論以為允。勘淮海災，過勞，以羸疾卒。卒之日，淮海諸坻罷市奔走，樹素幟，哭而投賻。

亨陽少時，執業於李光地，光地甚重之。鄂爾泰、陳元龍嘗問士於方苞，苞首言亨陽。鄂爾泰使亨陽同官達意，欲令其來見，至再三。亨陽曰：吾往見，是慕勢也。相國何用見此等人？將命者以告，鄂爾泰瞿然曰：吾非敢安坐而相招也。顧吾非公事，未嘗一出內城，恐時人以為疑。吾平生惡勢交，若以老諸生視我，則不妨顧我矣。亨陽始入見，志相得，後終不再至。訥親巡江南，監司皆鞾袴跪迎，亨陽獨長揖。訥責問，曰：非敢惜此膝於公，其如會典所無何？訥默然。亨陽出巡，屬吏餽嚴茶，弗拒，曰：物已烹飪，卻之是暴天物，而違人情也。所從僕皆自飲其馬，或犒之，跽而辭曰：公視奴輩如兒子，不告而受，於心不安，告之必命辭，是仍虛君惠也。強之，皆伏地誓指其心。其感人如此。

清史列傳卷六十七

儒林傳上二

官獻瑤

官獻瑤，字瑜卿，福建安溪人。以拔貢生授國子監學正。篤好經學，少嗜同里李光地書，後受業於漳浦蔡世遠、桐城方苞。大學士朱軾重之，曰：「吾老矣，斯道之託，將在吾子。」乾隆元年，漕督楊名時還朝，疏薦七士，獻瑤與焉。是歲，舉順天鄉試，晉助教。甫入學，上事宜六條，於其長名時暨孫嘉淦、趙國麟先後攝國學事，獻瑤與南靖莊亨陽、無錫蔡德晉等爲六堂之長，志合道孚。每朔望釋菜畢，登講座，六堂師分占一經，各就其齋會講。南北學絃誦之聲，夜分不絕，都下有「四賢五君子」之號。四年，成進士，改翰林院庶吉士，充三禮館纂修官。七年，散館，授編修。九年，充浙江鄉試副考官，尋提督廣西學政。十二年，復提督陝甘學政，還司經局洗馬，居官廉慎，導士以誠。在關中，求得宋張載二十餘代孫，囑學官教之。識韓城王杰於諸生時，以為大器。

少孤，事母孝。自秦還，遽乞終養，歸事母二十餘年。母年九十乃終。家居修宗祠，增祭田，立鄉規，教宗人，置義租，恤親族。然其家故寒素也。獻瑶治經，以治身教人，欲於經求道。其說經斟酌眾家而擇其粹，尤邃於禮。在史館時，進《周官講義》，論遂人治溝洫，稻人稼下地，因推明水田旱田之法，以為溝洫修而水旱有備，西北地利未嘗不勝東南。又舉太宰九職，以明生財之道，曰：「王者以天下之利養天下之民，莫詳於太宰九職。蓋農、工、商賈之生財，人知之，至推而及於嬪婦，又及於臣妾、閒民，則非周公盡人物之性不能也。九職中，生財最多莫如農，而經曰『三農』，則博民於生穀者無不盡也。曰『九穀』，則所以順性辨土宜無不盡也。乃其為天下萬世籌贍足之計，而終不廣於人滿者，良由

園圃、虞衡、藪牧之政，兼收而備舉焉。蓋以天下地勢論之，
不過五土。就五土之中可耕者，不過墳衍、原隰止耳。若山
林、丘陵、川澤間，或擇其可耕者以授山農、澤農，其不可耕
者，彌望皆是也。是生於山林、丘陵、川澤之民，且有時而窮。
故因地之利，而任圃以樹事，任牧以畜事，任衡以山事，任
虞以澤事，而民遂得享其利，不至於窮。且非惟三者之民
不窮也，貿遷有無，互相灌輸，而商賈所阜通之貨財，從此
出矣。又嬪婦化治之絲枲，即園圃之所樹也，百工飭化之
八材，臣妾聚斂之疏材，即山澤之所產也。至閒民之轉移，
無非此數者，而天下之地利盡，即人力亦無不盡矣。今自
大江以西，五嶺以南，山則皆童，林則如赭，而長淮以南，大
河以北，大藪、大澤，第為積水之區。又燕、冀、齊、魯，地宜種植，
然所謂千樹棗、千樹栗者，不數見也。如是而物安得不匱？
民安得不困？夫小民趨利如鶩，豈甘為惰窳不圖，所以相

視不前者，甲業之而乙戕之，理之於官，而莫之省。爾若為之明立禁條，焚山林、竭川澤、漉陂池者有罰，盜取橫侵者有罰，有犯禁者，官為申理，得實嚴懲。或於所治內著有成效者，優予上考，不稱者罰。數年之間，吏習民安，生之有道，取之有時，用之有節，孟子所云不可勝食、勝用者，豈虛語哉？上嘉納其言，特命閣臣改撰諭旨，頒天下。

獻瑤於儀禮，主鄭康成、敖繼公，善說禮服，得經意。其略曰：喪服首陳父，上殺、下殺、旁殺，凡以恩制者，皆由父推也。次陳君，為君父母、小君、長子，凡以義制者，皆由君推也。次陳傳重者與受重者，為宗子、宗子母妻、大夫宗子，凡以尊服者，皆由此推也。次陳妻為夫、妾為君、妻為夫黨、妾為君黨、女君黨，凡以親服者，皆由此推也。服莫重於斬，而斬衰之升數有二；齊衰、功升數各有三。衰莫重於降，而正次之義亦次之。齊衰升數多於繐衰，而繐之縷細，大小功升數多於緦麻而緦之縷細歸於稱情而後已父卒然後為祖後者斬承高曾重者亦然內宗外宗為君服斬與諸侯為兄弟者亦然如不二斬通例也為君斬仍為父斬尊君也為人後者降本宗通例也世叔父降則有大功義也故不盡乎禮之變者未足與言禮父在為妻不杖辟尊者也為母杖而堂上不杖辟尊者之處也故知父在為母期所以達父之情而便其事也父必三年後娶所以達子之志也妻亡無子將不三年歟夫婦人倫之首一與之齊終身不改故夫死不嫁知婦之隆於夫則知夫不可殺於婦矣服以首貌貌以首心人情有不能已者聖人弗禁於是乎有心喪之禮為人後者為其父母期而哀之發於容貌與發於聲音者未嘗不可以三年也抑發於飲食與發於居處者未嘗不可以三年也後世乃屑屑於稱謂之間其下相與其名而為上者又未知果能稱其實也其亦不達於

斯義也。又曰:傳曰:適子不得後大宗。漢儒謂假令小宗僅有適子,而大宗無後,亦當絶小宗以後之。可謂達禮之權矣。沈存中謂由祖而上皆曾祖,雖百世而有相逮者,皆為之服三月。乃今思之,猶信小宗為大宗,親盡猶服,為始祖也。聖人所以憂之深而慮之切也。

所著有讀易偶記三卷、尚書偶記一卷、尚書講稿思問録一卷、讀詩偶記二卷、周官偶記六卷、儀禮讀三卷、喪服私鈔並雜記一卷、春秋傳習録五卷、孝經刊誤一卷、石溪文集十六卷、詩集二卷。卒年八十。

清史稿卷四百八十

儒林一

王懋竑

王懋竑　朱澤澐　喬漌〔一〕

王懋竑〔二〕，字予中〔三〕，寶應人。少從叔父式丹學，刻勵篤志，精研朱子之學，身體力行。康熙五十七年，成進士，年已五~~五~~十一。乞就教職，補安慶府學教授。雍正元年，以薦被召引見，授翰林院編修，在上書房行走。二年，以母憂去官，特賜內府白金為喪葬費。懋竑素善病，居喪毀瘠，服闋就職〔四〕，旋以老病乞歸。越十六年，卒〔五〕。

懋竑性恬淡，少嘗謂友人曰：「老屋三間，破書萬卷，平生志願足矣。」歸里後，杜門著書，校定朱子年譜，大旨在辨為學次序，以攻姚江之說。又所著白田雜著八卷，於朱子文集、語類，考訂尤詳。謂：「易本義前九圖、筮儀，皆後人依託，非朱子所作。」其略云：「朱子於易，有本義，有啟蒙，與門人講論甚詳，而此九圖曾無一語及之。不合本義、啓蒙者多矣，門人何以絶不致疑也？本義之敘畫卦云：「自下而上，再倍而三，以成八卦，八卦之上，各加八卦，以成六十四卦。」初不參邵子說。至啓蒙則一本邵子，而邵子所傳止有先天方圓圖，其伏羲八卦圖、文王八卦圖，則以經世演易圖推而得之。同州王氏、漢上朱氏易皆有此二圖，啓蒙因之。至朱子所自作橫圖六，則注大傳及邵子語於下，而不敢題曰伏羲六十四卦圖，其慎如此。今直云伏羲八卦次序圖、伏羲八卦方位圖、伏羲六十四卦次序圖、伏羲六十四卦方位圖，是孰受而孰傳之耶？乃云「伏羲四圖，其說皆出邵氏」。邵氏止有先天一圖，其八卦圖後來所推，六橫圖朱子所作，以爲皆出邵氏，是誣邵氏也。又云「邵氏得之李之才，李之才得之穆修，穆修得之希夷先生」，此明道敘康節學問源流如此，漢上朱氏以先天圖屬之，已無所據，乃

〔七〕今移之四圖，若希夷已有此四圖也〔八〕，是並誣希夷也。文王八卦，說卦明言之，本義以為未詳，啟蒙別為之說，而不以入於本義。至於乾，天也，故稱乎父一節，本義以為揲蓍以求爻，啟蒙以為乾求於坤，坤求於乾，與乾為首兩節，皆文王觀於已成之卦，而推其未明之象，與本義不同。今乃以為文王八卦次序圖，又孰受而孰傳之耶？卦變圖，啟蒙詳之，蓋一卦可變為六十四卦，彖傳卦變偶舉十九卦以說爾。今圖卦〔九〕皆不合，其非朱子之書明矣。其說為宋元儒者所未發。

又考證諸史，謂孟子七篇所言齊王，皆湣王，非宣王。孟子去齊，當在湣王十三四年，下距湣王之歿，更二十五六年，孟子必不及見。公孫丑兩篇稱王，不稱謚，乃其元本，而梁惠王兩篇稱宣王，為後人所增。通鑑上增威王十年，下減湣王十年，蓋遷就伐燕之義也。可謂實事求是矣〔十〕。同邑與懋竑學朱子學者，有朱澤澐、喬漼[十一]。

澤澐[十二]，字湘陶。少勤學，得程氏讀書分年日程，尋序誦習史學、天文，於泰州陳厚耀能得其意。久之，有志於聖人之道，念朱子之學實繼周、程，紹顏、孟，以上溯孔子，有謂朱子為道問學，陸、王為尊德性者，復取朱子文集、語類讀之，一字一句，無不精心研窮，反身體認，質之懋竑。懋竑屢答之，深信朱子居敬窮理之學，為孔子以來相傳的緒，窮即窮其所存之心，存即存其所窮之理，止是一事。喟然歎曰：「尊德性者莫如朱子，道問學者亦莫如朱子矣。」雍正六年，詔大臣各舉所知，直隸總督劉師恕欲薦於朝，使其弟造廬請，弗應。晚年得髀疾，然猶五更起，盥沐觀書，至夜分不倦。誡其子光進曰：「聖賢工夫正於困苦時驗之。」疾甚，謂門人喬漼曰：「死生平常事，時至則行，無所戀也。」吟邵雍詩，怡然而逝，年六十有七[十三]。所著止泉文集八卷、朱子聖學[十四]考略十卷。

漌〔十五〕，字星渚。少有氣節。水決子嬰隄，眾走避，漌倡議捍塞，十日隄成。從澤澐受學，恪遵朱子教人讀書次第。取朱子書切己體察，有疑輒質澤澐。時年五十矣，澤澐稱之曰：「從吾遊者眾矣，惟喬君剛甚。」因舉或問「過時後學」、語類訓石洪慶語告之。漌益奮。乾隆元年，舉孝廉方正，辭不就。與懋竑書論學問之道，凡再三。自謂向道晚，須用己百之功。聞弟卒江陵任，即日冒雪行數千里，扶櫬歸。有潘某貸金不能償，以券與之。疾革，曰：「吾自頂至踵，無一處不痛，惟此心凝然不亂耳。」命沐浴正衣冠而逝，年六十五。著日省錄、訓子要言、困學堂遺稿。湯金釗序而行之，謂其學術剛健篤實，發為輝光，粹然有德之言。

校記：

〔一〕「喬漢」之「漢」字，原誤作「僅」，依清國史改。

〔二〕清史稿之王懋竑傳，源自清國史。現存影印本之清國史王懋竑傳凡有二稿，一稿載儒林傳卷三一，一稿載儒林傳上卷卷二一。前者文略簡，可稱簡稿；後者稍繁，即稱繁稿。清史稿所錄為簡稿，大體不異，略有增刪。

〔三〕清國史王懋竑傳簡稿無傳主字，史稿增字「子中」，與繁本相比照，「子」字誤，當作「予」。

〔四〕「服闋」就職四字，懋竑傳繁簡二稿皆無，乃史稿所臆增，不確。據傳主子箴聽撰文林郎翰林院編修予中王公行狀，雍正二年秋，懋竑歸里奔喪，蒙恩賞銀一百兩，奉旨治喪畢即來京，不必俟三年滿。翌年秋八月，扶病返京，喪服未滿，斷不可稱作服闋。

〔五〕懋竑卒年，史稿失記，當依清國史本傳繁稿作「乾隆六年」。卒年七十四。

〔六〕史稿所引述傳主文，自「朱子於易」迄下頁「其非朱子之書明矣」，凡四百餘字，皆出懋竑撰易本義九圖論。點校者似未及檢覈傳主原著，故一是誤將引文分作二段，再是句讀亦有偶誤。

〔七〕「乃今」二字，依清國史及傳主原著，皆當作「今乃」。

〔八〕「也」字，依清國史及傳主原著，皆當作「者」。

〔九〕「今圖卦三字」後，依清國史及傳主原著，尚脱一「變」字。

〔十〕史稿及國史之述傳主考史所得，源自錢大昕潛研堂文集卷三十八王先生懋竑傳。

〔十一〕「謹」字原作「僅」，誤，依清國史改，下同，不再出校記。

〔十二〕清史稿之朱澤澐傳，源自清國史載儒林傳上卷卷二一。

〔十三〕朱澤澐卒於何年，史稿失記。據王箴傳撰朱先生澤澐行狀，先生生於康熙五年三月十日，卒於雍正十年六月十九日，享年六十有七。

〔十四〕「學」字原誤作「賢」，依清國史並上述行狀改。

〔十五〕喬漟傳源自清國史，附見於朱澤澐傳。

清史列傳卷六十七

儒林傳上二

王懋竑　朱澤澐　喬漼

王懋竑，字予中，江蘇寶應人。少從叔父式丹學，刻厲篤志，恥為標榜聲譽。精研朱子之學，身體力行。康熙五十七年，成進士，年五十一矣。在吏部乞就教職，授安慶府教授。雍正元年，與漳浦蔡世遠同被召引見，授翰林院編修，命在三阿哥書房行走。二年，以母憂去官，特賜內務府白金為喪葬費，諭以治喪畢即來京，不必候三年。素善病，居喪毀瘠。明年入都謝恩，畢，遂以老病辭歸。乾隆六年卒，年七十四。

懋竑性澹泊，少時嘗謂友人曰：老屋三間，破書萬卷，平生志願足矣。歸里後，杜門著書，以明李默所定朱子年譜多刪改原編，與晚年定論、道一編暗合，因取文集、語類等書，條析而精研之，以正年月之後先，旨歸之同異，訂為年譜四卷、考異四卷、附錄二卷。未第時即編是書，至易簀前數日乃成，大旨在辨為學次序，以攻姚江之說。同邑朱澤澐潛心朱學，據答南軒書云「敬貫動靜，而以靜為本」，謂必從主敬以透主靜消息。懋竑辨之曰：「人之有動靜也，猶其有呼吸也。靜則必動，動則必靜，論其循環，則有互根之妙；論其時節，則有各致之功。朱子已發未發說，作於己丑，有以靜為本之說。甲午、乙未以後，不復主此說矣。主靜之指出於濂溪，而朱子丙申作濂溪書堂記，己亥作隆興祠記，癸卯作韶州祠記，癸丑作邵州祠記，俱不一言主靜。蓋敬可以貫動靜，而靜不可以該動，專言靜則偏矣。」

又著白田雜著八卷，於朱子書考訂尤詳。謂易本義前九圖、筮儀，皆後人依託，非朱子所作。其略云：朱子於易有本義，有啟蒙，與門人講論甚詳，而此九圖曾無一語及之九圖之不合於本義啓蒙者多矣門人何以絶不致疑也本義之敘畫卦云自上而下再倍而三以成八卦八卦之上各加八卦以成六十四卦初不敢參以邵子之說至啓蒙則一本邵子而邵子所傳止有先天方圓圖其伏羲八卦圖文王八卦圖則以經世演易圖推而得之同州王氏漢上朱氏易皆有此二圖啓蒙因之至朱子所自作橫圖六則注大傳及邵子語於下而不敢題曰伏羲六十四卦圖其慎重如此今直云伏羲八卦次序圖伏羲八卦方位圖伏羲六十四卦次序圖伏羲六十四卦方位圖是孰受而孰傳之耶乃云伏羲四圖其說皆出邵氏邵氏止有先天一圖其八卦圖後來所推六橫圖朱子所作以爲皆出邵氏是誣邵氏也又云邵氏得之李之才之才得之穆修修得之希夷此明道敘康節學問源流如此漢上朱氏以先天圖屬之已無所據今乃移之四圖若希夷已有此

四圖者是益誣希夷也文王八卦說卦明言之本義以為未詳啟蒙別為之說而不以入於本義至於乾天也故稱父一節本義以為揲者以求爻啟蒙以為乾求於坤坤求於乾與乾為首兩節皆文王觀於已成之卦而推其未明之象與本義不同今乃以為文王八卦次序圖又孰受而孰傳之耶卦變圖啟蒙詳之蓋一卦可變為六十四卦象傳卦變偶舉十九卦以為說爾今圖卦變皆自十二辟卦而來以本義考之惟訟晉二卦為合餘十七卦皆不合其非朱子之書明矣其說為宋元儒者所未發又謂家禮亦後人依託之書又為朱子答江元適書薛士龍書考一篇皆根柢全集語錄鉤稽年月辨別異同幾微得失無不周知其言尤允當他著有朱子文集注朱子語錄注讀經記疑讀史記疑白田草堂存稿

朱澤澐字湘陶江蘇寶應人諸生祖克簡順治四年

進士，官雲南道御史。出巡福建，值海寇周鶴芝圍省城，率兵赴援，與巡撫合力擒賊，請增兵仙霞嶺，築漳浦十餘城。又度民利病，上汰冗員、革帶辦、禁株連、蠲鹽課、恤驛困諸疏，均蒙允可。所治在延平、陵溪，與諸生講明朱子聖學，秩滿歸，郡人配享李延平祠。著有奏疏、政略、石屋集。

澤澐少勤學，得程氏讀書分年日程，即尋次序，刻苦誦習數年，略遍。更學天文於泰州陳厚耀，能得其意。久之，有志於聖人之道。念朱子之學實繼周、程、紹顔、孟，以上溯孔子。有謂朱子爲道問學，陸王爲尊德性者，以是蓄疑於中。復取朱子文集、語類觀之，按其收斂身心、體驗道理，先後淺深，曲折次第之故，選錄成卷。一字一句，無不精心研窮，反身體認。初從中和舊說序、已發未發說、與湖南諸公答張欽夫書，知其用功親切，惟在靜中持守，動中省察，而又以靜中之動，動中之靜，終未融澈，不能無疑。與同邑王懋竑寓書質問，懋竑屢書答之。乃復玩答陳超宗、陳器之、林德久、林擇之書，玉山講義，及太極圖說、西銘解注，恍然悟未發時四德渾具，自有條理，已發時四端各見，品節不差，而以語類中陳北溪所錄窮究根源來歷一條，爲教人入門下手處。由是深信朱子居敬窮理之學，爲孔子以來相傳的緒，不可移易。窮即窮其所存之心，存即存其所窮之理，止是一事。喟然歎曰：尊德性者莫如朱子，道問學者亦莫如朱子矣。著朱子未發涵養辨、格物說辨等篇，發明朱子之精蘊，其辨析陸王，皆粒破銖分，毫無含糊。

嘗講學錫山，一時學者多從之遊。雍正六年，詔舉賢良，直隸總督何世基、劉師恕交章薦之，師恕使其弟造廬請，皆弗應。澤澐讀書未明起，肅容莊誦，事至斯應，應已復誦。日昃無事，閉關靜坐，既暮，挑燈諷詠，率至夜分，未嘗一日間。晚得脾疾，猶然。一日，讀易至益卦，謂其子光進曰：益象言遷善改過，此功夫無時可已，直到曾子易簀，猶是進益處。又曰：「聖賢功夫，正於困苦時驗之。若稍縱弛，便至墮落，可不懼哉！」疾甚，吟邵雍詩，怡然而逝，年六十七。著有止泉集八卷、朱子聖學考略十卷、朱子誨人編、先儒闢佛考、王學辨、陽明晚年定論辨、吏治集覽、師表集覽。

光進，字宗洛，能傳父學。居母喪，以毀卒。有過庭紀聞、梁谿紀聞、讀禮偶鈔、詩文集。

喬漋，字星渚，亦寶應人。少有氣節。水決子嬰堤，衆走避，漋倡捍塞，十日堤成。從澤澐受學，遵朱子教人讀書次第，取朱子書切己體察，有疑輒質澤澐。時年五十矣，澤澐稱之曰：「從吾遊者衆矣，惟喬君剛甚。」因舉或問過時後學語、語類訓石洪慶語告之。漋益奮。澤澐歿，復與光進相砥礪。乾隆元年，舉孝廉方正，辭不就。與王懋竑論學書，凡再三，自謂向道晚，須用已百之功。聞弟卒江陵，即日冒雪行數千里，扶櫬歸。疾革，曰：「吾自頂至踵，無一處不痛，惟此心凝然不亂耳。」沐浴正衣冠而逝，年六十五。著有省身錄、訓子要言、困學堂遺稿。蕭山湯金釗謂其學術剛健篤實，發為輝光，粹然有德之言。

校記：

〔一〕「自上而下」誤。據朱熹周易本義，當作「自下而上」。清國史王懋竑傳簡稿不誤，故清史稿王懋竑傳亦不誤。而繁稿誤，清史列傳乃繁稿，故亦誤。

〔二〕「其字」，點校本據耆獻類徵改作「之」，誤。此據清國史及傳主原著逕改。

〔三〕朱澤澐本獨自立傳，裔潜傳附見。

清史稿卷四百八十

儒林一

李夢箕 子圖南　張鵬翼　童能靈

李夢箕[一]，字季豹，連城人。年十五而孤，精進學業，崇向[二]朱子，以孝友著稱。其教人輒言為善最樂，人易而忽之，夢箕曰：「為之難，汝為之否乎？」人問之，曰：「其樂何如？」曰：「不愧不怍[三]，孰與孔、顏之樂？」曰：「熟之而已矣。」事兄如嚴父，撫猶子如子，每語諸子以氣質之偏，使知變化。疾亟，謂所親曰：「吾生平竭力檢身，將毋有不及省者，第言之，得聞過而終，亦云幸矣。」卒年八十一[四]。

子圖南，字開士。康熙六十一年舉人。能世其學[五]。初工詩古文，既而歎曰：「吾學自有身心性命所宜急者，可以虛名騖乎？」於是究心濂、洛、關、閩書，以反躬切己為務。居連峰，點石諸山中者久之。嘗曰：「學者唯利名之念為害最大，越此庶可與共學。與蔡世遠講明修身窮理之要，世遠重之。雍正九年，吏部檄天下舉人需次縣令者先赴京學習政事，閩南至觀政戶部，以母病亟歸，歸先母卒〔六〕，年五十七。雷鋐謂學聖人必自狷者始，閩南庶足當之。時邑人張鵬翼、童能靈皆以學行稱。

鵬翼〔七〕，字蜚子，歲貢生。八歲嗜學，十餘歲通諸經〔八〕。塾師教以作文取科第，心疑之。熟讀四書大全，忽悟曰：心當在身內，身當在心內。遂不仕。建城處萬山中，無師，鵬翼年已四十，始見近思錄及朱子全書，更十年，始見薛文清讀書錄。嘗曰：考亭易簀之時，乃我下帷之始。蓋俛焉日有孳孳，不知其老且耄也。所居鄉曰新泉，男女往來二橋〔九〕，道不拾遺，市中交易先讓外客，皆服鵬翼教也。著有讀經說略、理學入門、孝子傳、歷代將相諫臣三譜、二十二史案、芝壇日讀小記〔十〕。

能靈〔十一〕字龍儔〔十二〕，貢生，好學，守程朱家法不失尺寸。乾隆元年舉博學鴻詞，累舉優行，皆以母老辭。年九十〔十三〕，兄弟白首同居。居喪以禮，化及鄉人。能靈嘗與雷鋐論易，主河圖以明象數之學。其樂律古義，謂洛書為五音之本，河圖為洛書之源。河圖圓而為氣，洛書方而為體。五音者，氣也。氣凝為體，體以聚氣，然後聲音出焉。蔡氏律呂新書沿淮南子、漢書之說，誤以亥為黃鐘之實，惟所約寸分釐絲忽之法，其數合於史記〔十四〕律書，因取其說，為之推究源委，以成書。他著中天河洛、五倫說、朱子為學考、理學疑問。

連城理學始自宋之鄧起潛、明之童東皋，而能靈、鵬翼繼之，力敦倫紀，嚴辨朱陸異同。張伯行撫閩時，建文溪書院，祀起潛、東皋。後增建五賢書院，中祀宗五子，而以能靈、鵬翼配焉。〔十五〕

校記

〔二〕清史稿之李夢箕傳源出清國史載儒林傳上卷卷一四附見於張鵬翼傳。一並附見者尚有林赤章、夢箕子圖南及童能靈諸人傳。張鵬翼及附傳諸家上起明清交替，下迄乾隆初葉，同屬福建汀州府連城縣人，皆以治理學而名著一方。若就年輩及學術地位言，理當首推張鵬翼，故清國史以鵬翼入正傳而領諸家，最稱允當。清史稿罔顧史實，退鵬翼而進夢箕，乖違史法，殊不足取。

〔三〕崇向之「向」字不妥，依清國史及蔡世遠撰李夢箕傳，皆當作「尚」。

〔三〕「不愧不怍」下，清史稿點校本作逗號，誤，當作句號，故改。據清國史，隨後尚脫一「曰」字，行文句讀當作「曰：不愧不怍。曰：孰與孔顏之樂？」

〔四〕李夢箕卒年，清國史記作八十二，蔡世遠撰夢箕傳則作八十一。

〔五〕清國史李夢箕傳原以如下數語結尾：「子圖南，能傳其學。」史稿於夢箕傳末刪此數語，又於圖南傳增「能世其學」，首尾脫節，文理不通。

〔六〕李圖南卒於何年，史稿失記。依清國史，本明記爲雍正十年。

〔七〕清史稿張鵬翼傳，源出清國史，載儒林傳上卷卷一四。

〔八〕「十餘歲通諸經」，此說無據，誇大失實。據雷鋐撰張先生鵬翼傳，傳主「十四歲所熟讀者，乃四書注，亦參玩大全。年四十，始見近思錄及朱子全集。年五十，始見薛文清讀書錄。」清國史據以入傳，方稱信史。

〔九〕據清國史，二橋前尚脫一「分」字，即「男女往來分二橋」。如此，方可稱道一方風氣。

〔十〕據清國史張鵬翼傳，末原有如下文字："康熙五十四年卒，年八十三。漳浦蔡世遠嘗書'醇學'二字表其閭，寧化雷鋐亦言，閩汀學者，以鵬翼爲冠云。"清史稿將此段文字盡予删除，不知意欲何爲。

〔十一〕清史稿童能靈傳，源出清國史，載儒林傳上卷卷一四。

〔十二〕舉博學鴻詞下，史稿句讀原作句號，誤。能靈並未應舉，而是以母老辭，故改作逗號，以保持前後文意之聯屬。

〔十三〕年九十，大誤。若依史稿行文，則能靈九十高齡尚健在。其實不然。據雷鋐撰童先生能靈墓誌銘，能靈卒於乾隆十年八月二十五日，終年六十有三，而年躋九旬者，乃其老母。清國史據以入傳，記作"母年九十，兄弟白首同居，居喪以禮，化及鄉人。年六十三卒。"言之有本，可信可據。

故史稿此處之「年九十」前，尚脫「一母」字。

〔十四〕中天河洛五倫說，清史稿點校本讀作一書，誤。據清國史，當作中天河洛太極辨微與五倫說二書。

〔十五〕篇末總結連城理學文字，皆襲清國史。惟無端倒置張鵬翼、童能靈二家順序，甚是無理。然文中並無一字及李夢箕，亦足見立夢箕入正傳而領諸家之失當。

清史列傳卷六十六

儒林傳上一

張鵬翼

林赤章 李夢箕 夢箕子圖南 童能靈

張鵬翼，字翬子，福建連城人。歲貢生。幼嗜學，塾師教以作文取科第，心疑之。十四歲，熟讀四書大全，忽悟曰：「心當在身內，身當在心內。」值明亡，播遷饑饉，而學不廢。閩疆既定，以親老復求進取。年四十，遭耿逆變，乃返初志。連城處萬山中，無師友，鵬翼銳志問學。同邑林赤章授以近思錄、朱子全集，憮然曰：「學者舍朱子而他求，即與下喬木入幽谷何異？」又十年，見薛瑄讀書錄，學益進。嘗曰：「讀書當實踐，毋徒事文藝。」又曰：「考亭易簀之時，乃我下帷之始。」蓋俛焉日有孳孳，不知其老且耄也。平居自治嚴整，終日端坐，雖跬步不苟，盛暑不袒裼。事親養志無違，居喪蔬食三年，不內寢，不外遊。所居鄉曰新泉，男女往來分二橋，市中交易先讓容其禮教行於鄉如此。

鵬翼爲學，宗主程、朱，不濡染明季學術，嘗自識心得爲讀經說略，又輯濂、洛、關、閩要旨爲理學入門，又采歷代名臣爲將相諫臣三譜，又考古今疆域、九邊阨塞、黄河原委，爲中華世統圖說，又取史籍舊事，仿讞獄之法，每一條爲一案，而以己意斷之，爲芝壇史案五卷。他著有孝子傳、芝壇雜說、芝壇日讀小記、聖道元亨頌，皆切於日用倫常之道，考其得力，戴記爲多。又有芝壇集二卷，其詩文亦皆以講學爲宗。康熙五十四年卒，年八十三。漳浦蔡世遠嘗書「醇學」二字表其閭，寧化雷鋐亦言閩汀學者，以鵬翼爲冠云。

林赤章，字霞起，亦連城人。歲貢生。隱居冠豸山中，山無水，禱而得泉。嘗與鵬翼論心性之學，謂鵬翼曰：求道之要，盡在論語矣。耿逆之亂，僞將劉應麟聞其善鼓琴，携至郡。赤章白衣抱琴入，長揖不拜，曰：此非鼓琴所。拂袖竟去。著有易辨、書經約旨、讀禮私言、四書遵注、小訓私淑錄、愛蓮堂集。

李夢箕，字季豹，亦連城人。歲貢生。年十五而孤，即知崇尚朱子之學，以孝友著稱。耿逆之亂，脅就偽職，脫儒冠避山中。性介潔，不事干謁，自號穩卧先生。教人輒言為善最樂，人易而忽之，夢箕曰：為之難，汝為之否乎？繼善成性，善之原；仁義忠信，善之實。善不擇則不明，不固執則不能得而弗失。人問曰：其樂何如？曰：不愧不怍。曰：孰與孔顏之樂？曰：熟之而已矣。家苦儉，然好施與，或倡於人而力助之，曰：苟利於物，惠無小也。能成其惠，不必出於己也。每語諸子以氣質之偏，使知變化。易簣時，謂所親曰：吾生平竭力檢身，將毋有不及省者。第言之得聞過而終，亦幸矣。卒年八十二。著有四書訓蒙、穩卧軒集。子圖南，能傳其學。

圖南，字開士。康熙六十一年舉人。初工詩古文，既而歎曰：「吾學自有身心性命所急，可以虛名鶩乎？」居連峰、點石諸山者久之，究心濂、洛、關、閩書，以反躬切己為務。嘗曰：「學者惟利名之念為害最大，越此庶可與共學。」雍正九年，吏部檄天下舉人需次縣令者先赴京學習政事，圖南至，隸戶部湖廣司，以母病亟歸。十年卒，年五十七。嘗與蔡世遠講明修身窮理之要，世遠甚重之。又與雷鋐論學意相激切，鋐謂：「學聖人必自捐耆始，圖南庶幾近之。」又謂：「余喜暢談，圖南贈余『靜穆』二字，然氣質難變，以此甚愧」云。著有簡菴集。

童能靈，字龍濤，[三]亦連城人。貢生。乾隆元年，舉博學鴻詞，累舉優行，皆以母老辭。母年九十，兄弟白首同居，居喪以禮，化及鄉人。年六十三卒。能靈為學，守程、朱家法，不失尺寸。自以僻處寡聞，嘗遊金陵，考先朝遺跡，訪武彝精舍，廣求朱子遺書，歸而築室冠豸山下，潛心探討十餘年，默契誠意致知之學。以朱子早晚異同之辨大要數端，曰一貫忠恕，曰未發已發，曰太極動靜，曰仁，曰心性，曰體用，曰理一分殊，曰空妙，曰實理，曰默識而存，曰循序而進。因考其為學次第，分年記載，加以案語，為《朱子為學考》三卷。又於日用體驗閒劄記，其言心、言性、言仁、言情者，為《理學疑問》四卷。嘗與雷鋐論易，能靈主河圖，以明象數之學，著《周易賸義》二卷。其論樂律，謂洛書為五音之本，河圖為洛書之源。河圖圓而為氣，洛書方而為體。五音者氣也，氣凝為體，體以氣聚，然後聲音出焉。蔡氏《律呂新書》沿《淮南子》、《漢書》之說，誤以度為黃鐘之實，惟所約寸分釐毫絲忽之法，其數合於《史記·律書》。因取其說，為之推究原委，著《樂律古義》二卷。他著有《洪範賸義》、《詩大小序辨》、《三禮分釋》、《中天河洛太極辨徵》、《朱陸淵源考》、《五倫說》、《冠豸山堂文集》。

連城理學，始自宋之邱鱗，明之童昱，而鵬翼、能靈繼之，力敦倫紀，嚴辨朱、陸異同。儀封張伯行撫閩時，建文溪書院，祀鱗、昱，後增建五賢書院，祀宋五子，而以鵬翼、能靈配焉。

校記

〔一〕「中華世統圖說」原脫「圖」字，清國史同。據雷鋐撰張先生鵬翼傳補。

〔二〕「濤」字誤，清國史同。據雷鋐撰童先生能靈墓誌銘當作「儔」。

清史稿卷四百八十

儒林一

胡方　馮成修　勞潼

胡方字大靈，新會人。歲貢生。方敦崇實行，處道學風氣之末，獨守堅確。總督吳興祚聞其名，使招之，方走匿不能得也。事父母色養靡不周，而心常如不及。遇有病憂形於色，藥必嘗而後進。夜必衣冠侍，未嘗就寢。及居喪，藉草宿柩旁三年不入內。先人田廬悉以與弟，授徒自給。族姻不能自存者，竭力賙之。有達官齎重金乞其文為壽，不應。吏懾之，不應。家人告以絕糧，不應。鄉曲子弟偶蹈不韙，有願就鞭扑，不願聞其事於方者。里中語曰：「可被他人笞，勿使胡君知。他人笞猶可，胡君愧煞我。」其從學者仕與未仕，白首猶懍懍奉其教。雖困甚，終不入公庭。聞聲向慕，以得見為喜，曰：「教我矣。」有以詹得官，則大慙曰：「吾未能信，得無辱我夫子。」才告之曰：「為官能不愛錢，致力於官守，有何不可其人乎？」不負其言。

四十後，杜門著述。所居曰鹽步。元和惠士奇督學粵東，聞方名，艤舟村外，遣吳生至其家求一見。急揮手曰：「學政未藏事，不可見，不可見。」出吳而扃其門。士奇乃索所著書而去。試事畢，仍介吳生以請，則假一冠投刺，至長揖曰：「今日齋沐謝知己，方年邁無受教地，不能執弟子禮。」數語遂起。惠握其手曰：「縱不欲多語，敢問先生鄉人誰能為文者？」答曰：「並世中無人，必求之，惟明季梁朝鍾耳。」士奇遂求梁文並各家文刻之〔三〕，名曰嶺南文選。既而疏薦於朝。士奇嘗語吳生曰：「胡君貌似顧炎武，豐厚端偉，必享大名。」蓋當時知方者，士奇一人而已。卒年七十四〔四〕。著有周易本義注六卷，四子書注十卷，莊子注四卷，鴻桷堂詩文集六卷，集中謂白沙祠諸作及白沙子論，具見淵源所自。粵中勵志篤行者，方後有馮成修、勞潼。

成修，字達夫，南海人。父遠出不歸，成修生有至性，語及其父，輒涕泗交頤。乾隆四年進士，選庶吉士，散館改吏部主事，晉禮部祠祭司郎中，典試福建、四川，督學貴州，揭條約十四則以訓士。成修初計偕，即遍訪其父蹤跡，得官後，兩次乞假尋親，卒無所遇，不復出。授經里中，粹然師範。年八十，計其父已百有一齡，乃持服三年，終身衣布。乙卯〔五〕重宴鹿鳴。逾年卒〔六〕，年九十有五。

潼，字潤芝〔七〕，亦南海人。乾隆二十年舉人。髫齡時，母嘗於榻上授毛詩，長遂習焉。盧文弨視學湖南，召之往，至冬乃歸。母思念殊切。抵家時漏三下，跪母榻前，母且泣且撫之曰：「其夢也耶？」潼悲不自勝，自是絕意進取，侍養十有六年。而母卒，潼哀毀骨立，杖而後起。家人或失潼所在，即於殯所覓之，則已慟哭失聲矣。又痛早孤，故以義野為號。嘗言：「讀孔子書，得一言，曰『務民之義』；讀孟子書，得一言，曰『强爲善而已矣』；讀朱子書，得一言，曰『切己體察』。」著有四書擇粹十二卷，孝經考異選註二卷，救荒備覽四卷，荷經堂古文詩稿四卷。

校記

〔一〕清史稿胡方傳源自清國史，載儒林傳上卷卷一九，附見陳遇夫、馮成修、勞潼、馮經四家傳。除沿清國史以胡方入正傳外，附見者，史稿刪去陳遇夫、馮經二家。

〔二〕「處道學風氣之末」七字，清國史原無，作「敦崇實行，獨守堅確」。史稿所增，由李文藻胡金竹先生傳「講求義理之學」來，既源之有自，又能見一時學術消息，寄議論於叙事之中，深得史法。

〔三〕自「惠握其手」至「疏薦於朝」，清國史亦無，史稿係據前述李氏文增「惟各家文」三字，李文原作「其文」。玩上下文意，似以「其文」二字為當。

〔四〕胡方卒於何年，清史稿、清國史皆失記。據江慶柏清代人物生卒年表，胡方生於順治十二年，卒於雍正六年，終年七十有四。

〔五〕「乙卯」二字，不妥。之前既有乾隆年號，此處不宜改作干支。當依清國史作「乾隆六十年」。

〔六〕「逾年卒」，清國史同，不確。依上引年表，當作「嘉慶二年」。

〔七〕「芝」字誤，據清國史，當作「之」。

清史列傳卷六十七

儒林傳上二

胡方　馮成修　勞潼

胡方，字大靈，廣東新會人。歲貢生。方敦崇實行，獨守堅確。年十二，應童子試，廣東司李涂某奇其文，延與語，謂當薦之學使，方端坐不答。總督吳興祚聞其名，使招之，走匿不能得也。事父母色養備至，而心如不及。侍疾憂形於色，藥嘗而後進。夜必衣冠侍，未嘗就寢。居喪，藉草宿柩旁，三年不入內。先人田廬悉與弟，授徒自給，得錢置硯側，族婣貧者，令取之，盡乃止。有達官齎重金乞其文為壽，不應。吏憐之，亦不應。家人告以絕糧，不應。子弟不肄，有願就鞭扑，不願聞於方者。里人語曰：「可詖他人答，勿使胡君知。他人答猶可，胡君愧殺我。」從學者仕與未仕，白首猶懍其教，雖困甚，終不入公庭。或以廕得官，則大慙曰：「吾未能信，得毋辱我夫子。

四十後，杜門著述。取朱子易本義而闡其旨，爲周易本義注六卷。又取四子書，句梳字櫛，補先儒所未及，爲四子書注十卷。又著莊子注四卷，鴻桷堂詩文集六卷。新會爲明陳獻章講學之鄉，方集中謂白沙祠諸作及白沙子論，具見淵源。其梅花四體詩，亦寓言講學，如白沙之以詩教也。雍正四年，學政惠士奇疏薦，稱方品端學醇，一介不苟。所著書接理學之傳，而大要以力行爲主。其年衰老，宜有以寵異之。先是方僑居鹽步，士奇艤舟村外，遣吳生求見。方急揮手曰：「學政未蕆事，不可見，不可見。」出吳而扃其門。士奇索所著書去。試畢，仍介吳生以請，則假一冠投刺，至，長揖曰：「今日齋沐謝知己。」方年邁，無受教地，乞能執弟子禮。數語遂起。士奇謂吳生曰：「方貌似顧炎武，必享大名。」當時知方者，士奇一人而已。年七十四卒。郡中勵學篤行者，有陳遇夫、馮成修、勞潼。

馮成修，字達求，廣東南海人。生有至性，七齡喪母，哀毀如成人。父遠遊不歸，每語及，輒涕交頤。乾隆四年，成進士，改翰林院庶吉士，散館授吏部主事，遷員外郎。十五年，充福建鄉試副考官，尋遷郎中。十八年，充四川鄉試正考官。二十四年，督學貴州，揭條約十四則以訓士。成修初計偕，即遍訪其父蹤跡，得官後再乞假尋親，卒無所遇。年六十一告歸，不復出，授經里中，粹然師範。至年八十，計其父已逾百齡，乃持服三年，終身衣布。六十年，重宴鹿鳴，逾年卒，年九十五。著有養正要規、學庸集要等書。

勞潼，字潤之，亦南海人。乾隆二十年舉人。髫齡時，母授毛詩，長遂習焉。應鄉試，詩經房薦額者再，或勸改經，潼曰：「吾不敢忘母教也。」既舉於鄉，以母老不肯再應禮部試。夙受知餘姚盧文弨，文弨視學湖南，強召之往，至冬歸。母思念殊切，抵家涌三下，跪母榻前，母且泣且撫之曰：其夢也耶！潼悲不自勝，自是不復出遊，侍養十有六年，而母卒，哀毀骨立，家人或失潼所在，即趨殯所視之，已慟哭失聲矣。又痛早孤，故以莪野為號。家居，以倡明正學、利濟鄉黨為己任。嘗言：讀孔子書得一言，曰務民之義；讀孟子書得一言，曰强為善而已矣；讀朱子書得一言，曰切己體察。立學約八、戒約七，曰：苟犯此，勿入吾門。粵連歲洊饑，力行捐振，存活無算。嘗言：三代井田之法不可復行，所恃以活民者，惟在積貯。乃倡立義倉，不經官理，司事公舉，輪值，侵漁者罰，粵人善之。著有四書擇粹十二卷、孝經考異選注二卷、救荒備覽四卷、荷經堂稿四卷。嘉慶六年卒。〔三〕

校記：

〔二〕句字原屬上讀，作「四子書句讀」，誤，故逕改。

〔二〕陳遇夫傳，史稿未錄，故從略。

〔三〕篇末尚有馮經傳，史稿未錄，故從略。

清史稿卷四百八十

儒林一

勞史 桑調元 汪鑒

勞史，字麟書，餘姚人。世為農。少就傳讀書，長躬耕養父母，夜則披卷莊誦。讀朱子小學、中庸序，慨然發憤，以道自任，舉動必依於禮。繼讀朱子近思錄，立起設香案，北面稽首曰：「吾師在是矣。」常自刻責，謂：「天之命我者，若君之詔臣，父之詔子，一廢職即膺嚴譴，一墜家業即窮無所歸，可不慎哉！」其論學以為始於不妄語，不妄動，即極諸至誠無息。接後學委曲進誠，雖傭工下隸，皆引之嚮道，曰：「盡爾職分，務實做去，終身不懈，即聖賢矣。勿過自薄也。」聞者莫不爽然。里中負販者近史居，不敢貨偽物。蜀兒牧童，或折棄矰繳，毀機穽。有鬪爭就史質，往往置酒求解。門人桑調元自錢塘來謁，論學數日，將別，送之，曰：「吾壽不過三年，恐不復相見。行矣勉之後！三年〔四〕九月，謂門人汪鑒曰：不過今月，吾將去矣。遂遍詣親友家，與老者言所以教，少者言所以學。令家人治木飭後事。晦前一夕，沐浴更衣，移榻正寢，炳燭晏坐如平時，旋就寢。明晨撫之冰矣。調元為刻其遺書十卷。其書謂易之為道，細無不該，遠無不屆，故多本易理以推人物之性。〔五〕

調元〔六〕，字發甫，錢塘人，為孝子天顯之子。天顯親病革〔七〕，合羊脂和術以進，親死，抱鑰而哭，人為繪抱鑰圖。調元受業於史，得聞性理之學。雍正十一年，召試通知性理，欽賜進士，授工部主事。引疾歸。調元主九江濂溪書院，構須友堂，祠餘山先生，以著淵源有自。餘山，史自號也。調元東皋別業又闢餘山書屋，以友教四方之士。為人清鯁絕俗，足跡遍五嶽。晚主濼源書院，益暢師說。〔八〕

鑒〔九〕，餘姚人。父死於雲南，鑒護喪歸，至漢川遇大風，舟且覆抱棺大哭，誓以身殉。忽風回得泊沙渚，衆呼為孝子。為人尚氣節，史戒之曰：「英氣，客氣也。其以問學融化之」。史之殁也，鑒實左右焉。

校記：

〔一〕清史稿之勞史傳源出清國史，載儒林傳上卷卷一六。

〔二〕「小學」二字，依清國史當作「大學」。國史所據之桑調元撰餘山先生行狀及彭紹升撰勞先生史傳，皆作「大學」。史稿臆改顯誤。

〔三〕「即極諸至誠無息」七字，係史稿擅改。清國史及前述彭氏撰傳，皆作「極之至誠，無歇手處」，行狀略異，作「極之誠立，無歇手處」。

〔四〕「後三年」係何年？史稿失記。如此修史，殊不可取。據考史稿述桑調元問學及傳主與門人汪鑒語，源自前述二文。而後三年之所指，行狀記之甚確，為癸巳新正，即康熙五十二年正月。「正月」二字，彭傳誤作「九月」，史稿不考，亦沿襲其誤。

〔五〕據桑調元撰餘山先生行狀，勞史生於順治十二年九月初四日，卒於康熙五十二年正月三十日，終年五十有九。清國史援以入勞史傳，記為無疾而逝，年五十九，時康熙五十二年也。清史稿既本清國史立勞史傳，為減省篇幅而刪削舊文，無可厚非，然於傳主生卒亦去而不存，顯屬失當。

〔六〕清史稿之桑調元傳，源出清國史，附見於勞史傳。

〔七〕「病革」之「革」字，係清史稿誤改。依清國史，當為「膈」，謂調元祖病在臟腑，而非如史稿誤讀之病勢危急。

〔八〕依清國史調元傳末，明記傳主乾隆三十六年卒，年七十七。「清史稿」删而不録，殊不可解。

〔五〕清史稿之汪鑒傳，源出清國史，附見於勞史傳。

清史列傳卷六十七

儒林傳上二

勞史　汪鑒　桑調元

勞史，字麟書，浙江餘姚人。世為農。史幼而端凝，不與群兒伍。未就塾，輒從旁舍耳誦十三經。及長，躬耕養父母，夜則披卷莊誦。年十七，反覆朱子大學、中庸序，遂慨然立志為真儒，舉動必依於禮。繼讀朱子近思錄，立起設香案，北面稽首曰：「吾師在是矣。」嘗館上虞顧氏，有藏書數萬卷，三年卒讀。自是研極性理，常自刻責，謂天之命我者若君之詔臣，父之詔子，一廢職即膺嚴譴，一墜家業即窮無所歸，可不慎哉！其論學以為下學之功始於不妄語、不妄動，極之至誠無欺。手處接後學，委曲盡誠，雖傭工、下隸，皆引之嚮道，曰：「盡爾職分，務實做去，終身不懈，即聖賢矣。勿過自薄也。」聞者多化之。里中負販者，近史居，不敢貨偽物；易兒牧童或折棄鏳繳毀機穽有鬭爭者就史質往往置酒求解晚年涵養益沖粹預知史期沐浴更衣移臥正寢無疾而逝年五十九時康熙五十二年也史之學精於易嘗謂易之為道細無不該遠無不屆故其所著述多本易理以推人物之性有餘山遺書十卷門人桑調元注鑑編次付梓

鑑字津夫亦餘姚人父死於雲南鑑護喪歸至漢川遇大風舟且覆抱棺大哭誓以身殉忽風回閣沙渚乃免眾呼為孝子為人尚氣節史戒之曰英氣客氣也其學以鎔之自是研心朱子之學粹然儒者矣史之歿也鑑實左右焉

桑調元字伊佐浙江錢塘人父天顯性至孝親病膈合羊脂和粥以進親死抱鐺而哭人為繪抱鐺圖調元少有異才下筆千言屈其儕輩年十五受業於史得聞性理

之學。性耿介，不妄交人，尤嚴取與之辨。雍正四年，舉順天鄉試。十一年會試後，遴選舉人之明習性理者，得八人，調元與焉。特旨賜進士，授工部主事。丁父憂，廬墓三年。服闋補官，釐正規約，吏餽以羨金，卻不受。旋引疾歸。嘗主九江濂溪書院，構須友堂祠史，以著淵源有自。又闢餘山書屋於東皋別業，友教四方之士，一以程、朱為法。晚主濼源書院，益暢師說。著有論語說二卷，所言皆闡集注未盡之義，頗為細密。又躬行實踐錄十五卷，言敬言仁，一宗程、朱，持論亦極醇正。其時文縱橫排奡，自成一家，有孜甫集八十四卷。乾隆三十六年卒，年七十七。

校記：

〔二〕「接」字之前，點校本據耆獻類徵增一「引」字。依清國史亦無「引」字，故不從。

（三）「膈」字，點校本屬下讀，作「親病，膈合羊脂，和粥以進」，不詞，故改。

清史稿卷四百八十

儒林一

顧棟高　陳祖范　吳鼎　梁錫璵

顧棟高〔一〕，字震滄，無錫人。康熙六十年進士，授內閣中書。雍正間引見，以奏對越次罷職。乾隆十五年〔二〕，特詔內外大臣薦舉經明行修之士，所舉四十餘人，惟大學士張廷玉、尚書王安國、侍郎歸宣光舉江南舉人陳祖范，尚書汪由敦舉江南舉人吳鼎，侍郎錢陳群舉山西舉人梁錫璵，大理寺卿鄒一桂舉棟高。此四人，論者謂名實允孚焉。尋皆授國子監司業。棟高以年老不任職，賜司業銜。皇太后萬壽，棟高入京祝嘏，召見，拜起令內侍扶掖。棟高奏對首及吳、〔三〕敝俗，請以節儉風示海內，上嘉之。陛辭，賜七言律詩二章。二十二年，南巡，召見行在，加祭酒銜，賜御書「傳經耆碩」四字。二十四年，卒於家，年八十一。

所學合宗、元、明諸儒門徑而一之，援新安以合金谿，爲調停之說。著大儒粹語二十八卷。又著春秋大事表百三十一篇，條理詳明，議論精覈，多發前人所未發。毛詩類釋二十一卷，續編三卷，采錄舊說，發明經義，頗爲謹嚴。其尚書質疑二卷，多據臆斷，不足以言心得。大抵棟高窮經之功，春秋爲最，而書則用力少也。

陳祖范，字亦韓，常熟人。雍正元年舉人，其秋禮部中式，以病不與殿試。歸，僦廛華滙之濱，楗户讀書。居數年，詔天下設書院以教士，大吏爭延爲師，訓課有法。或一二年輒辭去，曰：士習難醇，師道難立，且此席似宋時祠祿，仕而不遂者處焉。吾不求仕而久與其列，爲汗顏耳。薦舉經學，祖范褎然居首，以年老不任職，賜司業銜。乾隆十八年，卒於家，年七十有九。所撰述有經咫一卷，膺薦時錄呈御覽。文集四卷，詩集四卷，掌錄二卷。祖范於學務求心得，論易不取先天之學，論書不取梅賾，論詩不發小序，論春秋不取義例，論禮不以古制違人情，皆通達之論。同縣顧主事鎮傳其學。

吳鼎〔七〕字尊彝，金匱人。乾隆九年舉人，授司業〔八〕，游擢翰林院侍講學士，轉侍讀學士，大考降左春坊左贊善，遷翰林院侍講，旋休致。所撰有易例舉要二卷、十家易象集説九十卷。裒宋俞琰、元龍仁夫、明來知德等十家易説，以繼李鼎祚、董楷之後。其東莞學案則專攻陳建學蔀通辨作也。兄鼐亦通經，深於易、三禮。

梁錫璵〔九〕字確軒，介休人。雍正二年舉人，亦授司業〔十〕，與吳鼎同食俸辦事，不爲定員。乾隆十七年，命直上書房，累遷詹事府少詹事，大考降左庶子，擢祭酒，坐遺失書籍鐫級。曆薦時，以所撰易經揆一呈御覽。鼎、錫璵並蒙召對，面諭曰〔十一〕：汝等以是大學士九卿公保經學，朕所以用汝等去教人，是汝等積學所致，不是他途倖進。」又曰：「窮經為讀書根本，但窮經不徒在口耳，須要躬行實踐。汝等自己躬行實踐，方能教人躬行實踐。」鼎、錫璵頓首祇謝。又奉諭：「吳鼎、梁錫璵所著經學，著派翰林二十員、中書二十員，在武英殿各謄寫一部進呈。原書給還本人。所有紙札、飯食皆給於官。著梁詩正、劉統勳董理其事。」

校記：

〔二〕清史稿之顧棟高傳，源出清國史，一載儒林前傳卷八，一載儒林傳下卷卷七。所見二稿，文字大體相同，差異乃在前稿錄有高宗賜詩全文，傳末述棟高所著書，前稿以大儒粹語為先，後稿則以春秋大事表為先。清史稿所用為前稿，惟不錄高宗詩原文。棟高及附見之陳祖范、吳鼎、梁錫璵，皆為乾隆十四年間經學特科所拔擢四人同以經學名，並非理學中人。故清國史儒林傳將四家編次於經學諸儒中，名從實出，恰如其分。清史稿不尊重歷史實際，僅據張冠李戴的一部大儒粹語而移花接木，竟强顧棟高並其他三家入理學之列，紊亂編次，不倫不類。

〔三〕定經學特科爲乾隆十五年，不確。據清高宗實錄記，令內外大臣薦舉「潛心經學者」，乃乾隆十四年十一月四日事。後因所舉爲數過多，同年十二月十七日，高宗又頒諭，俟到齊之日，合內外所舉人員，「大學士、九卿再行公同核定，請旨調取來京，引見，親加臨試」。十五年十二月二十日，清廷核定內外大臣「保舉經學人員共四十九員」，剔除名不副實者，保舉不實官員一並處罰。十六年閏五月十六日，重申「慎重考校，虛公覈實，如果衆所共信，即可不必考試」。閏五月二十七日，令將保舉經學之陳祖范、吳鼎梁錫璵、顧棟高著述呈覽。迨於同年八月三日，遂先後授吳、梁二人司業，陳、顧則以年力老邁，給司業銜。

〔三〕據清國史吳字前尚脫一「三」字，即當作「三吳」。

〔四〕大儒粹語二十八卷，非顧棟高所著。作者乃顧棟南，字季任，又字未餘，江蘇吳江人。乾隆間修四庫全書，存目於子部儒家類。館臣撰四庫全書總目，誤將作者名之「南」字寫作「高」，遂以訛傳訛，闌入國史。清史稿不察，沿訛襲誤，據總目語而論棟高為學，差之毫厘，謬以千里。

〔五〕清史稿之陳祖范傳源出清國史，附見於顧棟高傳，亦有二稿。史稿所錄乃儒林傳下卷卷七之後稿。

〔六〕記陳祖范卒於乾隆十八年，誤，當為十九年。其根據有二。錢大昕撰陳先生祖范傳述傳主晚年經歷有云：「乾隆十五年，天子崇尚經術，特詔內外大臣薦舉經明行修之士。於是雅知先生者交章列薦。明年，上命閣部大臣於所舉中核其名實允孚者得四人，先生裒然居首，其三人則無錫顧棟高、金匱吳鼎、介休梁錫璵也，得旨皆授國子監司業。先生與顧公以年老不任職，即家拜受新命，朝野咸以為異數云。又三年，卒於家，年七十有九。文中之「明年」係指乾隆十六年，而「又三年」之所指，亦自然係十六年後之第三年，即乾隆十九年。此其一。其二，顧棟高萬卷樓文稿第四本經咫序記陳祖范卒年甚明：「乾隆甲戌，海虞陳見復先生年七十九，以疾卒。」甲戌即乾隆十九年。清國史陳祖范傳本自錢大昕文，前後兩稿皆忽視文中「明年」二字而不録，故而前稿之「又三年」既失去依托而致誤，後稿逕作「乾隆十八年」則大誤。

〔七〕清史稿之吳鼎傳，源出清國史，附見於顧棟高傳，亦有二稿。史稿所録，乃儒林傳下卷卷七之後稿。

〔八〕依清國史，授司業前尚有「以薦舉經學」五字，史稿刪而不錄，失當。梁錫璵傳校記〔十〕同，從略。

〔九〕清史稿之梁錫璵傳，源出清國史，附見於顧棟高傳。

〔十一〕此處所引高宗語，清國史本作：「汝等以經學保舉，朕所以用汝等去教人。大學士、九卿公保汝等，是汝等積學所致，不是他途倖進。」史稿擅改，致使語意含糊，文理不通。

清史列傳卷六十八

儒林傳下一

顧棟高 陳祖范 吳鼎 梁錫璵

顧棟高，字復初，江蘇無錫人。康熙六十年進士，授內閣中書。雍正時引見，以奏對越次罷職。乾隆十五年，特召內外大臣薦舉經明行修之士。時所舉四十餘人，惟大學士張廷玉、尚書王安國、侍郎歸宣光舉江南舉人陳祖范，尚書汪由敦舉江南舉人吳鼎，侍郎錢陳群舉山西舉人梁錫璵，大理寺卿鄒一桂舉棟高。此四人，論者謂名實允孚焉。尋奉旨皆授國子監司業。棟高以年老不任職，賜司業銜。皇太后萬壽，棟高入京祝嘏，特旨召見，拜起令內侍扶掖。棟高奏對，首及三吳敝俗，請以節儉風示海內，上嘉之。陛辭，賜七言律詩二章，以寵其行。二十二年，南巡，召見行在，加祭酒銜，賜御書「傳經耆碩」四字。二十四年，卒於家。

年八十一。

棟高少與同里蔡德晉、金匱吳鼎精心經術，尤嗜左氏傳，遇拂意，家人置左傳於几上，則怡然誦之，不問他事。著春秋大事表五十卷、輿圖一卷、附錄一卷，以春秋列國諸事比而為表，又為辨論以訂舊說之譌，凡百三十一篇，條理詳明，議論精覈，多發前人所未發。又毛詩類釋二十一卷，續編三卷，采錄舊說，發明經義，頗為謹嚴。其尚書質疑二卷，多據臆斷，不足以言心得。大抵棟高窮經之功，春秋為最，而書則用力少也。其論學則合宋、元、明諸儒門徑而一之，援新安以合金谿，為調停之說，著有大儒粹語二十八卷〔二〕。

陳祖范，字亦韓，江蘇常熟人。雍正元年舉人，其秋禮部中式，以病不與殿試。歸，僦屋華匯之濱，鍵戶讀書。居數年，詔天下設書院以教士，大吏爭延為師。訓課有法，或一二年輒辭去，曰：「士習難醇，師道難立，且此席似宋時祠祿，仕而不遂者處焉，吾不求仕，而久與其列，爲汗顏耳。」乾隆十五年，薦舉經學，祖范居首，以年老不任職，賜國子監司業銜。十八年卒於家，年七十有九。所撰述有經咫一卷，膺薦時錄呈御覽。文集四卷，詩集四卷，掌錄二卷。祖范於學務求心得，論易不取先天之學，論書不取梅賾，論詩不廢小序，論春秋不取義例，論禮不以古制違人情，皆通達之論。同縣顧鎮傳其學。

吳鼎，字尊彝，江蘇金匱人。乾隆九年舉人，以薦舉經學，授國子監司業。洊擢翰林院侍講學士，轉侍讀學士，大考降左春坊左贊善，遷翰林院侍講，旋休致。所撰有易例舉要二卷，十家易象集說九十卷。裒宋俞琰、元龍仁夫、明來知德等十家易說，以繼李鼎祚、董楷之後。其東莞學案，則專攻陳建學蔀通辨作也。兄鼐，字大年，幼而嗜學，與蔡德晉、秦蕙田及鼎為經會。尚書楊名時以經學薦，未授官。乾隆元年，成進士，改工部主事。聞父訃歸，尋卒。著三正考二卷，駁胡安國夏時冠周月之謬，又謂三正通於民俗，引陳廷敬、蔡德晉諸説，於三代諸書差互之處，一一剖其所以然，最足破疑似之見。又有易象約言。

梁錫璵，字確軒，山西介休人。雍正二年舉人。乾隆十五年，以薦舉經學，授國子監司業，與吳鼎同食俸辦事，不為定員。十七年，命直上書房，累遷詹事府少詹事。大考，降左庶子，擢祭酒，坐遺失書籍，鐫級。膺薦時，以所撰易經揆一呈御覽，鼎、錫璵並蒙召對，面奉諭旨云：「汝等以經學保舉，朕所以用汝等去教人。大學士、九卿公保汝等，是汝等積學所致，不是他途倖進。」復奉聖訓云：「窮經為讀書根本，但窮經不徒在口耳，須要躬行實踐。汝等自己躬行實踐，方能教人躬行實踐。」鼎、錫璵頓首祗謝。又奉諭：「吳鼎、梁錫璵所著經學，著派翰林二十員，中書二十員，在武英殿各謄寫一部，進呈。原書給還本人，所有紙札、飯食，皆給於官。著梁詩正、劉統勳董理其事。

校記：

〔一〕大儒粹語二十八卷，非顧棟高所著。詳見史稿棟高傳之校記。

〔三〕陳祖范卒年，非乾隆十八年，當爲十九年。詳見史稿祖范傳之校記。

清史稿卷四百八十

儒林一

孟超然

孟超然，字朝舉，閩縣人。乾隆二十五年進士，選庶吉士，改兵部主事，累遷吏部郎中。三十年，典廣西試，尋督學四川，廉正不阿，遇士有禮。以蜀民父子兄弟異居者衆，作厚俗論以箴其失。旋以親老請急歸，年甫四十二，遂不出。性至孝，侍父疾，躬執廁牏。戚族喪娶，雖空乏必應。嘗歎服徐陵「我輩猶有車可賣」之言。其學以懲忿窒欲、改過遷善為主。嘗曰：「變化氣質，當學呂成公，刻意自責，當學吳聘君。」又曰：「談性命則先儒之書已詳，不如歸諸實踐；博見聞則將衰之年無及，不如反諸身心。」其讀商子云：「論至德者不和於俗，成大功者不謀於衆。聖人苟可以強國，不法其故；苟可以利民，不循其禮。」以為此王介甫之先驅也。然歎猶明於帝王霸之說，介甫乃以言利為堯、舜、周公之道，又鞅之不如矣。其論楊時云：龜山得伊、洛之正傳，開道南之先聲。然為人身後文，如溫州陳君、李子約、許德占、張進、孫龍圖諸墓誌，往往述及釋氏之學，而贊之曰安、曰定、曰靜，毋惑乎後之學者援儒入墨，紛紛不已也。

超然性靜，家居杜門，御掃久之，巡撫徐嗣曾請主鼇峰書院，倡明正學。閩之學者，以安溪李光地、寧化雷鋐為最。超然輩行稍後，而讀書有識，不為俗學所牽，則後先一揆也。居喪時，考士喪禮、荀子及宋司馬光、程子、朱子說，並采近代諸儒言論，以正閩俗喪葬之失，著喪禮輯略二卷。傷不葬其親者，惑形家言以速禍，取孟子揜之誠是之語，作誠是錄一卷。他著有焚香錄、觀復錄、晚聞錄〔二〕。

校記：

〔一〕清史稿之孟超然傳源出清國史，載儒林傳上卷卷二四。惟史稿隨意刪節，失誤甚多，治史者當引以為戒。

〔二〕清制，庶吉士散館，始得授官。據清高宗實錄卷六三六記，乾隆二十六年五月，庚辰科庶吉士散館，孟超然著以部屬用。又據清國史，超然始授官即兵部主事，因此，史稿將國史之「授」字更易為「改」，不確。

〔三〕據清國史，吏部郎中乃超然請歸前之最後官職。史稿擅易於此，釀成超然仕宦經歷混亂。

〔四〕「典廣西試」不確。據前引實錄及國史，乾隆三十年五月，超然係以吏部主事充廣西鄉試副考官，修史當以準確為第一要義，不可欲溢美而含糊其詞。

〔五〕據清國史，「尋」字之前，尚記有傳主升員外郎，三十三年，充順天鄉試同考官的經歷。史稿將此十六字刪去，以「尋」字逕接「典廣西試」，不妥。

〔六〕據《清國史》「讀商子」三字，本作「論王安石」，而「商子」二字，乃在引述傳主語中。《史稿》擅改，以致文意不通。

〔七〕「以爲」二字，《清國史·超然傳》本無。《史稿》臆增，不倫不類。

〔八〕《清國史·孟超然傳》末，於傳主卒年記之甚明，作「嘉慶二年卒，年六十七」。《史稿》悉數刪去，顯然大誤。

清史列傳卷六十七

儒林傳上二

孟超然

孟超然，字朝舉，福建閩縣人。乾隆二十五年進士，改翰林院庶吉士，散館授兵部主事，調吏部。三十年充廣西鄉試副考官，陞員外郎。三十三年充順天鄉試同考官，尋奉命提督四川學政，遷郎中。使還，以親老請急歸。超然視學四川，廉正不苟，遇士有禮，表宗儒魏了翁以為矜式，以蜀民父子兄弟異居者衆，作厚俗論以箴其失。蜀人為立去思碑。性淡泊，既歸，杜門卻埽，久之，巡撫徐嗣曾延主鼇峰書院。鼇峰自漳浦蔡世遠主講，倡明正學，一時稱盛。其後超然繼之，人奮於學，恆舍不能容。性至孝，侍父疾躬執廁牏。遇戚屬喪娶，雖空乏必助。嘗歎服徐陵「我輩猶有車可賣」之言。其學以懲忿窒慾、遷善改過為主，嘗曰：「變化氣質當學呂成公刻意自責，當學吳聘君。又曰：談性命則先儒之書已詳，不如歸諸實踐。博見聞則將衰之年無及，不如返諸身心。其論王安石，謂商子論至德者不和於俗，成大功者不謀於衆。聖人苟可以强國，不法其故；苟可以利民，不循其禮。此安石之先驅也。然鞅猶明於帝王霸之說，安石乃以言利為堯、舜、周公之道，又鞅之不如矣。其論楊時，謂龜山得伊、洛之正傳，開道南之先聲。然為人身後文，如溫州陳君、李子約、許德占、張進、孫龍圖諸墓志，往往述及釋氏之學，而贊之曰安、曰定、曰靜，易惑乎後之學者，援儒入墨，紛紛不已也。

閩之學者，以侯官李光地、寧化雷鋐為最。超然輩行稍後，而讀書有識，不為俗學所牽，則先後一揆云。居喪時，考士喪禮、荀子及宋司馬光、程子、朱子說，並采近代諸儒論說，以正閩俗喪葬之失，著喪禮輯略二卷。傷不葬其親者，惑形家言以速禍，取孟子「掩之誠」是語，作誠是錄一卷。又記檢身實踐之要，為焚香錄一卷，取周易復卦之義，歸之損、益二象，輯先儒格言，比類為求復錄四卷〔三〕。輯朱子與友朋、弟子問答，以資規誨，為晚聞錄一卷。雜考經史，識遺佚，為避暑錄一卷。又有廣愛錄一卷，家誡錄二卷，文集六卷，詩集二十卷。嘉慶二年卒，年六十七。

校記：

〔一〕「侯官」誤，清國史同。當作「安溪」。

〔二〕「先後」誤。當依清國史，作「後先」。

〔三〕「四」字係點校本據耆獻類徵改，當改回「一」字。

清史稿卷四百八十

儒林一

汪紱 余元遴

汪紱初名烜，字燦人，婺源人。諸生。少稟母教，八歲，四子書、五經悉成誦。家貧，父淹滯江寧，侍母疾累年，十日未嘗一飽。母歿，紱走詣父，勸之歸。父曰：昔人言家徒四壁，吾譬亦屬人，若持吾安歸？叱之去。紱乃之江西景德鎮，畫椀傭其間。然稱母喪，不御酒肉。後飄泊至閩中，為童子師。及授學浦城，從者日進。聞父歿，一慟幾殆，即日奔喪，迎櫬歸。紱自二十後，務博覽，著書十餘萬言，三十後盡燒之。自是凡有述作，凝神直書，自六經下逮樂律、天文、地輿、陣法、術數，無不究暢，而一以宗五子之學為歸。著有易經詮義十五卷，尚書詮義十二卷，詩經詮義十五卷，四書詮義十五卷，詩韻析六卷，春秋集傳十六卷，禮記章句十卷，或問四卷、參讀禮志疑二卷、樂經律呂通解五卷、樂經或問三卷、孝經章句一卷。其參讀禮志疑多得經意，可與陸隴其書並存。

紱之論學，謂學不可不知要，然所以得要，正須從學得多後，乃能揀擇出緊要處。謂易理全在象數上乘載而來。謂書曆象、禹貢、洪範，須著力去考，都是經濟。謂詩只依字句吟詠，意味自出。謂看周禮，須得周公之心，乃於宏大處見治體之大，於瑣屑處見法度之詳。謂春秋非理明義精，殆未可學。謂格物之格訓至，如書言格于上下、格于皇天，皆至到之義。上文致知字為推致，則格物為窮至物理甚明。謂性與天道不可得聞，直是不可得聞，陸王家因早聞性天，而未嘗了悟，又果於自信，遺害後人也。謂周子言一言無欲，程子言主一，言無適，微有不同。周子所謂一者天也，所謂欲者人也。純乎天不參以人，一者即無欲也。程子所謂一者事也，所謂適者心也，一其心於所事，而不强事以成心，無適之謂一也。〔四〕當時大興朱筠讀其書，稱其信乎以人〔五〕任己，而頡頏〔六〕古人。其後善化唐鑑亦稱其功夫體勘精密，由不欺以至誠明。紱初聘於江，比歸娶江，年二十八矣。江嘗語諸弟子曰：吾歸汝師三十年，未嘗見一怒言、一怒色也。乾隆二十四年卒，年六十八。子思謙，增生，毀卒。

同縣余元遴傳其學。

元遴〔七〕字秀書，諸生。著有庸言、詩經蒙說、畫脂集。

校記：

〔一〕清史稿之汪紱傳，源出清國史，載儒林傳上卷卷二二。

〔二〕詩韻析並非析詩經，乃傳主早年究心古音學之作。故清國史及紱本傳所脫胎之朱筠撰汪先生紱墓表，皆不數該書於傳主經學著述中，而置之於詩文雜著。史稿將其置群經詮義之列，似可酌。

〔三〕據劉師培撰汪紱傳，「字」之前，尚脫一「致」字，即當作「致知致字」。

〔四〕據清國史，「未嘗了悟下」，尚有「以至害了終身」六字。史稿刪此六字，致使語意斷裂。

〔五〕「人」字誤，當作「仁」。「信乎以仁任己」，語出朱筠汪先生紱墓表。

〔六〕「頡頏」之「頏」字，形近而誤。依上引墓表，當作「頏」。

〔七〕清史稿余元遴傳，源出清國史，附見於汪紱傳。惟史稿刪削過甚，已難成立。尤以隱沒元遴表彰師學之努力，實是失誤，難彌，不可寬宥。

清史列傳卷六十七

儒林傳上二

汪紱　余元遴

汪紱，初名烜，字燦人，安徽婺源人。諸生。少稟母教，八歲，四子書、五經悉成誦。家貧，父淹滯江寧，紱侍母疾，累年，十日未嘗一飽。母歿，紱走詣父，勸之歸。父曰：昔人言，家徒四壁，吾壁亦屬人，若持吾安歸？比之去。紱乃之江西景德鎮，畫盌傭其間，然稱母喪，不御酒肉。後飄泊至閩中，為童子師。及授學浦城，從者日進。聞父歿，一慟幾殆，即日奔喪，迎櫬歸。紱自二十後，務博覽，著書十餘萬言；三十後盡燒之。自是凡有述作，凝神直書。自六經下逮樂律、天文、地輿、陣法、術數，無不融暢，而一以宋五子之學為歸。著有易經詮義十五卷、尚書詮義十二卷、詩經詮義十五卷、四書詮義十五卷、春秋集傳十六卷、禮記章句十卷、禮記或問四卷、參讀禮志疑二卷、樂經律呂通解五卷、樂經或問三卷、孝經章句一卷、讀陰符經一卷、讀參同契一卷、讀近思錄一卷、讀讀書錄一卷、讀困知記一卷、讀問學錄一卷、先儒晤語一卷、理學逢源十二卷、山海經存九卷、物詮八卷、策略四卷、琴譜一卷、詩韻析六卷、大風集六卷、詩文集各六卷。

紱與江永生同鄉、未嘗晤面、嘗寓書論禮書樂律、往復千百言。紱謂度生於律、非律生於度、然非度無以得律。此如天非有度、以日之行而起度、日非有分、以晝夜之長短而分分。然分分而日之長短有數可求、定度而周天之行有迹可紀、同一理也。度數者、理氣流行之節次、生氣之和、自然流出。故河圖之數、所以成變化而行鬼神、律管何獨不然?永以為真能言造化之妙、謹誌其言。其論學謂學不可不須知要、然所以得要、正須從學多後、乃能揀出要處。謂易理全在象數上乘載出來。謂書曆象、禹貢、洪範〔三〕著力去考，都是經濟。謂詩只依字句吟詠，意味自出。謂看周禮須得周公之心，乃於宏大處見治體之大，於瑣屑處見法度之詳。謂春秋非理明義精，殆未可學。又謂格物之格訓至，如書言格于上下、格得皇天，皆至到之義。上文致知字〔四〕為推致，則格物為窮至物理甚明。惟性與天道不可得聞，直是不可得聞。陸王家因早聞性天，而未嘗了悟，以至害了終身。又果於自信，遺害後人也。

生平著述，恥於自炫，多藏巾笥。尤注意理學逢源一書。書分內外篇，上篇明體，下篇達用，凡積二十餘年乃成。自序謂自天人性命之微，以及日用倫常之著，自方寸隱微之地，以達經綸斯世之猷，庶幾井井有條，通融貫徹，所以反求身心，以探乎天命之本源者，亦可不待外求而得，終身焉足矣。性儉約，無故不御酒肉，歲荒，屑豆作糜，或數日無未處之怡然。少聘於江，比歸娶，江年二十八矣。江嘗語諸弟子曰：吾歸汝師三十年，未嘗見一怒言、一怒色也。乾隆二十四年卒，年六十八。子思謙，增生，以毁卒。同邑余元遴傳其學。

余元遴，字秀書，諸生。家貧，讀書，躬行樵汲。少有志爲己之學，究心經義及宋五子書。後師事紱，得聞爲學要領，著庸言四卷，皆克治身心、考驗自得之語。紱聞之，稱其踐履篤摯。平居坐不倚，立不跛，授徒所入，分恤親族弟子貧者，卻其贄，已而空乏，泊如也。紱父子殁，經紀其喪，迎其妻江養於家。復力寫遺書，獻之督學朱筠，卒賴以傳。乾隆四十三年卒，年五十五。又著有詩經蒙説、畫脂集。

校記：

〔一〕婺源今屬江西。

〔三〕「洪範之後」，據清國史，尚脱一「須」字，即「須著力去孝」。

〔三〕「得」字誤，據清國史，當作「于」，即「格于皇天」。

〔四〕依清國史，「字之前」，尚脱一「致」字，當作「致知致字」。

清史稿卷四百八十

儒林一

姚學塽 潘諧

姚學塽，字晉堂，歸安人。性靜介，孩稚時，見物不取。父兄坐庭上，久侍立，足不動。既長，讀書，毅然以身學。父喪，骨毀，感動鄉里。嘉慶元年進士，以中書用。時和珅為大學士，中書於大學士例執弟子禮，學塽恥之，遂歸。後四年，和珅伏誅，始入都任職。十三年，主貴州鄉試，歸途聞母憂，痛父母不得躬侍祿養，遂終身不以妻子自隨。服闋至京，轉兵部主事，遷職方司郎中。妻張有婦德，畜一妾，請遣侍京寓，不許，乃歸妾父。妾方氏十七，曰：「婦人從一者也，吾事有主矣。」竟不嫁。

學塽居京師四十年，若旅人之阨者，僦僧寺中，霜華盈席，危坐不動。居喪時有氈一，布羔裘一，終身服之，藍縷不改，蓋所謂終身之喪者。初，彭齡掌兵部，請學壎至堂上躬起肅揖之，學壎亦不往謝。大學士百齡〔二〕兼管兵部，屢詢司員姚某何在，欲學壎詣其宅一見之，終不往也。學壎六十生辰，同里姚文田貽酒二罌為壽，固辭。文田曰：「他日以此相報可乎？」乃受之。學壎之學，由揖入中行，以敬存誠，從嚴毅清苦中發為光風霽月。闇然不求人知，未嘗向人講學。病篤，握其友潘諮手曰：「君勉矣！人生獨知之地，鮮無愧者。我生平竭蹶，竟如此止。君亦就衰，盡所得為，俟年而已。」遂逝，年六十有六〔三〕。

諮〔四〕，字少白，會稽人。少卓犖，好獨遊天下奇山水，足跡踰數萬里，與學壎友善，日求寡過，以無玷古人。與長民者言，言愛人；與里老言，言耕鑿樹畜；與士人言，言孝弟忠信。過右下士，則告以實行為首務，尤競競〔五〕於義利之辨。居惟一襆被，日兩蔬食，食有餘則以給人之困者。有數人貴金為其母壽，不可返，乃各取少許。其母知之，怒曰：汝見僧以如來像丐市者乎？吾其為像也。乃謝而盡散之。著有古文八卷〔六〕，詩五卷，常語二卷。

校記

〔一〕清史稿之姚學塽傳，源出清國史，載儒林傳上卷卷二六。

〔二〕百齡誤，清國史同，當為伯麟。據清國史，百齡為漢軍正黃旗人，以乾隆三十七年進士，累官至兩江總督，卒於道光二十一年十一月，從未以大學士兼管兵部。伯麟為滿洲正黃旗人，道光元年授體仁閣大學士，管理兵部，二年即以原品休致。

〔三〕史稿記姚學塽卒年作「六十有六」，誤。清國史記為道光六年，六十一，不誤。據潘諮撰歸安姚先生傳及張履

撰鏡塘姚先生行狀，學塽卒於道光六年十一月廿一日，
終年六十一。

〔四〕清史稿之潘諮傳，源出清國史，附見於姚學塽傳。

〔五〕「競競」形近而誤。依清國史，當作「兢兢」。

〔六〕古文八卷，清國史同。湯紀尚撰潘布衣傳，作文六卷，各有所本，可並存。據柯愈春著清人詩文集總目，潘少白集十三卷，今尚存世。

清史列傳卷六十七

儒林傳上二

姚學塽　潘諮

姚學塽，字晉堂，浙江歸安人。性靜介。童時，父兄坐庭上，久侍立，足不倚。既長，讀書，毅然以身學。父喪，哀毀，感動鄉里。父嗜蟹，終身不食，筵宴遇之，涕泣，友朋相戒勿設也。嘉慶元年，成進士，官內閣中書。時和珅為大學士，中書例執弟子禮，學塽恥之，遂歸。和珅伏誅，始入都任職。十三年，充貴州鄉試副考官，歸，道聞母憂，痛不得躬養侍疾，終身不以妻子自隨。服闋至京，轉兵部主事，遷職方司郎中。居京師先後四十年，中外餽遺，一無所受。敝衣蔬食，若旅人之阨者。所僦僧寺，破屋風號，霜華盈席，危坐不動，晏如也。尚書初彭齡調兵部，請學塽至堂上，躬起肅揖之。學塽亦不往謝。大學士百齡兼管兵部，欲學塽詣其宅一見，終不可得。同里姚文田貽酒二罌爲壽，固辭，文田曰：他日以此相報可乎？乃受之。仁和龔自珍於時少所許可，獨心折學塽，稱曰姚歸安。

學塽之學，由狷入中行，以敬存誠，從嚴毅清苦中發爲光霽。嘗曰：人必內自定，然後可以應物。又曰：吾視萬物，莫不有真趣。然闇然自修，未嘗向人講學。答友人書曰：自宋以來，講學之書多矣。然大略有三，以致知啓其端，以力行踐其實，以慎獨握其要。三者之中，慎獨尤急。不慎獨，則所知皆虛，而所行亦僞。又曰：宋儒之書，非盡於宋儒之書也，本之於經以深其源，博之於史以廣其識，驗之倫常日用以踐其實，參之人情物理以窮其變。不必終日言心言性，而後謂之理學，亦不必終日言太極、陰陽、五行，而後謂之理學也。道光六年，西陲用兵，職方司任重事繁，以積勞卒官，年六十一。病篤，握其友會稽潘諮手曰：君勉矣！人生獨知之地，鮮無愧者。我生平竭蹶，竟如此止。君亦就衰，盡所得為俟年而已。著有竹素齋集。

潘諮，字少白，浙江會稽人。少卓犖，好獨遊奇山水，足迹踰萬里。後與學塽友善，日求寡過，以無玷古人。與長民者言，言愛人；與里老言，言耕鑿樹畜；與士人言，言孝弟忠信。過名下士，則告以實行為首，尤兢兢於義利之辨。居惟一襆被，日兩蔬食，食有餘則以給人之困者。有數人貴金為其母壽，不可返，乃各取少許。其母怒曰：汝見僧以如來像丐市者乎？吾甚為像也。乃謝而盡散之。嘗云：大學誠意獨為一章，格致後，一段極結實細密工夫。人於此一關，最難自信。陽明謂格致外，非更有誠意之功。此其門人病所由種。格致是識得此理，堅志定力，正從此起。其精到可入宋人語錄。間為詩古文，超曠絕俗。著有古文八卷，詩五卷，常語二卷。

校記：

〔二〕「百齡」誤，當作「伯麟」。詳見前史稿校記。

清史稿卷四百八十

儒林一

唐鑑

唐鑑[一]，字鏡海，善化人。父仲冕，陝西布政使，自有傳。鑑，嘉慶十四年進士，改庶吉士。十六年，授檢討。二十三年，授浙江道監察御史。坐論淮鹽引地一疏，吏議鐫級，以六部員外郎降補。會宣宗登極，詔中外大臣各舉所知，諸城劉鐶之薦鑑，出知廣西平樂府，擢安徽寧池太廣道，調江安糧道。擢山西按察使，遷貴州，擢浙江布政使，調江寧。內召為太常寺卿。海疆事起，嚴劾琦善、耆英等，直聲震天下。

鑑潛研性道，宗尚洛、閩諸賢。著學案小識，推陸隴其為傳道之首，以示宗旨。時蒙古倭仁、湘鄉曾國藩、六安吳廷棟、昆明竇垿[二]、何桂珍，皆從鑑考問學業。陋室危坐，精思力踐。年七十，斯須必敬。致仕南歸，主講金陵書院。文宗踐作，有詔召鑑赴闕。入對十五次，中外利弊無所不罄，上以其力陳衰老，不復强之服官，令還江南，於式多士。咸豐二年〔三〕還湘，卜居於寧鄉之善嶺山，深衣蔬食，泊然自怡。晚歲著讀易小識，編次朱子全集，別爲義例，以發紫陽之蘊。十一年卒，年八十有四。曾國藩爲上遺疏，賜謚確慎。著有朱子年譜考異、省身日課、畿輔水利備覽、易反身錄〔四〕、讀禮小事記等書。

校記

〔一〕清史稿之唐鑑傳，源出清國史，載儒林傳上卷卷二七。

〔二〕寶琫非雲南昆明人，當依清國史作雲南羅平。

〔三〕咸豐二年還湘，不確。曾國藩撰唐確慎公墓誌銘，作「咸豐三年，乃自浙還湘」。傳主嗣子爾藻撰其父行述記之甚詳。作三年正月，由蘇至浙，意欲回楚。因南昌道梗，僑居武林暫爲息足。四年正月，啓程。途中，應邀主講白鹿洞書院。冬間，始抵長沙。故唐鑑還湘，當作咸豐四年冬。

〔四〕「易」字之前，尚脫一「讀」字，當作讀易反身錄。

清史列傳卷六十七

儒林傳上二

唐鑑

唐鑑，字鏡海，湖南善化人。父仲冕，（二）乾隆五十八年進士，由知縣官至陝西布政使。學有本原，為政務大體，不喜操切，而察吏懲奸，無稍姑息。母歿，葬肥城，嘗結廬墓側，教授岱下，撰岱覽三十二卷。又著陶山文錄、詩錄。年七十五卒。鑑，嘉慶十四年進士，改翰林院庶吉士，散館授檢討。二十三年，遷浙江道御史，疏劾湖南武陵知縣顧焜圻貪劣狀，一時稱快。坐論淮鹽引地吏議，鐫級，以員外郎降補。宣宗登極，詔中外大臣各舉所知。諸城劉鐶之薦鑑，出知廣西平樂府，擢安徽徽寧池太廣道，調江安糧道，擢山西按察使，調貴州按察使，擢浙江布政使，調江寧布政使，所至革陋規，不以一錢自污。守平樂，屢磔劇盜，境內肅然，安撫熟瑶，立五原學舍，延師教讀，瑶大悅。在江寧，拯災修廢，百度畢張。總督陶澍寢疾，鑑代行使院事，言者劾其發閣，上遣使按問，無左驗。内召為太常寺卿。海疆事起，鑑劾琦善、耆英等，直聲震天下。

生平學宗朱子，篤信謹守，無稍依違。及再官京師，倡導正學，蒙古倭仁、湘鄉曾國藩、六安吴廷棟、旌德呂賢基、昆明何桂珍、羅平竇垿皆從鑑問。鑑嘗語倭仁曰：「學以居敬窮理為宗，此外皆邪徑也。」又曰：「人知天之與我者至尊且貴，則我重物輕，便有不淫、不移、不屈氣象。」倭仁悚然，語國藩曰：「讀書有心得，不必輕言著述。」又曰：「經濟之學，即在義理内。」又曰：「檢攝於外，祇有整齊嚴肅四字；持守於内，祇有主一無適四字。」國藩謹誌其言。鑑以有明王學講良知，矜捷獲，足亂聖道藩籬，著國朝學案小識十五卷，以陸隴其、張履祥、陸世儀、張伯行四人為傳道，餘為翼道、守道，而以張沐等爲心宗，於孫奇逢亦致不滿。國藩、桂珍及堉皆爲後跋，後賢基復取其書進呈御覽，皆推服甚至。已至仕歸，主講金陵書院。咸豐元年，詔召入京，進對十五次，中外利弊無所不罄。進所著畿輔水利書，上嘉納焉。將起用，力辭以老，特旨褒美，賞加二品銜，令還江南。矜式多士。後居寧鄉善嶺山，深衣蔬食，泊然自怡。著朱子學案，以發紫陽之蘊。十一年卒，年八十四。又著有易牖〔三〕、讀易識、讀易反身録、讀禮小事記、四經指遺、四砭齋省身日課、平瑤紀略、朱子年譜考異及詩文集十卷。卒後，國藩爲上遺疏，賜謚確慎。倭仁、國藩官至大學士，廷棟、賢基官至侍郎，桂珍官至徽寧池太廣道，殉難死。皆自有傳。

校記：

〔二〕父仲晃，原誤作「仲父晃」，逕改。

〔三〕易牖、讀易識原誤作一書，逕改。

清史稿卷四百八十

儒林一

吳嘉賓 劉傳瑩

吳嘉賓，字子序，南豐人。道光十八年進士，改庶吉士，授編修。既通籍，尤究心當世利弊，嘗條陳海疆事宜，上嘉納焉。二十七年，緣事謫戍軍臺，尋釋回。咸豐初，以督團兵援郡城功，賞內閣中書。同治三年，於本邑三都墟口擊賊遇害，奉旨賜卹，並建專祠。

嘉賓學宗陽明，而治經守疏句釋，以求據依，非專言心學者。其要歸在潛心獨悟，力求自得。尤長於禮，成禮說二卷，自序云：小戴記四十九篇，列於學官，其高者蓋七十子之微言，下者乃諸博士所摭拾耳。宋以來，取大學、中庸與論、孟列為四書，世無異議。則多聞擇善，固有不必盡同者。余獨以禮運、內則、樂記、孔子閒居、表記諸篇，為古之遺言，備錄其文，以資講肄。其餘論說多者，亦全錄之，否則著吾說所以與鄭君別者，以備異同焉。易曰知崇禮卑，又曰謙以制禮。夫禮者，自卑而尊人。古之制禮者，上也，上之人能自卑，天下誰敢不為禮者？先王之禮，行於父子、兄弟、夫婦，養生送死之間，而謹於東西出入、升降辭讓、哭泣辟踊之節，使人明乎吾之喜怒哀樂，莫敢踰夫親疏、貴賤、長幼、男女之分。而其至約者，則在於安定其志氣而已。故曰禮樂不可斯須去身。樂者，動於內者也；禮者，動於外者也。夫禮樂不外乎吾身之自動，而奚以求諸千載而上不可究詰之名物象數也乎？其大旨蓋如此。他著有喪服會通說[三]四卷、周易說十四卷、書說四卷[四]、詩文集十二卷。與嘉賓同時而專力於學者，有劉傳瑩。

傳瑩[五]，字椒雲，漢陽人。道光十九年舉人，官國子監學正。始學考據，雜載於書冊之眉，旁求秘本鈎校，朱墨並下達旦不休。其治輿地，以尺紙圖一行省所隸之地，墨圍界畫，僅若牛毛。晨起指誦曰：此某縣也，於漢為某縣。此某府某州也，於漢為某郡國。凡三四日而熟一紙，易他行省亦如之。久之疾作，不良食飲。自以所業者繁雜無當於心，乃發憤歎曰：凡吾之所為學者何為也哉！舍孝弟取與之不講，而旁騖瑣瑣，不亦傎乎！於是取濂洛以下切己之說，以意時其離合而反復之。嘗語曾國藩曰：君子之學，務本專而已。吾與子散精神於讐校，費日力於文辭，僥倖於身後不知誰何者之譽。自今以往，可一切罷棄，各致內行，没齒無聞，誓不復悔。卒年三十一。病中為日記一編，痛自繩檢，遺令處分無憾。國藩嘗稱其湛深而敦厚，非其視不視，非其聽不聽，內志外體，一準於法，而所以擴充官骸之用，又將推極知識，博綜百氏，以求竟乎其量。世以為知言。朱子所編孟子要略，自來志藝文者皆不著於錄。傳瑩始於金仁山孟子集注考證內搜出之，復還其舊。

校記

〔一〕清史稿之吳嘉賓傳，源出清國史，載儒林傳上卷卷三一。

〔二〕據清國史，遇害之後，尚有「年六十二」四字。史稿刪此四字，致使傳主生年不可知。

〔三〕據清國史，「說」字衍，書名當作喪服會通。

〔四〕據清國史，傳主著述漏詩說四卷。

〔五〕清史稿之劉傳瑩傳，源出清國史，載儒林傳上卷卷二七，附見於朱文炑傳。傳瑩與嘉賓非一輩人，出處進退不同，學術宗尚各異，故清國史分別入傳，甚合史法。清國史此一編次，爲清史稿擅改，不倫不類。

〔六〕「專」字誤，當作「焉」。傳主告曾國藩語，本自國藩撰劉君墓誌銘，原文為「君子之學，務本焉而已。」清國史引作「君子之學，務本而已」，脱「焉」字不錄。清史稿改「焉」作「專」，讀為「君子之學務本，專而已」，文理不通。

〔七〕劉傳瑩卒於道光二十八年，年三十一，清國史記之甚確。史稿刪「二十八年」數字不錄，殊屬無理。

清史列傳卷六十七

儒林傳上二

吳嘉賓

吳嘉賓，字子序，江西南豐人。道光十八年進士，改翰林院庶吉士，散館授編修。嘉賓究心當世利病，嘗條陳海疆事宜，諭旨以非言官而言事，與禮部主事湯鵬同見嘉納。二十七年，緣事謫戍軍臺，越四年釋回。粵匪蔓延江楚，以防堵武陽，復新城、彭澤諸縣，及督團兵援郡城功，賞內閣中書，加侍讀銜。同治三年，賊犯南豐，率鄉兵戰三都墟口遇害，年六十二。奉旨賜卹，並建專祠。

嘉賓好學深思，學宗陽明，與蒙古倭仁、湘鄉曾國藩友善。嘗言：性是人之命根，與天呼吸相關處，此處一斷絕，便自棄其天，無以為人。倭仁稱其言。又言：聖人言保國、保天下，老氏言取國、取天下。吾道祇自守，老氏有殺機。國藩亦稱其言。治經字疏句釋，以求據依，其要歸於潛心獨悟，力求自得。尤長於禮，著禮說二卷，自序曰：宋以來，取大學、中庸與論、孟列為四書，世無異議。余獨以禮運、內則、樂記、孔子閒居、表記諸篇，為古之遺言，備錄其文，以資講肄。其餘論說多者，亦全錄之。先王之禮，行於父子、兄弟、夫婦，養生送死之間，而謹於東西出入、升降辭讓、哭泣辟踊之節，使人明乎吾之喜怒哀樂，莫敢踰夫親疏、貴賤、長幼、男女之分。而其至約者，則在於安定其志氣而已。故曰禮樂不可斯須去身。樂者動於內者也，禮者動於外者也。禮樂不外吾身之自動，而奚以求諸千載而上不可究詰之名物象數也乎？其大旨如此。又著喪服會通四卷，謂先王之制有時而易，人道則無易。喪服者人道也，苟觀其會通，則先王之道雖欲稍為損益，其於吾心必有愀然不安者。他著有周易說十四卷，書說四卷，詩說四卷，求自得之室文鈔十二卷、《尚絅廬詩存》二卷。

劉傳瑩

劉傳瑩字椒雲，湖北漢陽人。道光十九年舉人，官國子監學正。少讀顧炎武、江永書，慨然以通經史立功業為志。尤熟於胡渭、閻若璩方輿之學，凡字書、音韻、天文、推算、古文家之説，皆剌取大旨，日夜鈎稽不懈。久之疾作，自以所業繁雜，無當身心，欲追古為己之學，乃反覆濂、洛以下書，綜覈於倫常日用之地，而尤以辭受取與為初基。語其友湘鄉曾國藩曰：「君子之學，務本而已。吾與子斂精神於讐校，費日力於文詞，徼倖身後不知誰何之譽。自今以後，可一切罷棄，各敦内行，沒齒無聞，誓不復悔。」遂移疾歸養，家居授徒。著《明性》、《明教》、《明治》三篇，以詔學者。首言人之所以異於禽獸，以其得性命之正而已。性命之實，著於五倫，愚不肖者日用而不知賢知之過又好高而失實此所以違禽獸不遠也中言二帝三王之立教皆以明倫學校之勸懲朝廷之舉措悉不外是是以其時風俗醇厚三代而下惟漢置孝弟力田科舉孝廉方正猶存此意故其風俗近古自唐以後專以詩賦帖經取士不復知先王立學本意士苟長於詞章記誦則雖不孝不友無禮無義皆可以掇巍科取高位無怪乎風俗薄惡而兇荒盜賊不絶於史策也終謂帝王之治通乎神明光於四海不過盡人倫之實推之天下使各盡其實而已後世不乏有志治平之士或徒以事功爲意而忽於家室彝倫之近亦見其推之無本行則必躓而已矣傳瑩繼娶鄧其父賸以財數千金不樂盡反之二十八年卒年三十一國藩稱其湛深敦厚內志外體一準於法世以爲知言朱子所編孟子要略久佚不傳傳瑩於金履祥孟子集注考證中輯出復還其舊國

藩爲校刊之。桐城方宗誠，復編其遺集爲四卷。

校記

〔一〕劉傳瑩傳，原附見於朱文炑傳。

清史稿卷四百八十

儒林一

劉熙載

劉熙載，字融齋，興化人。十歲喪父，哭踊如禮。道光二十四年進士，改庶吉士，授編修。咸豐二年，命直上書房，與大學士倭仁以操尚相友重，論學則有異同。倭仁宗程朱，熙載則兼取陸王，以慎獨主敬為宗，而不喜學蔀通辨以下掊擊已甚之談。文宗嘗問所養，對以閉戶讀書。御書性靜情逸四大字賜之。以病乞假，巡撫胡林翼特疏薦。同治三年，徵為國子監司業，遷詹事府左春坊左中允，督學廣東。作懲忿窒欲、遷善改過四箴訓士，謂士學聖賢，當先從事於此。所至蕭然如寒素。未滿任乞歸，襆被蔽書而已。

熙載治經，無漢宋門戶之見。其論格物，兼取鄭義。論毛詩古韻，不廢吳棫叶音。讀爾雅釋詁，至卬吾台予以為四字能攝一切之音，以推開齊合撮，無不如矢貫的。又論六書中較難知者，莫如諧聲、疊韻、雙聲，皆諧聲也。許叔重時雖未有疊韻、雙聲之名，然河、可疊韻也，江、工雙聲也。孫炎以下切音，下一字為韻，取疊韻，上一字為母，取雙聲。蓋開自許氏。又作天元正負歌，以明加減乘除相消開方諸法。生平於六經子史及仙釋家言，靡不通曉，而一以躬行為重。嘗戒學者曰：「真博必約，真約必博。」又曰：「才出於學，器出於養。」又曰：「學必盡人道而已。士人所處，無論窮達，當以正人心、維世道為己任，不可自待菲薄。平居嘗以『志士不忘在溝壑』、『遯世不見知而不悔』二語自勵，自少至老，未嘗作一妄語，表裏渾然，夷險一節。」主講上海龍門書院十四年，以正學教弟子，有胡安定風。著持志塾言二卷，篤近切實，足為學者法程。光緒七年卒，年六十九。又有藝概六卷，四音定切四卷，說文雙聲二卷，說文疊韻二卷，昨非集四卷。

校記：

〔一〕清史稿之劉熙載傳，源出清國史載儒林傳上卷卷三二。

〔二〕清制庶吉士散館，方可授官。據清國史，「授編修」之前，尚有「散館」二字。史稿刪此二字，不妥。

〔三〕「乞假」二字，依清國史，當作「歸里」。

〔四〕依清國史，「必」字當作「以」。而傳主著持志塾言，則作「求」。

清史列傳卷六十七

儒林傳上二

劉熙載

劉熙載，字融齋，江蘇興化人。十歲喪父，哭踴如禮。道光二十四年進士，改翰林院庶吉士，散館授編修。咸豐二年，入直上書房，與故大學士倭仁以操尚相友重，論學則有異同。倭仁宗程、朱，熙載兼取陸、王，以慎獨主敬為宗，而不喜學蔀通辨以下掊擊已甚之談。上嘗問所養，對以閉戶讀書，御書「性靜情逸」四大字賜之。以病歸里。巡撫胡林翼特疏薦熙載貞介絕俗，同治三年，徵為國子監司業，遷左中允，督學廣東，作懲忿窒慾遷善改過四箴，訓士，謂士學聖賢，當先從事於此。所至蕭然如寒素，未滿任乞歸，襆被簏書而已。

熙載治經，無漢、宋門戶之見，其論格物，兼取鄭義，論毛詩古韻，不廢吳棫叶音。讀爾雅釋詁，至卬、吾、台、予，以為四字能攝一切之音，以推開、齊、合、撮，無不如矢貫的。又論六書中較難知者，莫如諧聲、疊韻、雙聲，皆諧聲也。許叔重雖未有疊韻、雙聲之名，然河、可疊韻也，江、工雙聲也。孫炎以下切音，下一字為韻，取疊韻；上一字為母，取雙聲。蓋開自許氏。又作天元正負歌，以明加減乘除相消開方諸法。生平於六經子史及仙釋家言，靡不通曉，而一以躬行為重。嘗戒學者曰：「真博必約，真約必博。」又曰：「才出於學，器出於養。」又曰：「學以盡人道而已。士人所處，無論窮達，當以正人心、維世道為己任，不可自待菲薄。」平居嘗以「志士不忘在溝壑」「遯世不見知而不悔」二語自勵，自少至老，未嘗作一妄語。主講上海龍門書院十四年，以正學教弟子，有胡安定風。著持志塾言二卷，篤近切實，足為學者法程。又有藝概六卷，四音定切四卷，說文雙聲二卷，說文疊韻二卷，昨非集四卷。光緒七年卒，年六十九。

校記：

〔一〕「墊」字，原誤作「熱」，據清國史改。

清史稿卷四百八十

儒林一

朱次琦

朱次琦[一]，字九江[二]，南海人。道光二十七年進士，分發山西，攝襄陵縣事[三]。引疾歸[四]。次琦生平論學，平實敦大，嘗論漢之學，鄭康成集之；宋之學，朱子集之。朱子又即漢學而精[五]之者也。宋末以來，殺身成仁之士，遠軼前古，皆朱子力也。然而攻之者互起，有明姚江之學，以致良知為宗，則攻朱子以[六]格物；乾隆中葉至於今日，天下之學，以考據為宗，則攻朱子以[七]空疏。一朱子也，攻之者又[八]矛盾，烏乎！古之言異學也[九]，畔之於道外，而孔子之道隱；今之言漢學、宋學者，咻之於道中，而孔子之道歧。果其修行讀書，蘄之[十]於古之實學，無漢學，無宋學也。凡示生徒，修行之實四，曰敦行孝弟，曰崇尚氣節，曰變化氣質，曰檢攝威儀；讀書之實五，曰經學，曰史學，曰掌故之學，曰性理之學，曰詞章之學。一時咸推為人倫師表云。

官襄陵時，縣有平水，與臨汾縣分溉田畝，居民爭利，構獄數年不決。次琦至，博詢訟端，則豪強壟斷居奇，有有水無地者，有有地無水者，有地無水者，向無買水券，予之地，弗予之水。有水無地者，向有買水券，雖無地，得以市利。於是定以地隨糧，以水隨地之制。又會臨汾縣知縣，躬親履畝，兩邑田相若，稅相值也。迺定平水為四十分，縣各取其半。復於境內設四綱維持之，曰水則，曰用人，曰行水，曰陡門。實行〔十二〕水田三萬四百畝有奇，邑人立碑頌之。繫囚趙三不稜，劇盜也，越獄逃。次琦未抵任，先出重貲購知其所適，亟假郡捕，前半夕疾馳百二十里，至曲沃郭南，以俟。盜衆方飲酒家，役前持之，忽樓上下百炬齊明，則赫然襄陵縣鐙也，乃伏地就縛。比縣人迎新尹，尹已尺組繫原賊入矣，遠

近以為神。每行縣，所至村循姁姁，老稚迎笑。有遮訴者，索
木椅在道與決，能引服則已，恆終日不答一人。其他頌讀
書日程，創保甲，追社倉二萬石，禁火葬，罪同姓婚，除狼患，
卓卓多異政。在任百九十日，民俗大化。先是南方盜起，北
至揚州，次琦猶在襄陵，謂宜綢繆全晉，聯絡關隴，為三難
五易、十可守、八可征之策，大吏不能用。[十二]
居家，時稱說浦江鄭氏、江州陳氏諸義門，及朝廷捐
產準旌之例，[十三]由是宗人捐產贍族，合金數萬。次琦呈請立
案，為變通范氏義莊章程，設完課、祀先、養老、勸學、矜恤孤
寡諸條，刊石世守之。同治元年，與同邑徐台英奉旨起用，
次琦竟不出。[十四]光緒七年，賞五品卿銜，逾數月卒。[十五]著有國朝
名臣言行錄、五史實徵錄、晉乘、國朝逸民傳、性學源流、蒙
古聞見等書。疾革，盡焚之，僅存手輯朱氏傳芳集五卷，撰
定南海九江朱氏家譜十二卷、大雅堂詩集一卷、燼餘集

一卷，彙中集一卷。

校記

〔一〕清史稿之朱次琦傳，源出清國史，載循吏傳卷八。史稿調整布局，改而入儒林傳。循吏之與儒林，類傳各異，所記傳主生平及學行，自然不同。清國史重在記朱次琦之循良治績，故其傳文先述攝襄陵之諸多善政，繼以引疾告歸之緣由，隨後再記講學九江鄉之二十餘年學行。層次清晰，渾然一體。史稿既以述次琦學行為重，理當全盤統籌，精心布局。然祇是簡單改換行文次第，匆匆成篇，甚至刊落舊傳述傳主晚年學行之重要文字，以致失去置朱次琦於儒林傳之依據。

〔二〕字九江，不確。據傳主門人簡朝亮撰朱九江先生傳及朱九江先生年譜，次琦字稚圭，一字子襄，咸豐三年春，在晉引疾辭官。五年夏，返鄉。七年以後，居南海九江鄉講學，不入城市，自此始稱九江先生。

（三）攝襄陵縣事，據上引年譜，始於咸豐二年七月二十日，三年二月八日離任，在任一百九十日。清國史據以入傳，甚是。史稿刪咸豐二年四字，致使傳主攝襄陵縣事時間不明。

（四）引疾歸，究竟確實患病，還是借病辭官？區區三字，讀者無從知曉。據清國史所記，乃係借故引疾，史稿無視前因後果，將緣由後移，而獨留此三字，致使首尾失顧。又引疾去後，清國史原有如下文字：「歸則講學九江鄉，生徒百數十人，晉省弟子亦有來學者，足不入城市，有後朱子之稱。」史稿次琦傳刪此三十餘字，實爲一重大失誤。

（五）史稿引述傳主論學語，出自朱九江先生年譜咸豐八年、五十二歲條。「精」字不確，當作「稽」。

〔六〕「以」字係史稿擅改，當作「之」。

〔七〕「以」字亦係史稿所改，當作「爲」。

〔八〕「又」字不確，清國史作「乃」，亦不確，當作「乃相」。

〔九〕「也」字不確，清國史同，當作「者」。

〔十〕「之」字誤，當作「至」。清國史不誤。

〔十一〕「行」字誤，依清國史，當作「得」。

〔十二〕自「先是南方盜起」，至「大吏不能用」，此四十餘字，係清國史所記傳主引疾去之緣由。史稿割裂因果，致使前後失據。

〔十三〕「準」字誤，當作「准」。

〔十四〕據清國史，「出」字之前，尚脫一「復」字。

〔十五〕據前引朱九江先生年譜，次琦卒於光緒七年十二月十九日，終年七十有五。

清史列傳卷七十六

循吏傳三

朱次琦

朱次琦，廣東南海人。道光二十七年進士，分發山西。咸豐二年，攝襄陵縣事。縣有平水，與臨汾縣分溉田畝，居民爭利構獄，數年不決。次琦至，博詢訟端，則强豪壟斷居奇，有有水無地者，有有地無水者，有也無水者。向無買水券，予之地，弗予之水；有水無地者，向有買水券，雖無地，得以市利。於是定以地隨糧、以水隨地之制。又會臨汾縣知縣，躬親履畝，兩邑田相若，稅相直也，迺定平水爲四十分，縣各取其半，復於境內設四綱維持之，曰水則，曰用人，曰行水，曰陡門，實得水田三〔一〕萬四百畝有奇。邑人立碑頌之。繫囚趙三不稜，劇盜也，越獄逃。次琦未抵任，先出重貲購知其所適，亟假郡捕，前半夕疾馳百二十里，至曲沃郭南以俟。盜衆方飲酒家，役前持之，急樓上下百炬齊明，則赫然襄陵縣燈也，適伏地就縛。比縣人迎新尹，尹已尺組繫原賊入矣。遠近以為神。河東歲患狼，次琦募獵户捕之，無獲。乃檄禱西山神祠，天忽大霧，旬日，人得蹤獸所出沒，攢火槍擊之，無脫者。半月，得狼百有奇，患遂絕。

每行縣，所至拊循姁姁，老稚迎笑。有遮訴者，索木倚在道與決，能引服則已，恆終日不笞一人。其他頒讀書日程，創保甲，追社倉二萬石，禁火葬，罪同姓為婚，卓卓多異政。在任百九十日，民俗大化。其去也，攀留萬人，至門陁橋折，為立主祀之鄧伯道祠，後別建朱使君祠，春秋報祀弗絕。先是南方盜起，北至揚州，次琦猶在襄陵，謂宜綢繆全晉，聯絡關隴，為三難、五易、十可守、八可征之策，大吏不能用，遂引疾去。

歸則講學九江鄉，生徒百數十人，晉省弟子亦有來學者足不入城市，有後朱子之稱。時稱說浦江鄭氏、江州陳氏諸義門，及朝廷捐產准旌之例，由是宗人捐產贍族，合金數萬。次琦呈請立案，為變通范氏義莊章程，設完課、祀先、養老、勸學、恤孤寡諸條，刊石世守之。同治元年，與同邑徐台英奉旨起用，次琦竟不復出。光緒七年，兩廣總督張樹聲、巡撫裕寬疏其學行，特賞五品卿銜。逾數月，卒。

次琦生平論學，平實敦大，嘗論：「漢之學，鄭康成集之；宋之學，朱子集之。朱子又即漢學而精之者也。宋末以來，殺身成仁之士，遠軼前古，皆朱子力也。然而攻之者互起，有明姚江之學，以致良知為宗，則攻朱子以格物；乾隆中葉至於今日，天下之學以考據為宗，則攻朱子以空疏。一朱子也，攻之者乃矛盾。嗚呼！古之言異學也，畔之於道外，而孔子之道隱；今之言漢學、宋學者，咻之於道中，而孔子之道歧。果其修行讀書，蘄至於古之實學，無漢學，無宋學也。凡示生徒，修行之實四，曰敦行孝弟，曰崇尚氣節，曰變化氣質，曰檢攝威儀。讀書之實五，曰經學，曰史學，曰掌故之學，曰性理之學，曰詞章之學。一時咸推為人倫師表云。著有國朝名臣言行錄、五史實徵錄、晉乘、國朝逸民傳、性學源流、蒙古聞見等書。疾革，盡焚之，僅存手輯朱氏傳芳集五卷、譔定南海九江朱氏家譜十二卷、大雅堂詩集一卷、燔餘集一卷、槖中集二卷。

校記：

〔二〕「三」字原脫，據清國史朱次琦傳補。

清史稿卷四百八十

儒林一

成孺

成孺原名蓉鏡，字芙卿，寶應人。附生。性至孝，父歿，三日哭，氣絶而復甦者再。授經養母，歲歉，饘鬻或弗繼，母所御必精鑿，事母垂六十年，起居飲食之節，有禮經所未嘗言，而以積誠通之者。早邃經學，旁及象緯、輿地、聲韻、字詁，靡不貫徹。於金石審訂尤精確，久之，寖饋儒先諸書，益有所得。取紫陽日用自警詩，以味真腴顏其居，自號曰心巢。

孺於漢、宋兩家，實事求是，不爲門户之見，嘗曰：爲己，則治宋學真儒也，治漢學亦真儒；爲人，則治漢學僞儒也，治宋學亦僞儒。又曰：義理，論語所謂識大是也，考證，識小是也。莫不有聖人之道焉。事父事君，識大也。多識鳥獸草木之名，識小也。皆詩教所不廢，然不可無本末輕重之差，湖南學政朱逌然延主校經堂(三)，獨立學程，設博文、約禮兩齋，湘中士大夫爭自興於學。著有禹貢班義述三卷，據地志解禹貢，於今古文之同異及鄭注與班偶殊者，一一辨證，即有不合，亦不曲護其非。尚書曆譜二卷，以殷曆校殷，周曆校周，從違以經爲斷。又考太初曆即三統，爲太初曆譜一卷，春秋日南至譜一卷。又有切韻表五卷，二百有六表，分二呼而經以四等，緯以三十六母，審辨音聲，不容出入。晚年著述，一以朱子爲宗，所編我師錄、困勉記、必自錄、庸德錄、東山政教錄(四)，又有國朝學案備忘錄一卷、國朝師儒論略一卷、經義駢枝四卷、五經算術(五)二卷、步算釋例六卷、文錄九卷(六)。

校記：

(二)清史稿之成孺傳源出清國史，載儒林傳上卷卷

三二

〔三〕成孺既以江淮大儒而入儒林傳，然何以僅以縣學生而終老？清國史與清史稿於此皆無隻字說明。據傳主弟子馮煦清故寶應縣學生成先生墓誌銘所述，成孺三十後遂絶科舉，不忍一日去母也。惜此語竟爲史館刪而不録。

〔三〕成孺一傳，通篇無一語明記傳主生活之年代。如此修史，何以知人論世？而唯一可憑以考證年代的主講長沙校經堂，清史稿及清國史之所記又失之不確。據馮煦所撰成先生墓誌銘及成先生行狀，其師主講長沙校經堂，爲長沙校經堂學程一卷，乃光緒六年事。而朱逌然任湖南學政事在光緒二年至四年，其後之五六兩年皆係陶方琦督學湘中。

〔四〕東山政教録後，清國史尚有「體用兼備」四字，清史列傳則有「下學上達，體用兼備」八字。依上下行文，自以八字為確。清史稿擅刪此八字，致使語意斷裂。如此之失誤，斷非當年撰稿專家之史筆。

〔五〕「五經算術」書名不全。據馮煦成先生行狀，當作「五經算術補注」。

〔六〕傳主生卒及享年，本有可依，而史稿棄而不記，不妥。據前引墓誌銘，成孺生嘉慶二十一年九月十九日，卒光緒九年十二月初九日，年六十有八。

清史列傳卷六十七

儒林傳上二

成孺

成孺原名蓉鏡，字芙卿，江蘇寶應人。諸生。性至孝，父歿，三日哭，氣絕而復蘇者再。授經養母，凡數歲，麤糲或弗繼，母所御必精鑿。又懼傷母心，輒戒家人具槃盂於堂，若會食然。母苦嗽，寒夜尤劇，孺屏息牖戶外，廉其哀數而調劑之，或至申旦。事母垂六十年，起居飲食之節，有禮經所未嘗言，而以積誠通之者。早邃經學，旁及象緯、輿地、聲韻、字詁，靡不貫徹。於金石審定尤精確。久之，寢饋儒先書，益有所得。取紫陽日用自警詩以味真腴顏其居，自號曰心巢。

孺於漢、宋兩家，實事求是，不為門戶之見。嘗曰：為己，則治宋學真儒也，治漢學亦真儒。為人，則治漢學偽儒也，治宋學亦偽儒。又曰：義理，論語所謂識大是也；考證，識小是也。莫不有聖人之道焉。事父事君，識大也。多識鳥獸草木之名，識小也。皆詩教所不廢，然不可無本末輕重之差。湖南學政朱逌然延主校經堂，獨立學程，設「博文約禮」兩齋，湘中士人爭自興學。著有禹貢班義述三卷，據地志解禹貢，於今、古文之同異，及鄭注與班偶殊者，一一辨證，即有不合，亦不曲護其非。尚書曆譜二卷，以殷曆校殷周曆校周，從違以經為斷。又考太初曆即三統，為太初曆譜一卷，春秋日南至譜一卷。又有切韻表五卷，二百有六表，分二呼而經以四等，緯以三十六母，審辨音聲，不容出入。晚年著述，一以朱子為宗，所編我師錄、困勉記、必自錄、庸德錄、論語論仁釋、明明德解義、太極衍義、東山政教錄、下學上達，體用兼備。又有國朝學案備忘錄一卷，國朝師儒論略一卷，經義駢枝四卷，五經算術二卷，步算釋例六卷，文錄九卷，詩錄一卷，宋書州郡志校記一卷，唐詩可興集六卷，寶應儒林事略一卷，寶應文苑事略一卷，成氏先德傳一卷。

子肇麐，舉人，直隸靈壽知縣，庚子殉難，諡恭恪，列忠義傳。門弟子甚衆，同邑姚江，曲阜孔廣牧，金壇馮煦皆有著述傳其學。

校記：

〔二〕「詩」字原誤作「師」，據清國史改。

清史稿卷四百八十

儒林一

邵懿辰 高均儒 伊樂堯

邵懿辰，字位西，仁和人。性峭直，能文章，以名節自厲。於近儒尤慕方苞、李光地之學。道光十一年舉人，授內閣中書。久官京師，因究悉朝章國故，與曾國藩、梅曾亮、朱次琦數輩遊處，文益茂美。折節造請高才秀士，有不可，面折之，不為朋黨。志量恆在天下。洊升刑部員外郎，入直軍機處。大學士琦善以妄殺熟番下獄，發十九事難之。粵亂作，賽尚阿出視師，復上書次輔祁寯藻，力言不可者七端。時承平久，京朝官率雍容養望，懿辰獨無媕阿之習，一切持古義相繩責，由是諸貴人憚之，思屏於外。會粵賊陷江寧，京師震動，乃命視山東河工。未行，復命偕少詹事王履謙巡防河口。咸豐四年，坐無效鐫職。既罷歸，則大覃思經籍。

著尚書通義、禮經通論、孝經通論（五），頗採漢學考據家言，而
要以大義為歸。

十年，賊陷杭州，以奉母先去，獲免。母卒，既葬，返杭州。
賊再至，則攜妻子出，獨留與巡撫王有齡登陴固守。十一
年，城陷，死之。時（六）國藩督師江南，聞而歎曰："嗟乎！賢者之處
患難，親在則出避，親歿則死之，義之至衷者也。"乃迎致其
妻子安慶。先是，懿辰以協防杭州，復原官，死事聞，贈道銜，
祀本省昭忠祠。其所著書遭亂亡佚，長孫章輯錄之，為半
巖廬所著書共三十餘卷。懿辰之友同里伊樂堯、秀水高
均儒皆知名。

均儒（七），字伯平，廩貢生。性狷介，嚴取與之節，治三禮，主
鄭氏，尤服膺宗儒，見文士蕩行檢者，則絕之如讐，人苦其
難近。著續東軒集。

樂堯（八），字遇羹，咸豐元年舉人，學術宗尚與懿辰同，值

寇亂，猶齎證經義危城中。城破，同殉節死。〔九〕

校記：

〔一〕清史稿之邵懿辰傳，源出清國史，載儒林傳上卷卷二九，復取曾國藩邵位西墓誌銘而成。

〔二〕史稿述邵氏學術宗尚，先方苞而後李光地，不妥。清國史作「論學宗朱子，經學宗李光地，文宗方苞」，國藩墓誌則作「位西之學，初以安溪李文貞公、桐城方侍郎為則」。

〔三〕朱次琦之「次」字，係史稿誤增，當作朱琦。琦為廣西臨桂人；次琦則廣東南海人。與懿辰友者乃朱琦，次琦為官山西，無從為友。

〔四〕「大覃思經籍」語出前述曾氏所撰墓誌。「冠大」字於「覃思經籍」前，頗生僻。故清國史據曾氏文立懿辰傳，棄「大」字不用，甚是。史稿盲目復曾文之舊，殊不可取。

〔五〕「孝經通論」，據曾氏墓誌，「論」字當作「義」，亡佚。

〔六〕據清國史，懿辰卒年明確記爲「五十二」。史稿刪而不録，失當。

〔七〕清史稿之高均儒傳，源自吳昆田撰高君伯平行狀。

〔八〕清史稿之伊樂堯傳，源出清國史，載儒林傳上卷，卷二九，附見於方坰傳。

〔九〕「城破，同殉節死」，不確。依清國史，伊樂堯係以寒餓死於山中。國史憑以成文之方宗誠撰伊孝廉傳，於此記之最確：「十一年冬十一月，賊再陷杭州，數受賊刃不屈。奉繼母出，乞食山中，安貧守約，不改其素志。同治元年正月十九日，竟以寒餓致疾卒，年五十有三。」

清史列傳卷六十七

儒林傳上二

邵懿辰 伊樂堯

邵懿辰，字位西，浙江仁和人。道光十一年舉人，考取內閣中書，洊陞刑部員外郎，入直軍機處。性戇直，大學士琦善以枉殺熟番案入獄，懿辰擬十九事將詰問，或忌之，撤懿辰名，使不得與為問官。大學士賽尚阿視師廣西，懿辰復手書七不可上執政諍之，由是齃焉，不得安其位。咸豐四年，坐濟寧防河無效，罷歸。歸後家居養親，覃思經籍。論學宗朱子，經學宗李光地，文宗方苞，不喜漢學家言，與上元梅曾亮、臨桂朱琦遊處，尤與湘鄉曾國藩為石交。十年，髮逆陷杭州，懿辰奉母先去，得無恙。母歿，既葬，賊再至，懿辰與巡撫王有齡固守城中，朝夕策戰備，暇則偕同里伊樂堯窮經不懈。十一年，城陷，罵賊死，年五十二。所著書多散佚，有禮經通論，位西遺稿一卷。其忱行錄一卷，論家國天下之道，尤有概乎言之。

樂堯字遇羹，咸豐元年舉人。按察使段光清入覲，文宗問杭通經學古之士，以樂堯對，上稱歎久之。十一年，髮匪陷杭州，奉繼母出，乞食山中，踰年，竟以寒餓死。

清史稿卷四百八十一

儒林二

顧炎武

顧炎武〔一〕字寧人，原名絳，崑山人。明諸生。生而雙瞳，中白，邊黑。讀書目十行下。見明季多故，講求經世之學。明南都亡〔二〕，奉嗣母王氏避兵常熟。崑山令楊永言起義師，炎武及歸莊從之，魯王授為兵部司務〔三〕，事不克，幸而得脫。母遂不食卒，誡炎武弗事二姓。唐王以兵部職方郎召，母喪未赴，遂去家不返〔四〕。炎武自負用世之略，不得一遂，所至輒小試之。墾田於山東長白山下，畜牧於山西雁門之北、五臺之東，累致千金〔五〕。遍歷關塞，四謁孝陵，六謁思陵，始卜居陝之華陰。謂〔六〕秦人慕經學，重處士，持清議，實他邦所少。而華陰綰轂關、河之口，雖足不出戶，亦能見天下之人，聞天下之事。一旦有警，入山守險，不過十里之遙。若有志四方，則一出關門，亦有建瓴之便，乃定居焉。

生平精力絕人，自少至老，無一刻離書。所至之地，以二騾二馬載書，過邊塞亭障，呼老兵卒詢曲折，有與平日所聞不合，即發書對勘。或平原大野，則於鞍上默誦諸經注疏。嘗與友人論學云：「百餘年來之爲學者，往往言心言性，而茫然不得其解也。命與仁，夫子所罕言；性與天道，子貢所未得聞。性命之理，著之易傳，未嘗數以語人。其答問士則曰『行己有恥』；其爲學則曰『好古敏求』；其告哀公明善之功，先之以博學。顏子幾於聖人，猶曰『博我以文』；自曾子而下，篤實無如子夏，言仁則曰『博學而篤志，切問而近思』。今之君子則不然，聚賓客門人數十百人，與之言心言性，舍多學而識以求一貫之方，置四海之困窮不言，而講危微精一，是必其道高於夫子，而其弟子之賢於子貢也。孟子一書，言心言性亦諄諄矣，乃至萬章、公孫丑、陳代、陳臻周霄、彭更之所問，與孟子之所答，常在乎出處、去就、辭受、取與之間。是故性也、命也、天也，夫子之所罕言，而今之君子之所恆言也。出處、去就、辭受、取與之辨，孔子、孟子之所恆言，而今之君子之所罕言也。愚所謂聖人之道者如之何？曰：博學於文，〔八〕行己有恥。自一身以至於天下國家，皆學之事也。自子臣弟友以至出入、往來、辭受、取與之間，皆有恥之事也。士而不先言恥，則為無本之人；非好古多聞，則為空虛之學。以無本之人而講空虛之學，吾見其日從事於聖人而去之彌遠也。

炎武之學，大抵主於斂華就實。凡國家典制、郡邑掌故、天文儀象、河漕兵農之屬，莫不窮原究委，考正得失，撰天下郡國利病書百二十卷，別有肇域志一編，則考索之餘，合圖經而成者。精韻學，撰音論三卷。言古韻者，自明陳〔九〕第雖創闢榛蕪，猶未邃密。炎武乃推尋經傳，探討本原。又詩本音十卷，其書主陳第詩無協韻之說，不與吳棫本音爭，亦不用棫之例，但即本經之韻互考，且證以他書，明古音原作是讀，非由遷就，故曰本音。又易音三卷，即周易以求古音，考證精確。又唐韻正二十卷，古音表二卷，韻補正一卷，皆能追復三代以來之音，分部正帙，而知其變。又撰金石文字記，求古錄，與經史相證。而日知錄三十卷，尤為精詣之書，蓋積三十餘年而後成，其論治綜覈名實，於禮教尤兢兢，謂風俗衰，廉恥之防潰，由無禮以權之，常欲以古制率天下。炎武又以杜預左傳集解時有闕失，作杜解補正三卷。其他著作有二十一史年表，歷代帝王宅京記，營平二州地名記，昌平山水記，山東考古錄，京東考古錄，譎觚，菰中隨筆，亭林文集，詩集等書，並有補於學術世道。

清初稱學有根柢者，以炎武為最，學者稱為亭林先生。又廣交賢豪長者，虛懷商榷，不自滿假，作廣師篇云：學究天人，確乎不拔，吾不如王寅旭。讀書為己，探賾洞微，吾不如楊雪臣。獨精三禮，卓然經師，吾不如張稷若。蕭然物外，自得天機，吾不如傅青主。堅苦力學，無師而成，吾不如李中孚。險阻備嘗，與時屈伸，吾不如路安卿。博聞強記，群書之府，吾不如吳志伊[十三]。文章爾雅，宅心和厚，吾不如朱錫鬯。好學不倦，篤於朋友，吾不如王山史。精心六書，信而好古，吾不如張力臣。至於達而在位，其可稱述者亦多有之，然非布衣之所得議也。」

康熙十七年，詔舉博學鴻儒科，又修明史，大臣爭薦之，以死自誓。二十一年卒，年七十。無子，吳江潘耒敘其遺書行世。宣統元年[十四]，從祀文廟。

校記：

[一] 清史稿之顧炎武傳，源出清國史，載儒林傳下卷

卷一復采全祖望亭林先生神道表而成

〔二〕明南都亡不確據傳主常熟陳君墓誌銘崇禎十七年余在吳門聞京師之報人心兇懼余乃奉母避之常熟之語濂涇文中之崇禎十七年即清順治元年是年三月明亡五月福王立南京政明年為弘光翌年五月弘光政權亡故而此處之南都二字當删應作明亡

〔三〕魯王授為兵部司務不確據張穆顧亭林先生年譜崇禎十七年三十二歲條崑山令楊君永言應南都詔列薦先生名於行朝詔用為兵部司務故此處之魯王誤當作福王

〔四〕遂去家不返何時去家緣由何在讀此傳茫然不知據前引年譜炎武母於順治二年絕食卒而其去家北走已是順治十四年十二年間家難打擊通海舉報豪紳迫害凡此種種竟無隻字述及未免疏略太甚尤為不可

解者，相關緣由，清國史炎武傳本已略有述及，言之有據，史稿卻棄而不錄，以致釀成傳主生平之一大空白。

〔五〕「累致千金」，語出全祖望亭林先生神道表，惟所言無據，乃屬揣測，故清國史未予采錄。清史稿獨信其所不當信，疑其所不當疑，實不可取。

〔六〕此段引文，出亭林文集卷四與三姪書。史稿未盡尊重古人，將文中之「實與他省不同」，擅改為「實他邦所少」。

〔七〕此段引文，出亭林文集卷三與友人論學書。清國史與清史稿所引大體相同，惟史稿於「而其弟子之賢於子貢也」下，脫「我弗敢知也」五字，與傳主所論遂南轅北轍。

〔八〕「博學於文」下，尚脫一「曰」字。當作「曰博學於文，曰行己有恥」。

〔九〕「自明陳第」文意不全，據清國史，「自」之前，尚脫一「始」字。

〔十〕日知録三十卷，誤。當作三十二卷。

〔十一〕「權」字，係史稿改。依清國史，當作「維」。

〔十二〕「譎觚」，不確。當作「譎觚十事」。

〔十三〕廣師篇，出亭林文集卷六。「吳志伊」，當作「吳任臣」。

〔十四〕據清德宗實録卷五九六，顧炎武獲准從祀文廟，事在光緒三十四年九月二日。

清史列傳卷六十八

儒林傳下一

顧炎武

顧炎武，初名絳，字寧人，江南崑山人。生而雙瞳子，中白邊黑，讀書一目十行。年十四，為諸生，耿介絕俗，與同里歸莊善，時有歸奇顧怪之目。見明季多故，棄舉業，講求經世之學。炎武三世俱為顯宦，母王氏守節孝於姑，明亡，不食卒。叛僕陸恩見炎武家中落，欲告炎武通海。炎武沉之水，僕婿投里豪，復訟之，繫奴家，危甚。會曲周路澤農救之，得免。遂去之山東，墾田長白山下。復北歷關塞，墾田於雁門之北、五臺之東。後客淮安，萊州黃氏有獄，詞連炎武，乃赴山東聽勘，富平李因篤營救之，獄始白。

生平精力絕人，自少至老，無一刻離書。所至之地，以二騾二馬載書，過邊塞亭障，呼老兵卒詢曲折。有與平日所聞不合，即發書對勘。或平原大野，則於鞍上默誦諸經注疏。嘗謂經學即理學。自有舍經學以言理學者，而邪說以起。不知舍經學，則其所謂理學者，禪學也。於同時諸人，雖以苦節推孫奇逢、李顒，以經世之學推黃宗羲，而論學則皆不合。其與友人論學云：百餘年來之為學者，往往言心言性，而茫然不得其解也。命與仁，夫子所罕言；性與天道，子貢所未得聞。性命之理，著之易傳，未嘗數以語人。其答問士，則曰行己有恥；其為學，則曰好古敏求；其告哀公明善之功，先之以博學。顏子幾於聖人，猶曰博我以文。自曾子而下，篤實無如子夏，言仁，則曰博學而篤志，切問而近思。今之君子則不然，聚賓客門人數十百人，與之言心言性，舍多學而識以求一貫之方，置四海之困窮不言，而講危微精一。是必其道高於夫子，而其弟子之賢於子貢也。我弗敢知也。孟子一書，言心言性亦諄諄矣，乃至萬章、公孫丑陳代陳臻周霄彭更之所問與孟子之所答常在乎出處去就辭受取與之間是故性也命也天也夫子之所罕言而今之君子之所恆言也出處去就辭受取與之辨孔子孟子之所恆言而今之君子之所罕言也愚所謂聖人之道者如之何曰博學於文曰行己有恥自一身以至於天下國家皆學之事也自子臣弟友以至出入往來辭受取與之間皆有恥之事也士而不先言恥則為無本之人非好古多聞則為空虛之學以無本之人而講空虛之學吾見其日從事於聖人而去之彌遠也

炎武之學大抵主於斂華就實凡國家典制郡邑掌故天文儀象河漕兵農之屬莫不窮原究委考正得失撰天下郡國利病書百二十卷遍覽諸史圖經文編說部之類取其關於民生利病者且周流西北歷二十年其書始成別有肇域志一編則考索之餘合圖經而成者尤精韻

學撰音論三卷言古韻者始自明陳第然創闢榛蕪猶未邃密炎武乃推尋經傳探討本原又詩本音十卷其書主陳第詩無協韻之說不與吳棫本音爭亦不用棫之例但即本經之韻互考且證以他書明古音原作是讀非由遷就故曰本音又易音三卷即周易以求古音考證精確又唐韻正二十卷古音表二卷韻補正一卷皆能追復三代以來之音分部正帙而知其變又撰金石文字記求古錄與經史相證而日知錄三十卷尤為精詣之書蓋積三十餘年而後成其論治綜覈名實於禮教尤兢兢謂風俗衰廉恥之防潰由無禮以維之常欲以古制率天下炎武又以杜預左傳集解時有闕失作杜解補正三卷其他著作有石經考九經誤字五經異同二十一史年表歷代帝王宅京記營平二州地名記昌平山水記山東考古錄京東考古錄譎觚十事菰中隨筆救文格論亭林文集詩集並

有補於學術世道。

國朝稱學有根柢者，以炎武為最。又廣交賢豪長者，虛懷商榷，不自滿假。作廣師篇云：學究天人，確乎不拔，吾不如王錫闡；讀書為己，探賾洞微，吾不如楊瑀；獨精三禮，卓然經師，吾不如張爾岐；蕭然物外，自得天機，吾不如傅山；堅苦力學，無師而成，吾不如李顒；險阻備嘗，與時屈伸，吾不如路澤農；博聞強記，群書之府，吾不如吳任臣；文章爾雅，宅心和厚，吾不如朱彝尊；好學不倦，篤於朋友，吾不如王弘撰；精心六書，信而好古，吾不如張弨；至於達而在位，其可稱述者，亦多有之，然非布衣之所得議也。康熙十七年[三]，詔舉博學鴻儒科，次年，修明史，大臣爭薦之，並力辭不赴。二十一年卒，年七十。

校記：

〔二〕日知録三十卷，誤，當作三十二卷。

〔三〕康熙十七年，原誤據耆獻類徵改作十八年，逕以改回。

清史稿卷四百八十一

儒林二

張爾岐　馬驌

張爾岐〔二〕，字稷若，濟陽人。明諸生。父行素，官石首縣丞〔三〕，罹兵難。爾岐欲身殉，以母老止。順治七年，貢成均，亦不出。遂志好學，篤守程、朱之說，著天道論、中庸論，為時所稱。又著學辨五篇，曰辨志，曰辨術，曰辨業，曰辨成，曰辨徵。又著立命說辨，斥袁氏功過格立命說之非。年三十，覃思儀禮。以鄭康成注文古質，賈公彥釋義曼衍，學者不能尋其端緒。乃取經與注章分之，定其句讀，疏則〔三〕節錄其要，取足〔四〕明注而止。有疑義則以意斷之，亦附於末。成儀禮鄭注句讀十七卷，附以監本正誤、石經正誤二卷。顧炎武遊山東，讀而善之，曰：「炎武年過五十，乃知不學禮無以立。」若儀禮鄭注句讀一書，根本先儒，立言簡當，以其人不求聞達，故無

當世名。然書實可傳，使朱子見之，必不僅謝監嶽〔岳〕之稱許
矣。爾岐又著周易說略八卷，詩說略五卷，蒿菴集三卷，蒿
菴閒話二卷。所居敗屋不修，藝蔬果養母，集其弟四人，講
說三代古文於母前，愉愉如也。妻朱婉娩執婦道，勸爾岐
勿出。取蓼莪詩意，題其室曰蒿庵。遂教授鄉里，終其身。康
熙十六年卒，年六十六。乾隆中，按察使吳江陸燿建蒿菴
書院以祀之，而顏其堂曰辨志。山東善治經者，爾岐同時
有馬驌。
驌字宛斯，鄒平人。順治十六年進士，除淮安府推官。
尋推官議裁，補靈璧縣知縣。蠲荒除弊，流亡復業。康熙十
二年，卒於官，年五十四。士民奉祀名宦祠。驌於左氏融會
貫通，著左傳事緯十二卷，附錄八卷，所論有條理，圖表亦
考證精詳。驌又撰繹史一百六十卷，纂錄開闢至秦末之
事，博引古籍，疏通辨證，非路史、皇王大紀所可及也。時人

稱爲馬三代。四十四年，聖祖命大學士張玉書物色驌所著書，令人至鄒平購板入内府。

校記：

〔一〕清史稿之張爾岐傳，源出清國史，載儒林傳下卷卷二。

〔二〕官「石首縣丞」不確。據錢載張處士爾岐墓表，李煥章張蒿菴處士傳及羅有高張爾岐傳，諸家所記，傳主父行素明末職官皆爲石首驛丞。驛丞之與縣丞並非同官。依明清官制，縣丞官階次於知縣，爲正八品，而驛丞乃不入流品之雜官，專掌一地郵傳迎送。故此處之「縣丞」當作「驛丞」。

〔三〕自「以鄭康成注文古質」迄「亦附於末」，係節録傳主儀禮鄭注句讀序，改寫而成。惟清史稿及所據之清國史，未盡忠實原文，將疏則節錄其要之「則」字誤改爲「其」，取足明注而止之「足」字，亦誤改作「其」，以致文義紊亂，不成句讀。故據傳主著述，將「則」「足」二字改回，另行句讀。

〔四〕「足」字原誤作「其」，依傳主文徑改。

〔五〕此處引文，語出顧炎武亭林文集卷三答汪苕文書。「嶽」字原誤作「獄」，依炎武文改。

〔六〕清史稿之馬驌傳，源出清國史，附見於張爾岐傳。

清史列傳卷六十八

儒林傳下一

張爾岐　馬驌

張爾岐，字稷若，山東濟陽人。祖以上皆力農，父行素教以儒業，遂篤守程朱之說，遂志好學，著天道論、中庸論、篤終論，為時所稱。又著學辨五篇：曰辨志，曰辨術，曰辨業，曰辨成，曰辨微。又著立命說辨，斥袁氏功過格立命說之非。明季，行素官石首縣丞〔一〕，罹兵難，爾岐欲身殉，以母老止。年三十，覃心儀禮，以鄭康成注文古質，賈公彥釋儀曼衍，學者不能尋其端緒，乃取經與注章分之，定其句讀，疏則〔二〕節錄其要，取足〔三〕明注而止。有疑義，則以義斷之，亦附於末。著儀禮鄭注句讀十七卷，附以監本正誤、石經正誤二卷。崑山顧炎武遊山東，交爾岐，讀而善之，曰：「炎武年過五十，乃知不學禮無以立。濟陽張爾岐作儀禮鄭注句讀一書，根本先儒，立言簡當，以其人不求聞達，故無當世名。然書實可傳，使朱子見之，必不僅謝監嶽之稱許矣。爾岐又著周易說略八卷，詩說略五卷，夏小正傳注一卷，弟子職注一卷，老子說略一卷，蒿菴集三卷，蒿菴閒話二卷。所居敗屋不修，藝蔬果養母，集其弟四人講說三代古文於母前，愉愉如也。妻朱婉娩執婦道，勸爾岐勿出，遂教授鄉里，終其身。康熙十六年卒，年六十六。

弟爾崇，亦有名於世，著尚書通義五卷。山東善治經者，爾岐同時有馬驌。

馬驌，字宛斯，山東鄒平人。順治十六年進士，除淮安府推官，尋補靈壁縣知縣，蠲荒除弊，流亡復業。康熙十二年，卒於官，年五十四。士民奉祀名宦祠。驌於左氏融會貫通，著左傳事緯十二卷，附錄八卷，所論具有條理，其圖表亦考證精詳，為專門之學。又撰繹史一百六十卷，纂錄開關至秦末之事，博引古籍，疏通辯證，非羅泌路史、胡宏皇王大紀所可及。時人稱爲馬三代。四十四年，聖祖命大學士張玉書物色驌所著書。明年四月，令人賫白金二百兩至鄒平購板入內府。時掖縣王爾膂，字襄哉，諸生，邃於經史。其治經以毛、鄭之詩，何氏之公羊，鄭氏之三禮爲主，著有泡齋集。

校記

〔一〕「縣丞」誤，當作「驛丞」。

〔二〕「則」字，原誤作「其」，據傳主文改。詳見史稿前注。

〔三〕「足」字，原誤作「其」，據傳主文改。詳見史稿前注。

〔四〕「嶽」字，原誤作「獄」，據顧炎武原文改。詳見史稿前注。

清史稿卷四百八十一

儒林二

萬斯大 兄斯選 子經 姪言

萬斯大[一]字充宗，鄞縣人。父泰，明崇禎丙子[二]舉人，與陸符齊名。寧波文學風氣，泰實開之。以經史分授諸子[三]，使從黄宗羲遊，各名一家。斯大治經，以為非通諸經，不能通一經；非悟傳注之失，則不能通經；非以經釋經，則亦無由悟傳注之失。其為學尤精春秋、三禮。於春秋則有專傳[四]、論世、屬辭比事、原情定罪諸義。於三禮則有論社[五]、論禘、論祖宗、論明堂泰壇、論喪服諸義。其辨正商、周改月、改時、周詩周正，及兄弟同昭穆，皆極確實。宗法十餘篇，亦頗見推衍。答應撝謙書，辨治朝無堂，尤為精覈。根柢三禮以釋三傳，較宋、元以後空談書法者殊。然其說經以新見長，亦以鑿見短。置其非，存其是，未始非一家之學。

斯大性剛毅，慕義若渴。明臣張煌言死後，棄骨荒郊，斯大葬之南屏。父執陸符死，無後，斯大為葬其兩世六棺。所著有學春秋隨筆十卷、學禮質疑二卷、儀禮商三卷、禮記偶箋三卷、周官辨非二卷。康熙二十二年卒，年六十。[六]

兄斯選，字公擇，學於黃宗羲，嘗謂學者須驗之躬行，方為實學。於是切實體認，知意為心之存主，非心之所發，理即在氣中，非理先氣後，涵養純粹。年六十卒。[七] 宗羲哭之慟，曰：甬上從遊能續蕺山之傳者，惟斯選一人，而今已矣。[八]

斯大子經，[九] 字授一。黃宗羲移證人書院於鄞中，明劉宗周之學，經侍席末，與聞其教。及長，傳父叔及兄言之學，又學於應撝謙、閻若璩。康熙四十二年，成進士，選庶吉士，散館授編修。五十年，充山西鄉試副考官。五十三年，提督貴州學政。及還，以派修通州城工，罄其家。素工分隸，經乃賣所作字，得錢給朝夕。晚增補斯大禮記集解數萬言，春秋、定、哀二公未畢，又續纂數萬言。又重修斯同列代紀年，又續纂兄言尚書說、明史舉要，皆先代未成之書。乾隆初，舉博學鴻詞科，不就。年八十二，家遭大火，遺書悉焚，經終日涕洟，自以爲負罪先人，踰年卒〔十一〕。著有分隸偶存二卷。

言，字貞一，斯選兄斯年子。副榜貢生〔十二〕。少隨諸父講社中，號精博，著有尚書說、明史舉要，嘗與修明史，獨成崇禎長編。故國輔相子弟多以賄求滅先人罪，言悉拒之。尤工古文，同縣李鄴嗣嘗曰：事古而信，篤志不分，吾不如充宗；粹然有得，造次儒者，吾不如公擇；學古通今，無所不辨，吾不如季野；文章名世，居然大家，吾不如貞一。吾邑有萬氏，誠天下之望。有管邨文集。晚出爲五河知縣〔十三〕，忤大吏，論死〔十五〕。子承勳狂走數千里，哀金五千贖之歸，時稱孝子〔十四〕。

承勳，字開遠，諸生，以薦用爲磁州知州，工詩，有冰雪集。

校記

〔一〕清史稿之萬斯大傳及附見諸家傳，皆源出清國史，載儒林傳下卷卷五。

〔二〕清國史本記爲崇禎九年，史稿無端改作崇禎丙子，多此一舉。

〔三〕以經史分授諸子之前，清國史本有「入國朝」三字，甚是。史稿開館，已入民國，自然不可沿用。按理，若改作「入清」，則與史實相符。然史稿將三字删除，不再做任何處理，以致時代不清。

〔四〕專傳論世，點校本誤讀爲一目，作「專傳論世」。此據鄭梁跋翁傳改。

〔五〕據清國史，論社之前，尚有「論郊」二字。

〔六〕清史稿記萬斯大卒年六十，誤。據萬經先考充宗府君行狀、黄宗羲萬充宗墓誌銘，斯大生於明崇禎六年

(一六三三年)卒於清康熙二十二年(一六八三年),終年當為五十有一。

〔七〕清史稿記萬斯選年「六十卒」,誤。據黃宗羲萬公擇墓誌銘,斯選生於明崇禎二年(一六二九年),卒於清康熙三十三年(一六九四年),終年當為六十有六。

〔八〕依清國史,斯選傳後,乃接以其弟斯同傳,萬氏一門學脈,昭然史冊。史稿擅將斯同傳移入文苑,雖改附傳而立正傳,似尊斯同之史學,實則囿執「尊經抑史」偏見,殊不可取。

〔九〕依清國史,萬經傳本在其從兄萬言傳後,史稿擅改編次,無理。

〔十〕「踰年卒」,所指何年?不明。據全祖望提督貴州學政翰林院編修九沙萬公神道碑銘,萬經卒於乾隆六年正月二十四日,終年八十有三。

〔十二〕清史稿之萬言傳，通篇無一語明記傳主之生活年代，無疑是一失誤。據黃宗羲萬祖繩墓誌銘，言中副榜貢生，乃在康熙十四年。

〔十三〕據萬言子承勳所撰其父墓誌銘，傳主出任安徽五河知縣，時當康熙二十七年。史稿既不記時間，又將安徽行省名刪除，實爲錯上加錯。

〔十三〕據上引墓誌，萬言忤大吏論死，事在康熙三十一年，掛名罪籍凡六百四十二日。橫禍陡起，其父斯年憂憤而歿，年七十有七。時當康熙三十二年七月二十五日。

〔十四〕傳主禍解以後經歷，史稿隻字未及。合前引墓誌及黃宗羲萬貞一詩序、萬貞一和蘇詩題辭諸文可知，康熙三十三年冬杪，萬言父子南還，舟過餘姚黃竹浦拜謁黃宗羲。宗羲悲喜交集，徐相謂曰：知交零落，吾又老病不堪。今得汝父子歸來，相商未了之事，死不恨也。言之晚年，鴻飛冥冥，詩文自娛。康熙四十四年卒，年六十有九。

清史列傳卷六十八

儒林傳下一

萬斯大 兄斯選 弟斯同 從子言 子經

萬斯大，字充宗，浙江鄞縣人。父泰，字履安，明崇禎九年舉人，與陸符齊名，善詩，兼熟史事，寧波文學風氣，泰實開之。入國朝，以經史分授諸子，使從黄宗羲遊，各名一家。卒年六十。斯大治經，以為非通諸經，不能通一經；非悟傳注之失，則不能通經；非以經釋經，則亦無由悟傳注之失。其為學尤精春秋、三禮。於春秋，則有專傳、論世、屬辭比事、原情定罪諸義；於三禮，則有論郊、論社、論禘、論祖宗、論明堂泰壇、論喪服諸義。其辨正商周改月、改時、周詩周正及兄弟同昭穆，皆極確實。宗法十餘篇，亦頗見推衍，答應撝謙書，辨治朝無堂，尤為精覈。根柢三禮以釋三傳，較宋元以後空談書法者殊。然其說經以新見長，亦以鑿見短，置其非存其是未始非一家之學性剛毅慕義若渴明臣張煌言死後棄骨荒郊斯大葬之南屏父執陸符死無後斯大為葬其兩世六棺所著有學春秋隨筆十卷學禮質疑二卷儀禮商三卷禮記偶箋三卷周官辨非二卷康熙二十二年卒年五十一兄斯選弟斯同從子言子經

斯選字公擇學於黃宗羲嘗謂學者須驗之躬行方為實學於是切實體認知意為心之存主非心之所發理即在氣中非理先氣後涵養純粹年六十卒宗羲哭之慟曰甬上從遊能續蕺山之傳者惟斯選一人

言字貞一斯選兄斯年子副貢生少隨諸父講社中號精博著有尚書說明史舉要嘗與修明史獨成崇禎長編故國輔相子弟多以賄求滅先人罪言悉拒之尤工古文同縣李鄴嗣嘗曰事古而信篤志不分吾不如斯大粹然有得造次儒者吾不如斯選學通古今無所不辨吾不

如斯同文章名世居然大家吾不如言有管村文集晚出爲安徽五河知縣忤大吏論死子承勳狂走數千里哀金五千贖之歸時稱孝子

承勳字開遠諸生以薦用爲磁州牧工詩有冰雪集

經字授一黄宗羲移證人書院於鄞申明劉宗周之學經侍席未興聞其教及長傳父叔及兄言之學又學於應撝謙閻若璩康熙四十二年成進士改翰林院庶吉士散館授編修五十年充山西鄉試副考官五十三年督學貴州及還以派修通州城工罄其家素工分隸經乃賣所作字得錢給朝夕晚增補斯大禮記集解數萬言春秋定哀二公未畢又續纂數萬言又重修斯同列代紀年又續纂兄言尚書説明史舉要皆先代未成之書乾隆初舉博學鴻詞科不就年八十二家遭大火遺書悉焚經終日涕洟自以爲負罪先人踰年卒著有分隸偶存二卷

校記：

〔二〕萬斯同傳，因清史稿改置文苑，故從略。

〔三〕所記斯選卒年誤，當作六十有六。詳見前史稿校記。

清史稿卷四百八十一

儒林二

胡渭

子彥昇 葉佩蓀

胡渭初名渭生字朏明德清人渭年十二而孤母沈携之避亂山谷間十五為縣學生入太學篤志經義尤精輿地之學嘗館大學士馮溥邸尚書徐乾學奉詔修一統志開局洞庭山延常熟黃儀顧祖禹太原閻若璩及渭分纂渭著禹貢錐指二十卷圖四十七篇謂漢唐二孔氏宋蔡氏於地理多疏舛如三江當主鄭康成說禹貢達於河河當從說文作菏滎波既豬當從鄭康成作播梁州黑水與導川之黑水不可溷為一乃博稽載籍考其同異而折衷之山川形勢郡國分合道里遠近夷險一一討論詳明又漢唐以來河道遷從為民生國計所繫故於導河一章備考決溢改流之跡留心經濟異於迂儒不通時務間有

千慮一失，則不屑闕疑之過。

又撰易圖明辨十卷，專為辨定圖書而作。初，陳摶推闡易理，衍為諸圖。其圖本準易而生，故以卦爻反覆研求，無不符合。傳者務神其說，遂歸其圖於伏羲，謂易反由圖而作。又因繫辭河圖洛書之文，取大衍算數作五十五點之圖，以當河圖；取乾鑿度太乙行九宮法造四十五點之圖，以當洛書。其陰陽奇偶，亦一一與易相應。傳者益神其說，又真以為龍馬神龜之所負，謂伏羲由此而有先天之圖。實則唐以前書絕無一字符驗，而突出於北宋之初。由邵子以及朱子，亦但取其數之巧合，而未暇究其太古以來從誰授受。故易學啟蒙、易本義前九圖皆沿其說。同時袁樞、薛季宣皆有異論。然宋史儒林傳易學啟蒙朱子本屬蔡元定創稿，非朱子自撰。晦菴大全集載答劉君房書曰：「啟蒙本欲學者且就大傳所言卦畫蓍數推尋，不須過為浮說。而自今觀之，如河圖、洛書，亦不免尚有臆語。至於本義卷首九圖，為門人所依附，朱子當日未嘗堅主其說。元陳應潤作爻變義蘊，始指諸圖為道家假借，吳澄、歸有光諸人亦相繼排擊，毛奇齡、黃宗羲爭之尤力，然皆各據所見，抵其罅隙，尚未能窮溯本末，一一抉所自來。謂則於河圖、洛書、五行、九宮、參同、先天、太極、龍圖、易數鉤隱圖、啓蒙圖書、先天、後天、卦變、象數流弊，皆引據舊文，互相參證，以箝依託之口，使學者知圖書之說，乃修鍊、術數二家旁分易學之支流，非作易之根柢。視禹貢錐指，尤為有功經學。

又撰洪範正論五卷，謂漢人專取災祥，推衍五行，穿鑿附會，事同讖緯，亂彝倫攸敘之經，其害一；洛書本文具在洪範，非龜文。宋儒創為黑白之點、方員之體、九十之位，變書為圖，以至九數十數，劉牧、蔡季通紛紜更定，其害二洪範元無錯簡，王柏、胡一中等任意改竄。其害三。謂又撰大學翼真七卷，大旨以朱子為主，僅謂「格致」一章不必補傳，力闢王學改本之誤。所見切實，視泛為性命理氣之談者，勝之遠矣。

謂經術湛深，學有根柢，故所論一軌於正。漢儒附會之談，宋儒變亂之論，掃而除焉。康熙四十三年〔五〕，聖祖南巡，謂以禹貢錐指獻行在，聖祖嘉獎，御書「耆年篤學」四大字賜之，儒者咸以為榮。五十三年卒，年八十有二。

謂子彥昇〔六〕，字國賢。雍正八年進士，授刑部主事，改山東定陶縣知縣。著春秋說、四書近是、叢書錄要，又於樂律尤有心得，著樂律表微八卷。

謂同郡葉佩蓀，字丹穎，歸安人。亦治古易，不言圖書，著易守四十卷，於易中三聖人所未言者，不加一字，故曰「易守」。

校記。

〔一〕「子」字誤，當作「孫」。

〔二〕清史稿之胡渭傳並二家附傳，皆源出清國史，載儒林傳下卷卷四。

〔三〕傳主何年「入太學」？史稿未記時間。若依傳文及句讀，則似在十五歲爲縣學生後不久。其實不然。據杭世駿胡先生渭墓誌銘：「年十五，遊於庠，試高等，爲增廣生。高文遠俗，連不得志於有司，乃入太學。」可見「爲縣學生」與「入太學」遠非一時事。江藩著胡渭記，則言之更明：「屢赴行省試不售，乃入太學。」

〔四〕據清國史，當從鄭康成前，尚脱一「波」字。當作「波當從鄭康成作播」。

〔五〕據清聖祖實録，康熙四十三年，並無聖祖南巡事。清史稿及清國史所記皆誤。上引江藩記作康熙四十二年，亦誤。合禹貢錐指及清聖祖實錄所記南巡扈從大臣並觀，當作康熙四十四年。北京大學漆永祥教授著漢學師承記箋釋，於此考之最確，可信可據。

〔六〕胡孝昇係胡渭孫，而非子。據前引杭世駿胡先生渭墓誌銘，謂有四子，為方騰、方質、方威、方詮。有孫十，孝昇乃第四孫。

清史列傳卷六十八

儒林傳下一

胡渭 子彥昇 葉佩蓀

胡渭初名渭生，字朏明，浙江德清人。年十五，為縣學生。入太學，篤志經義，精輿地之學。尚書徐乾學奉詔修一統志，開局洞庭山，延常熟黃儀、顧祖禹、太原閻若璩及渭分纂。渭著禹貢錐指二十卷、圖四十七篇，謂漢、唐二孔氏、宋蔡氏於地理多疏舛，如三江當主鄭康成說，禹貢達於河，河當從說文作菏；滎波既豬，波當從鄭康成作播；梁州黑水與導川之黑水不可溷為一。及博稽載籍，考其同異而折衷之。山川形勢，郡國分合，道里遠近，平險，討論詳明。宋以來，傳寅、程大昌、毛晃而下，注禹貢者數十家，精覈典贍，此為之冠。又撰易圖明辨十卷，專為辨定圖書而作。

初，陳摶推闡易理，衍為諸圖。其圖準易而生，故以卦文反覆研求無不符合傳者務神其說遂歸其圖於伏羲謂易反由圖而作又因繫辭河圖洛書之文取大衍算數作五十五點之圖以當河圖取乾鑿度太乙行九宮法造四十五點之圖以當洛書陰陽奇偶一一與易相應傳者益神其說且以為龍馬神龜之所負謂伏羲由此而有先天之圖實則唐以前書絕無一字符驗而突出於北宋之初由邵子以及朱子但取其數之巧合未暇究太古以來誰從授受故易學啓蒙易本義前九圖皆沿其說然考宋史儒林傳啓蒙本屬蔡元定創稿非朱子自撰其答劉君房書曰啓蒙本欲學者且就大傳所言卦畫蓍數推尋不須過為浮說而自今觀之如河圖洛書亦不免尚有賸語至於本義卷首九圖為門人所依附朱子當日未嘗堅主其說元陳應潤作爻變義蘊始指諸圖為道家假借吳澄歸有光諸人亦相繼排擊國朝毛奇齡黃宗羲爭之尤力

然皆未能窮溯本末，一一抉所自來。謂則於河圖、洛書、五行九宮、參同先天太極、龍圖、易數鉤隱圖、啓蒙圖書、先天後天卦變、象數流弊，引據舊文，互相參證，以箝依託之口。使學者知圖書之說，乃修鍊術數二家旁分易學之支流，非作易之根柢。視禹貢錐指尤為有功經學。

又撰洪範正論五卷，謂漢人專取災祥，推衍五行，穿鑿附會，亂彝倫攸敘之經；撰大學翼真七卷，大旨以朱子為主，僅謂格致一章不必補傳，力闢王學改本之誤，所論一軌於正，漢儒附會之談，宋儒變亂之論，埽而除焉。康熙四十三年，〔三〕聖祖仁皇帝南巡，渭以禹貢錐指獻行在，御覽嘉歎，宣至直廬，賜饌，並御書詩扇及「耆年篤學」四字賜之。五十三年卒，年八十二。〔三〕子彥昇。

彥昇字竹軒，雍正八年進士，授刑部主事，改山東定陶縣知縣。以開釋冤獄被劾，按察使黃叔琳勸使自檢舉，彥昇曰：官不足惜，獄實冤，願終雪之。叔琳密訪，果如彥昇言。彥昇曰：獄已雪，又何求？不俟開復而歸，杜門著書，於樂律尤有心得。謂琴律與笛律不殊，琴有緩急，不如笛便。馬融以京房所加孔爲商聲，荀勖以第一孔爲黃鐘宮，後出孔爲太蔟商，蓋自漢至晉舊法如此。宋人以體中翕聲爲黃鐘，是以姑洗爲黃鐘也；以俗樂之合字當黃鐘，是以下徵爲正宮也。所著樂律表微八卷，凡度律二卷，審音二卷，製調二卷，考器二卷，多糾正古人之謬。又著春秋說、四書近是、叢書録要。

葉佩蓀，字丹穎，浙江歸安人。乾隆十九年進士，改兵部主事。二十九年，充順天鄉試同考官，游陞郎中，授衛輝府知府，署開封，調南陽，擢河東道。所至以廉潔惠民爲治。去之日，士民走送者萬人。四十四年，授山東按察使，四十六年，授湖南布政使，尋罣吏議歸。佩蓀治易，盡取漢唐宋以來諸家傳注，及河、洛、先天、月卦、卦氣、卦變、反對諸說，必索其所以然，然後舉而空之，曰：「三聖人所言者，不可增損一字。三聖人所未言者，吾不敢加一字。」著易守四十卷，又有傳經堂詩文集十二卷。四十九年卒，年五十四。

校記：

〔一〕「子」字誤，當作「孫」。

〔二〕「康熙四十三年」誤，當作「康熙四十四年」。

〔三〕「子」字誤，當作「孫」。

清史稿卷四百八十一

儒林二

毛奇齡 陸邦烈

毛奇齡，字大可，又名甡，蕭山人。四歲(二)，母口授大學，即成誦。總角，陳子龍為推官，奇愛之，遂補諸生(三)。明亡，哭於學宮三日。山賊起，竄身城南山，築土室讀書其中。順治三年(四)，明保定伯毛有倫以寧波兵至西陵，奇齡入其軍中。是時，馬士英、方國安與有倫犄角，奇齡曰：「方、馬，國賊也，明公為東南建義旗，何可與二賊共事？」國安聞之，大恨，欲殺之，奇齡遂脫去。後怨家屢陷之，乃變姓名為王士方，亡命浪遊。及事解，以原名入國學。康熙十八年，薦舉博學鴻儒科，試列二等，授翰林院檢討，充明史纂修官。二十四年，充會試同考官。尋假歸，得痺疾，遂不復出。

初，著毛詩續傳三十八卷，既以避讎流寓江淮間，失其稿，乃就所記憶，著國風省篇、詩札、毛詩寫官記。復在江西參議道施閏章所，與湖廣楊洪才說詩，作白鷺洲主客說詩一卷。明嘉靖中，鄞人豐坊僞造子貢詩傳、申培詩說行世。奇齡作詩傳詩說駁議五卷，引證諸書，多所糾正。洎通籍，進所著古今通韻十二卷，聖祖善之，詔付史館。歸田後，僦居杭州，著仲氏易。一日著一卦，凡六十四日而書成，託於其兄錫齡之緒言，故曰「仲氏」。又著推易始末四卷、春秋占筮書三卷、易小帖五卷、易韻四卷、河圖洛書原舛編一卷、太極圖說遺議一卷。其言易，發明荀、虞、干、侯諸家，旁及卦變、卦綜之法。

奇齡分校會闈時，閱春秋房卷，心非胡傳之非，有意撰述。至是乃就經文起義，著春秋毛氏傳三十六卷、春秋簡書刊誤二卷、春秋屬辭比事記四卷，條例明晰，考據精核。又欲全著禮經，以衰病不能，乃次第著昏禮、喪祭禮、宗法、

廟制及郊社禘祫明堂學校諸問答多發先儒所未及至
於論語大學中庸孟子各有考證而大學證文及孝經問
援據古今辨後儒改經之非持論甚正奇齡淹貫群書所
自負者在經學然好為駁辨他人所已言者必力反其詞
古文尚書自宋吳棫後多疑其僞及閻若璩作疏證奇齡
力辨為真遂作古文尚書冤詞又删舊所作尚書廣聽録
為五卷以求勝於若璩而周禮儀禮奇齡又以為戰國之
書所作經問指名攻駁者惟顧炎武閻若璩胡渭三人以
三人博學重望足以攻擊而餘子以下不足蓋錄其傲睨
如此

素曉音律家有明代宗藩所傳唐樂笛色譜直史館
據以作竟山樂録四卷及在籍聞聖祖論樂諭群臣以徑
一圍三隔八相生之法因推闡考證撰聖諭樂本解說二
卷皇言定聲録八卷三十八年聖祖南巡奇齡迎駕於嘉

興，以樂本解說二卷進，溫諭獎勞。聖祖三巡至浙，奇齡復謁行在，賜御書一幅。五十二年，卒於家，年九十一。門人蔣樞編輯遺集，分經集、文集二部。經集自仲氏易以下凡五十種，文集合詩賦、序記及他雜著，凡二百三十四卷。四庫全書收奇齡所著書目多至四十餘部。奇齡辨正圖書，排擊異學，尤有功於經義。弟子李塨、陸邦烈、盛唐、王錫章、大來、邵廷寀等，著錄者甚衆。李塨、廷寀自有傳。

邦烈，字又超，平湖人。嘗取奇齡經說所載，裒爲聖門釋非錄五卷，謂聖門〔六〕口語未可盡非云。

校記

〔一〕清史稿之毛奇齡傳，源出清國史載儒林傳下卷卷四，兼采盛唐西河先生傳、全祖望蕭山毛檢討別傳而成。

〔二〕「四歲」，不確。據傳主自爲墓誌銘，「五歲」，請讀書無師，太君口授大學，故當作「五歲」。

〔三〕陳子龍拔毛奇齡爲諸生，事出全祖望蕭山毛檢討別傳，不確。依毛奇齡自爲墓誌銘，子龍雖喜毛文有「才子之文」一評，然並無拔爲諸生之事。胡春麗博士著毛奇齡年譜，於此考之甚確。毛奇齡爲諸生，時在明崇禎十年，而子龍任紹興府推官，已是三年之後的崇禎十三年。

〔四〕「順治三年」，不確。據清世祖實錄，清軍入杭州，事在清順治二年。傳主自爲墓誌銘，亦記作順治二年。

〔五〕「援據古今」，清國史同。然據阮元集傳錄存之毛奇齡傳，「今之」原文作「本」。阮元據以集句之四庫提要，所稱亦爲大學古本。

〔六〕「聖問」口語，「問」字誤。依前引阮元文及四庫提要，當作「門」。

清史列傳卷六十八

儒林傳下一

毛奇齡 陸邦烈

毛奇齡，字大可，浙江蕭山人。康熙十八年，以廩監生薦舉博學鴻儒科，試列二等，授翰林院檢討，充明史館纂修官。二十四年，充會試同考官，尋假歸，得痺疾，遂不復出。

奇齡少穎悟。明季避兵縣之南山，築土室讀書其中，著毛詩續傳三十八卷。既以避讐流寓江、淮間，失其稿。乃就所記憶，著國風省篇一卷、詩劄一卷、毛詩寫官記四卷。復在江西參議道施閏章處與湖廣楊洪才說詩，作白鷺洲主客說詩一卷。明嘉靖中，鄞人豐坊僞造子貢詩傳、申培詩說行世。奇齡作詩傳詩說駁議五卷，引證諸書，多所糾正。洎在史館，進所著古今通韻十二卷，聖祖仁皇帝善之，詔付史館。歸田後，僦居杭州，著仲氏易。一日著一卦，凡六十四日而書成，託於其兄錫齡之緒言，故曰仲氏。凡三十卷。又著推易始末四卷、春秋占筮書三卷、易小帖五卷、易韻四卷、河圖洛書原舛編一卷、太極圖說遺議一卷。其言易發明荀、虞、干、侯諸家，旁及卦變、卦綜之法。自後儒者多研究漢學，不敢以空言說經，實自奇齡始。而辨正圖書，排擊異學，尤有功於經義。

奇齡分校會闈時，閱春秋房卷，心非胡傳之偏，有意傳述。至是，乃就經文起義，著春秋毛氏傳三十六卷、春秋簡書刊誤二卷、春秋屬辭比事記四卷。條例明晳，考據精覈。又欲全著禮經，以衰病不能，乃次第著昏喪祭禮、宗法、廟制及郊社、禘祫、明堂、學校諸問答，多發先儒所未及。至於論語、大學、中庸、孟子，各有考證，而大學證文及孝經問援據古今，辨後儒改經之非，持論亦有可采。

奇齡淹貫群書，詩文皆推倒一世，而自負者在經學，然好為駁辯，他人所已言者，必力反其詞。古文尚書自宋吳棫後多疑其偽，及閻若璩作疏證，奇齡力辯為真，遂作古文尚書冤詞八卷。又删舊所作尚書廣聽錄為五卷，以求勝於若璩。而周禮、儀禮，奇齡又以為戰國之書。所作經問，其中排斥，若錢、丙、蔡氏之類，多隱其名，而指名攻駁者惟顧炎武、閻若璩、胡渭三人，以三人博學重望，足以攻擊，而餘子以下不足齒錄也。素曉音律，家有明代宗藩所傳唐樂笛色譜，直史館，據以作竟山樂錄四卷。及在籍聞聖祖仁皇帝論樂，諭群臣以徑一圍三、隔八相生之法，因推闡考證，撰聖諭樂本解說二卷、皇言定聲錄八卷。三十八年，聖祖南巡，奇齡迎駕於嘉興，以樂本解說進，溫諭獎勞。聖祖三巡至浙，奇齡復謁行在，賜御書一幅。五十二年，卒於家，年九十一。〔三〕門人蔣樞編輯遺集，分經集、文集二部。經集自仲氏易以下凡五十種，文集合詩賦、序記及他雜著凡二百三十四卷，著述之富，甲於近代。李天馥嘗謂奇齡有不可及者三：不挾書冊而下筆有千萬卷，一也；少小避人，盛年在道路，得怔忪疾，遇疾發，求文者在門，捫腹四應，頃刻付去無誤，二也；讀書務精覈，群經諸子及諸瑣屑事，皆極其根柢而貫其枝葉，偶一論及，輒能使漢宋儒者拄口不敢辨，三也。然奇齡恃其縱橫博辨，肆為排擊，欲以劫服一世。漢以後人，俱不得免，而其所最詆者為宋人，宋人之中所最詆者為朱子，故後人反詆之者亦多。全祖望嘗發其集為蕭山毛氏糾謬十卷，祖望稱奇齡之才，要非流輩所易及，使其平心易氣以立言，其足以羽翼儒苑無疑。世謂公論云。

奇齡弟子平湖陸邦烈、山陰盛唐、遂昌王錫、會稽章大來、餘姚邵廷采等，著錄者甚衆，蠡縣李塨最知名。廷采、塨自有傳。

邦烈，字又超。嘗取奇齡經說所載諸論，裒爲聖門釋非錄五卷，謂聖門口語未可盡非也。

校記：

〔二〕「今」字誤，當作「本」。

〔三〕「九十一」，點校本誤作「四」，逕以改回。

清史稿卷四百八十一

儒林二

閻若璩

李鍇 吳玉搢

閻若璩，字百詩，太原人。世業鹽筴，僑寓淮安。父修齡，以詩名家。若璩幼多病，讀書闇記，不出聲。年十五，以商籍補山陽縣學生員。研究經史，深造自得。嘗集陶弘景、皇甫謐語題其柱云：「一物不知，以為深恥；遭人而問，少有暇日。」其立志如此。海內名流過淮，必主其家。年二十，讀尚書至古文二十五篇，即疑其譌。沉潛三十餘年，乃盡得其癥結所在，作古文尚書疏證八卷，引經據古，一一陳其矛盾之故，古文之偽大明。所列一百二十八條，毛奇齡尚書古文冤詞百計相軋，終不能以強辭奪正理，則有據之言，先立於不可敗也。

康熙元年，遊京師，旋改歸太原故籍，補廩膳生。十八年應博學鴻儒科試報罷崑山顧炎武以所撰日知錄相質[五]即為改定數條炎武虛心從之編修汪琬著五服考異若璩糾其謬尚書徐乾學歎服及乾學奉敕修一統志開局洞庭山若璩與其事若璩於地理尤精審山川形勢州郡沿革瞭如指掌撰四書釋地五卷及於人名物類訓詁典制事必求其根柢言必求其依據旁參互證多所貫通又據孟子七篇參以史記諸書作孟子生卒年月考一卷又著潛丘劄記六卷毛朱詩說一卷手校困學紀聞二十卷因汲儀之舊而駁正箋說推廣之又有日知錄補正喪服異注[六]宗劉敞李燾馬端臨王應麟四家遂事博湖掌錄諸書。

世宗在潛邸聞其名延入邸中索觀所著書每進一篇必稱善疾革請移就城外以大牀為輿上施青紗帳二十人舁之出安穩如牀簀康熙四十三年卒年六十九世

宗遣使經紀其喪，親製詩四章，復為文祭之。有云「讀書等身，一字無假，孔思周情，旨深言大」。僉謂非若璩不能當也。子詠，康熙四十八年進士，官中書舍人，亦能文。同時山陽學者，有李鎧、吳玉搢。

鎧，字公凱，順治十八年進士，補奉天蓋平縣知縣。康熙十八年，薦應博學鴻儒科，試授翰林院編修，與修明史，游官內閣學士。所著有讀書雜述[七]、史斷。王士禛[八]稱為有本之學。

玉搢，字籍五[九]。官鳳陽府訓導，著山陽志遺、金石存、說文引經考、六書述部敘考。又著別雅五卷，辨六書之假借，深為有功，非俗儒剽竊所能彷彿也。

校記

[一]清史稿之閻若璩傳及附見二家傳，皆源出清國

史載儒林傳下卷卷四。

〔二〕譌字形近而誤。依清國史及錢大昕閻先生若璩傳，當作僞。

〔三〕古文尚書疏證書名不確。據乾隆十年之初刻本當作尚書古文疏證。上引錢大昕撰傳即稱尚書古文疏證。

〔四〕毛奇齡尚書古文冤詞書名不確，當作古文尚書冤詞。清史稿清國史之毛奇齡傳皆記作古文尚書冤詞。

〔五〕據傳主尚書古文疏證及錢大昕若璩傳、張穆閻潛丘先生年譜，顧炎武與傳主晤以日知錄相質事在康熙十一年，史稿擅移至康熙十八年之後，顯誤。

〔六〕喪服異注，異字大誤。據清國史當作喪服翼注。

〔七〕讀書雜述，依清國史當作讀史雜述。

〔八〕王士禛原作王士禎，乃避諱而改，故逕還本字。

〔九〕「籍」字原作「藉」，相通。據清國史改回。

清史列傳卷六十八

儒林傳下一

閻若璩　李鍏　吳玉搢

閻若璩，字百詩，山西太原人。世業鹽筴，僑寓淮安。幼多病，讀書闇記，不出聲。年十五，以商籍補山陽縣學生員。研究經史，深造自得。嘗集陶弘景、皇甫謐語，題其柱云：「一物不知，以為深恥；遭人而問，少有寧日。」其立志如此。海內名流過淮，必主其家。年二十，讀尚書至古文二十五篇，即疑其偽。沉潛三十餘年，乃盡得其癥結所在，作古文尚書疏證八卷，引經據古，一一陳其矛盾之故，古文之偽大明。所列一百二十八條，毛奇齡尚書古文冤詞百計相軋，終不能以強辭奪正理，則有據之言，先立於不可敗也。其疏證之最精者，謂漢藝文志言魯共王壞孔子宅，得古文尚書，孔安國以考二十九篇，得多十六篇，楚元王傳亦云逸書十六篇，天漢之後，孔安國獻之，古文篇數之見於西漢者如此，而梅賾所上乃增多二十五篇，此篇數之不合也。杜林、馬、鄭皆傳古文者，據鄭氏說，則增多者舜典、汩作、九共、大禹謨、益稷、五子之歌、胤征、典寶、湯誥、咸有一德、伊訓、肆命、原命、武成、旅獒、冏命，凡十六篇，而九共有九篇，故亦稱二十四篇。今晚出書無汩作、九共、典寶等，此篇名之不合也。鄭康成注書序，於仲虺之誥、太甲、說命、微子之命、蔡仲之命、周官、君陳、畢命、君牙皆注曰亡，而於汩作、九共、典寶、肆命等皆注曰逸，逸者，即孔壁書也。康成雖云受書於張恭祖，然其書贊曰：我先師棘下生子安國亦好此學，則其淵源安國明矣。今晚出書與鄭名目互異，其果安國之書耶？又云：古文傳自孔氏，後惟鄭康成注得其真；今文傳自伏生，後惟蔡邕石經所勒者得其正。今晚出書昧谷，鄭作柳谷；心腹腎腸，鄭作憂腎陽；劓刵劅剠，鄭作臏宮劓割頭庶剠與真古文既不同矣石經殘碑遺字見於洪适隸釋者五百四十七字以今孔書校之不同者甚多碑云高宗饗國百年與今書之五十有九年異孔叙三宗以年多少為先後碑則以傳序為次則與今文又不同然後知晚出之書蓋不古不今非伏非孔而欲別為一家之學者也班孟堅言司馬遷從安國問故故堯典禹貢洪範微子金縢諸篇多古文說許慎說文亦云其稱書孔氏今以史記說文與晚出書校又甚不合安國注論語予小子履以為墨子引湯誓其辭若此不云此出湯誥亦不云與湯誥小異然則予小子履云云非真古文湯誥蓋斷斷也其注雖有周親二句論語尚書詮釋懸絕此豈一人之手筆乎又云書序益稷本名棄稷馬鄭王三家本皆然蓋別是一篇中多載后稷與契之言揚雄法言孝至篇云言合稷契之謂忠謨合皋陶之謂嘉雄親見古文故有此言晚出書析皋陶謨

之半為益稷，則稷與契初無一言，雄豈鑿空者耶？若璩又以朱子以來已疑孔傳之依託，遂有論辨，復為朱子尚書古文疑，以伸其說。

康熙元年，遊京師，旋改歸太原故籍，補廩膳生。十八年，應博學鴻儒科試，報罷。崑山顧炎武以所撰日知錄相質，即為改定數條，炎武虛心從之。編修汪琬著五服考異，若璩糾其繆數條，尚書徐乾學歎服。及乾學奉敕修一統志，開局洞庭山，既又移嘉善，復歸崑山，若璩皆預其事，局中人輯其緒論一編，曰閻氏碎金。若璩於地理尤精審，山川形勢，州郡沿革，瞭如指掌。撰四書釋地一卷、續編，兼及人名、物類、訓詁、典制，又解釋經義諸條，共為五卷。事必求其根柢，言必求其依據，旁參互證，多所貫通。又據孟子七篇，參以史記諸書，作孟子生卒年月考一卷。又著孔廟從祀末議十一事，一曰孔廟祀典宜復八佾十二籩豆於太

學二曰十哲之外宜進有若公西華於廟庭爲十二哲
三曰秦冉顔何宜從祀縣亶宜補入四曰公明儀宜從祀
樂正克宜進入兩廡五曰曾申申詳均宜從祀六曰河間
獻王劉德宜入從祀七曰諸葛孔明宜入從事八曰范仲淹
宜入從祀九曰蔡元定宜進於兩廡十曰黄幹請援蔡沈
之例以進十一曰兩廡先賢先儒位次多淩躐宜請釐正
其後康熙五十四年增祀范仲淹於兩廡雍正二年復祀
秦冉於東廡顔何於西廡增祀諸葛亮於東廡縣亶樂正
克黄幹於西廡乾隆三年以有子升配東序若璩私議已
上見於列聖施行矣又著潛邱劄記六卷毛朱詩説一卷
手校困學紀聞二十卷因浚儀之舊而駁正箋説推廣之
評定古文百篇其師山陽吴一清所手授續加闡發又有
日知録補正喪服翼注宋劉攽李燾馬端臨王應麟四家
逸事博湖掌録諸書詩有眷西堂諸集

世宗在潛邸聞其名，延至賜坐，索觀所著書，每進一篇，必稱善。疾革，請移就外，以大牀爲輿，上施青紗帳，二十人舁之出，安穩如牀簀。康熙四十三年卒，年六十九。世宗遣使經紀其喪，親製輓詩四章，復爲文祭之。子詠，康熙四十八年進士，官中書舍人，亦能文。

李鎧，字公凱，江南山陽人。順治十八年進士，補奉天蓋平縣知縣，調鐵嶺。丁憂歸。康熙十八年，薦舉博學鴻儒科，試列二等，授翰林院編修，與修明史，遷官內閣學士。鎧少孤，力學，於書無不窺，至老愈勤，一生清節。嘗語門人云：「孟子爲卿於齊，終不受祿，君祿且然，況交際乎？」其自守如此。所著有讀史雜述、史斷。王士禛稱爲有用之學。又有恰素堂集。

吳玉搢，字籍五，江南山陽人。廩貢生。精小學，著別雅五卷，考古書文字之異，取字體之假借通用者，系韻編次各注所出，爲之辨證，非俗儒剽竊所能及。又著金石存、說文引經考、六書述部叙考、山陽志遺。乾隆間遊京師，秦蕙田延校五禮通考。後官鳳陽府訓導，卒。

校記：

〔一〕書名當作尚書古文疏證。

〔二〕書名當作古文尚書冤詞。

〔三〕「嗣」字係避諱改，當作「胤」。

〔四〕「語」字原作「與」，據清國史改。

清史稿卷四百八十一

儒林二

惠周惕 子士奇 孫棟 余蕭客

惠周惕，字元龍，原名恕，吳縣人。父有聲，以九經教授鄉里，與徐枋善。周惕少從枋遊，又嘗受業於汪琬。康熙十八年，舉博學鴻儒科，丁憂不與試。三十年，成進士，選翰林院庶吉士，散館，改密雲縣知縣，有善政，卒於官。周惕邃於經學，爲文章有榘度，著有易傳、春秋三禮問及硯谿詩文集、其詩說二卷，謂大小雅以音別，不以政別；謂正雅變雅美刺錯陳，不必分六月以上爲正，六月以下爲變，文王以下爲正，民勞以下爲變；謂二南二十六篇皆房中之樂，不必泥其所指何人；謂天子諸侯均得有頌，魯頌非僭。其言並有依據。清二百餘年，談漢儒之學者，必以東吳惠氏爲首。惠氏三世傳經，周惕其創始者也。

子士奇，字天牧。康熙五十年進士，選翰林院庶吉士，授編修。兩充會試同考官。聖祖嘗問廷臣誰工作賦，内閣學士蔣廷錫以王項齡、湯右曾及士奇三人對。五十七年，孝惠章皇后升祔禮成，特命祭告炎帝陵、舜陵。故事，祭告使臣，學士以上乃得開列，士奇以編修與，異數也。五十九年，充湖廣鄉試正考官。尋提督廣東學政，以經學倡多士，三年之後，通經者多。又謂校官，古博士也，校官無博士之才，弟子何所效法？訪得海陽進士翁廷資，即具疏題補韶州府學教授。部議格不行，聖祖曰：「惠士奇所舉，諒非徇私，著如所請，後不為例。」雍正初，復命留任。召還，入對不稱旨，罰修鎮江城，以產盡停工，削籍。乾隆元年，復起為侍讀，免欠修城銀，令纂修三禮。越四年，告歸，卒於家。

士奇盛年兼治經史，晚尤邃於經學，撰易說六卷、禮說十四卷、春秋說十五卷。於易雜釋卦爻，以象為主，力矯王衍以來，空疏說經之弊，於禮疏通古音古字，俱使無疑似。復援引諸子百家之文，或以證明周制，或以參考鄭氏所引之漢制，以遍觀周制，而各闡其製作之深意，於春秋事實據左氏，論斷多采公穀，大致出於宋張大亨春秋五禮例，宗沈棐春秋比事，而典核過之。大學說一卷，晚出親民，不讀新民，論格物不外本末終始先後，即絜矩之不外上下前後左右，亦能根極理要。又著交食舉隅三卷，琴笛理數考四卷。子七人，棟最知名。

棟，字定宇，元和學生員。自幼篤志向學，家多藏書，日夜講誦，於經史諸子、稗官野乘及七經毖緯之學，靡不津逮。小學本爾雅、六書本說文，餘及急就章、經典釋文、漢魏碑碣，自玉篇、廣韻而下勿論也。乾隆十五年，詔舉經明行修之士，陝甘總督尹繼善、兩江總督黃廷桂交章論薦，會大學士九卿索所著書，未及呈進，罷歸。

棟於諸經熟洽貫串，謂詁訓〔十三〕古字古音，非經師不能辨。作九經古義二十二卷。尤邃於易，其撰易漢學八卷，掇拾孟喜、虞翻、荀爽諸論，以見大凡，其末篇附以己意，發明漢易之理，以辨正河圖、洛書、先天、太極之學。易例二卷，乃鎔鑄舊說，以發明易之本例，實為棟論易諸家發凡。其撰周易述二十三卷〔十四〕，以荀爽、虞翻為主，而參以鄭康成、宋咸、干寶之說，約其旨為注，演其說為疏，書垂成而疾革，遂闕革〔十五〕至未濟十五卦及序卦、雜卦兩傳，雖為未善〔十六〕之書，然漢學之絶者千有五百餘年，至是而粲然復明。撰明堂大道錄八卷，禘說二卷，謂禘行於明堂，明堂法本於易。古文尚書考二卷，辨鄭康成所傳之二十四篇為孔壁真古文，東晉晚出之二十五篇為僞。又撰後漢書補注二十四卷，王士禛精華錄訓纂二十四卷，九曜齋筆記、松崖文鈔諸書。嘉定錢大昕嘗論宋、元以來說經之書，盈屋充棟，高者蔑古訓以詩心得，下者襲人言以為己有。獨惠氏世守古學，而棟所得尤精，擬諸前儒，當在何休、服虔之間，馬融、趙岐輩不及也。卒年六十二〔十七〕。其弟子知名者，余蕭客、江聲最為純實。

蕭客字古農〔十八〕，長洲人〔十九〕。撰《古經解鉤沉》三十卷，凡唐以前舊說，自諸家經解所引，旁及史傳、類書，片語單詞，悉著於錄。清代經學昌明，著述之家，爭及於古，蕭客是書，其一也。蕭客又撰《文選紀聞》三十卷、《文選音義》八卷〔二十〕。聲自有傳。

校記：

〔一〕《清史稿》之惠周惕及所附諸家傳，皆源出《清國史》，載《儒林傳》下卷卷五。

〔二〕《清國史》原作「原名恕，字元龍」，《史稿》改作「字元龍，原名恕」，蓄意立異，甚是無理。

〔三〕康熙十八年不確，當依《惠氏宗譜》作康熙十七年詳見北京大學漆永祥教授輯東吳三惠詩文集。

〔四〕惠周惕生卒，清國史及清史稿皆失記。據惠士奇先府君行狀，周惕生於明崇禎十四年正月十八日，卒於清康熙三十六年閏三月二十八日，終年五十有七。

〔五〕春秋問與三禮問本為兩書，清國史記之甚確，作三禮問六卷、春秋問五卷。史稿擅删卷帙，將二書合記，以致整理者誤讀為春秋三禮問，故權加頓號於其間，作春秋、三禮問。

〔六〕詩說二卷，不確，當依清國史改作三卷。

〔七〕康熙五十年進士，誤。清國史同。惠士奇乃康熙四十八年二甲進士，當改作康熙四十八年進士。

〔八〕惠士奇奉命祭告炎帝陵、舜陵，清國史及清史稿記作康熙五十七年，不誤。據清聖祖實錄，奉朝廷命確在是年十二月，歲杪若使臣成行，則在康熙五十八年正月故私家碑傳多記為康熙五十八年正月。

〔九〕聖祖誤，據清國史及錢大昕惠先生士奇傳，士奇再督學粵已是雍正元年之後，故頒聖旨者乃世宗而非聖祖。清國史原作奉旨，甚確。史稿畫蛇添足，改作聖祖，遂成張冠李戴。

〔十〕惠士奇卒年，清國史記之甚明，為乾隆六年，終年七十一。史稿視修史若文字遊戲，於傳主乾隆元年復起之後，故作越四年告歸卒於家。如此修史，何以取信後世？

〔十一〕製字原誤作制，逕改。

〔十二〕據清高宗實錄，詔舉經明行修之士，始自乾隆十四年十一月四日，故此處之乾隆十五年，當作十四年。

〔十三〕詁訓二字倒置，依清國史，當作訓詁。

〔十四〕據周易述乾隆二十四年初刻本卷首題記，該書為二十卷，非二十三卷。

〔十五〕革字誤，據周易述，當作鼎。

〔十六〕善字誤，據清國史，當作完。未完之書，係謂周易述未克告竣而惋惜。史稿擅將未完改作未善，一字之差，評價迥異。修史而輕率若此，恐難稱良史之筆。

〔十七〕惠棟卒年，清國史記之甚明，作乾隆二十三年，終年六十二。史稿擅刪乾隆二十三年，不知史例源出何家！

〔十八〕據諸家碑傳，余蕭客字仲林，古農乃其別字。故清國史如實記作字仲林。史稿別出心裁，獨取古農，不知意欲何為。

〔十九〕長洲二字不確，據傳主友人任兆麟余君蕭客墓誌銘及弟子江藩余古農先生記，皆當作吳縣。

〔二十〕據清國史記，余蕭客卒於乾隆四十三年，年四十七。史稿悉數刪除，最是無理。

清史列傳卷六十八

儒林傳下一

惠周惕

子士奇　孫棟　余蕭客

惠周惕原名恕，字元龍，江蘇吴縣人。父有聲，以九經教授鄉里，與徐枋善。周惕少從枋遊，又受業於汪琬。康熙十八年，舉博學鴻儒科，丁憂不與試。三十年，成進士，改翰林院庶吉士，散館，以知縣用，卒於官。周惕邃於經學，為文章有榘度，著有易傳二卷、詩說三卷、三禮問六卷、春秋問五卷，及硯谿詩文集。其詩說三卷，謂大、小雅以音別，不以政別。謂正雅、變雅，美刺錯陳，不必分六月以上為正，六月以下為變；文王以下為正，民勞以下為變。謂二南二十六篇，皆疑為房中之樂，不必泥其所指何人。謂天子諸侯皆得有頌，魯頌非僭。其言並有依據。惠氏三世以經學著，周惕其創始也。子士奇。

士奇，字天牧。康熙五十年進士，改翰林院庶吉士，散館授編修。五十二年、五十四年兩充會試同考官。聖祖嘗問廷臣誰工作賦，內閣學士蔣廷錫以王頊齡、湯右曾及士奇三人對。五十七年，孝惠章皇后升祔禮成，特命祭告炎帝陵、舜陵，故事祭告使臣學士以上乃得開列，士奇以編修與，異數也。五十九年，充湖廣鄉試正考官，尋提督廣東學政。雍正初，復命留任三年。士奇在粵，以經學倡多士，三年之後，通經者多。又謂校官古博士也，校官無博士之才，弟子何所效法，訪諸輿論，得海陽進士翁廷資，即具疏題補韶州府教授。部議格不行，奉旨：惠士奇居官好，所舉諒非徇私，著照所請，後不為例。在任游陞侍讀學士。去之日，粵人尸祝之。五年，奉旨修理鎮江城，以產盡停工，罷官。乾隆元年，有旨調取來京。二年，補侍讀。四年，以病告歸。六年卒，年七十一。撰易說六卷，雜釋卦爻，專宗漢學，以象為主。嘗謂漢儒言易，孟喜以卦氣，京房以通變，荀爽以升降，鄭康成以爻辰，虞翻以納甲，其說不同，而指歸則一，皆不可廢。今所傳之易，出自費直，費氏本古文，王弼盡改爲俗書，又創爲虛象之說，遂舉漢易而空之，而古學亡矣。易者象也，聖人觀象而繫辭，君子觀象而玩辭，六十四卦皆實象，安得虛哉？又撰春秋說十五卷，以禮爲綱，而緯以春秋之事，言必據典，論必持平。禮說十四卷，大學說一卷，於古音古字皆爲分別疏通，復援引諸史百家之文，考漢制以求周制。士奇幼讀史，於天文、樂律二志未盡通曉，及官翰林，因新法究推步之原，著交食舉隅二卷。悟陽正陰倍之義，法存於琴篴〔三〕，撰琴篴理數考四卷。又所著詩有紅豆齋小草、詠史樂府及南中諸集。子七人，棟最知名。

棟，字定宇，元和學生員。自幼篤志向學，家多藏書，日夜講誦，於經史、諸子、稗官野乘及七經毖緯之學，靡不肄業及之小學本爾雅六書本說文餘及急就章經典釋文漢魏碑碣自玉篇廣韻而下勿論也乾隆十五年詔舉經明行修之士陝甘總督尹繼善兩江總督黃廷桂交章論薦會大學士九卿索所著書未及呈進罷歸棟於諸經熟洽貫串謂訓詁古字古音非經師不能辨作九經古義二十二卷尤邃於易其撰易漢學乃追考漢儒易學掇拾緒論使學者得窺其門徑凡孟喜易二卷虞翻易一卷京房易二卷干寶附焉又鄭康成易一卷荀爽易一卷其末一卷則棟發明漢易之理以辨正河圖洛書先天太極之學其撰易例二卷乃鎔鑄舊說以發明易之本例隨手題識筆之於册以儲作論之材其撰周易述二十三卷〔四〕以荀爽虞翻為主而參以鄭康成宋咸干寶之說約其旨為注演其說為疏書垂成而疾革遂闕革〔五〕至未〔六〕濟十五卦及序卦雜卦兩傳雖為未完之書然漢學之絕者千有五百餘年

至是而槩然復章。又撰明堂大道錄八卷、禘說二卷，謂禘行於明堂，明堂之法本於易。古文尚書考二卷，辨鄭康成所傳之二十四篇為孔壁真古文，東晉晚出之二十五篇為僞。又撰後漢書補注二十四卷、九曜齋筆記、松崖筆記、松崖文鈔及諸史會最、竹南漫錄諸書。嘉定錢大昕嘗論宋元以來說經之書，盈屋充棟，高者蔑古訓以誇心得，下者襲人言以為己有。獨惠氏世守古學，而棟所得尤精，擬諸前儒，當在何休、服虔之間，馬融、趙岐輩不及也。二十三年卒，年六十二。其弟子知名者，余蕭客最為純實。

余蕭客字仲林，江蘇長洲人。初撰注雅別鈔八卷，就正於棟，棟曰：子書專攻陸佃、蔡卞、羅願，佃、卞乃安石新學，願非有宋大儒，不必辨，當務其大者。蕭客矍然，自是遍覽四部書，撰古經解鈎沉三十卷，凡唐以前舊說，自諸家經解所引，旁及史傳、類書，片語單詞，悉著其目。自宋以來，訓詁之傳日就散亡。沿及明人，說經者遂憑臆談。我朝經學昌明，著述之家，爭及於古。蕭客是書，其一也。蕭客又撰文選紀聞三十卷、文選音義八卷、文選雜題三十卷、選音樓詩拾若干卷。晚歲失明，生徒求教，皆以口授。乾隆四十三年卒，年四十七〔七〕。

校記：

〔一〕「疑爲」二字，清國史無，係點校本據耆獻類徵加。

〔二〕「康熙五十年」誤，當作「康熙四十八年」。

〔三〕「遂」字原誤作「遽」，逕改。

〔四〕「二十三卷」不確，當作「二十卷」。

〔五〕「華」字誤，當作「鼎」。

〔六〕「末」字原脫，據清國史補。

〔七〕清國史及清史列傳所記余蕭客卒年同，皆本自江藩余古農先生記。任兆麟余君蕭客墓誌銘所記則爲乾隆四十二年，終年四十有九。

清史稿卷四百八十一

儒林二

陳厚耀

陳厚耀字泗源，泰州人。康熙四十五年進士，官蘇州府學教授。大學士李光地薦其通天文算法，引見，改內閣中書。上命試以算法，繪三角形，令求中綫及弧背尺寸。厚耀具劄以進，皆如式。授翰林院編修，入直內廷。厚耀學問淵博，直內廷後，兼通幾何算法，於是其學益進。遷國子監司業，轉左春坊左諭德。以老乞致仕，卒於家。

厚耀以天算之法治春秋，嘗補杜預長曆為春秋長曆十卷。其凡有四：一曰曆證，備引漢書、續漢書、晉書、隋書、唐書、宋史、元史、左傳注疏、春秋屬辭、天元曆理諸說，以證推步之異。其引春秋屬辭載杜預論日月差謬一條，為注疏所無。又引大衍曆義春秋曆考一條，亦唐志所未錄。二曰古曆，以古法十九年為一章，一章之首，推合周曆正月朔日冬至。前列算法，後以春秋十二公紀年，橫列為四章，縱列十二公，積而成表，以求曆元。三曰曆編，舉春秋二百四十二年，推其朔閏及月之大小，而以經傳干支為證佐，述杜預之說而考辨之。四曰曆存，古曆〔五〕推隱公元年正月庚戌朔，杜氏長曆則為辛巳朔，乃古曆所推上年十二月朔，謂元年以前失一閏，蓋以經傳干支排次知之。厚耀則謂如預之說，元年至七年中，書日者雖多不失，而與二年八月之庚辰，四年二月之戊申，又不能合。且隱公三年二月己巳朔日食，桓公三年七月壬辰朔日食，亦皆失之。蓋隱公元年以前，非失一閏，乃多一閏。因定隱公元年正月為庚辰朔，較長曆退兩月。推至僖公五年止，以下朔閏，一一與杜曆相符，故不復續推焉。

又撰春秋戰國異辭五十四卷，通表二卷，摭遺一卷，春秋世族譜一卷。鄒平馬驌為繹史，兼采三傳、國語、國策，厚耀則皆據於五書之外，獨為其難。氏族一書與顧棟高大事表互證，春秋氏族之學，幾乎備矣。厚耀又著禮記分類、十七史正譌諸書，今不傳。

校記：

〔一〕清史稿之陳厚耀傳，源出清國史，載儒林傳下卷卷六。

〔二〕陳厚耀官蘇州府學教授，依清國史所記，乃康熙四十八年夏秋間，應召扈行熱河之後，因母老而就蘇州教職。史稿擅移至康熙四十五年進士後，且先於得李光地薦入京，致成傳主仕歷不清。

〔三〕據清國史所記傳主履歷，得李光地薦入京，與改內閣中書並非同年事。史稿混同一年，致成史實紊亂。

〔四〕陳厚耀告老及去世具體時間，清國史記之甚確，作康熙「五十八年，以老乞致仕。六十一年卒，年七十五」。清史稿於確切年份棄而不錄，改作「以老乞致仕，卒於家」。行文似簡實疏，乃文士述史，而非史家實錄。

〔五〕據清國史，「古曆」二字前，脫一「以」字，當補。

清史列傳卷六十八

儒林傳下一

陳厚耀

陳厚耀，字泗源，江蘇泰州人。康熙四十五年進士，大學士李光地薦其通天文算法，召見，試以三角形，令求中線，又問弧背尺寸，厚耀具劄進稱旨。四十八年，駕幸熱河，厚耀扈行，上問北極出地高下及地周、地徑、地圓，厚耀具舉以對。旋以母老就教職，得蘇州。未踰年，召入南書房，厚耀學問淵博，自是通幾何算法，學益進。授中書科中書，尋命與梅瑴成修書蒙養齋，賜算法諸書及西洋儀器等。書成，特旨授翰林院編修。五十三年，丁母艱，命賜帑銀，著江南織造經紀其喪。喪畢，晉國子監司業，轉左諭德。五十七年，充會試同考官。五十八年，以老乞致仕。六十一年，卒，年七十五。

厚耀以天算之法治春秋，嘗補杜預長曆為春秋長曆十卷，其凡有四：一曰曆證，備引漢書、續漢書、晉書、隋書、唐書、宋史、元史、左傳注疏、春秋屬辭、天元曆理諸說以證推步之異；其引春秋屬辭載杜預論日月差謬一條，為注疏所無，又引大衍曆義、春秋曆考一條，亦唐志所未錄。二曰古曆，以古法十九年為一章，一章之首推合周曆正月朔日冬至，前列算法，後以春秋十二公紀年橫列為四章，縱列十二公，積而成表，以求曆元。三曰曆編，舉春秋二百四十二年一一推其朔閏及月之大小，而以經傳干支為證，佐述杜預之說而考辨之。四曰曆存，以古曆推隱公元年庚戌朔，杜氏長曆則為辛巳朔，乃古曆所推之上年十二月朔，謂元年以前失一閏，蓋以經傳干支排次知之。厚耀則謂如預之說，元年至七年中書日者雖多不失，而與二年八月之庚辰、四年二月之戊申又不能合，且隱公三年二月己巳朔日食，桓公三年七月壬辰朔日食，亦皆失之。蓋隱公元年以前，非失一閏，乃多一閏。因定隱公元年正月爲庚辰朔，較長曆退兩月，推至僖公五年止，以下朔閏，一一與杜曆相符，故云復續載焉。厚耀明於曆法，故所推較預爲密。又撰春秋戰國異辭五十四卷、通表二卷、摭遺一卷，春秋世族譜一卷。鄒平馬驌爲繹史，兼采三傳、國語、國策，厚耀則皆摭於五書之外，獨爲其難。氏族一書，與顧棟高大事表互證，春秋氏族之學，幾乎備矣。厚耀又著禮記分類、孔子家語注、十七史正譌諸書。

校記：

〔二〕「一一」二字係據耆獻類徵增，當刪。

〔三〕「載」字原作「推」，不誤，當改回。

清史稿卷四百八十一

儒林二

臧琳　玄孫庸　禮堂

臧琳〔一〕，字玉林，武進人。諸生。治經以漢注唐疏為主，教人先以爾雅、說文，曰：「不解字，何以讀書；不通訓詁，何以明經？」鍵戶著述，世無知者。有尚書集解百二十卷〔二〕、經義雜記三十卷。閻若璩稱其深明兩漢之學。錢大昕校定其書，云：「實事求是，別白精審，而未嘗輕詆前哲，斯真務實而不近名者。」〔三〕

玄孫庸〔四〕，本名鏞堂，字在東，與弟禮堂俱事錢塘盧文弨，沉默樸厚，學術精審。續其高祖將絕之學，撰經義雜記為拜經日記八卷。高郵王念孫亟稱之。其敘孟子年譜，辨齊宣王、湣王之誤，閩縣陳壽祺歎為絕識。又著拜經文集四卷、月令雜說一〔五〕卷、樂記二十三篇注一卷、孝經考異一卷，子夏易傳一卷，詩考異四卷，韓詩遺說二卷，訂譌一卷，校鄭康成易注二卷。其輯子夏易傳，辨此傳爲漢韓嬰作，非卜子夏。其詩考異，大旨如王伯厚，但逐條必自考輯，不依循王本。庸初因寶應劉台拱獲交儀徵阮元，其後館元署中爲多。元寫其書爲副本，以原本還其家。嘉慶十六年卒，年四十五。

禮堂，字和貴。事親孝，父繼宏久虐，冬月畏火，禮堂潛以身溫被。居喪如禮，笑不見齒。母遘危疾，割股合藥，私禱於神，減歲以延親壽。娶婦胡，初婚夕，教以孝弟長言，令熟聽，乃合巹，一家感而化之。尤精小學，善讎校，爲四方賢士所貴。師事錢大昕，業益進。好許氏說文解字，爲說文經考十三卷。慕古孝子、孝女、孝婦事，作孝傳百數十卷。尚書集解案六卷〔二〕，三禮注校字六卷，春秋注疏校正六卷。卒年三十〔三〕。

校記

〔一〕清史稿之臧琳傳，源出清國史，載儒林傳下卷卷二，附見於朱鶴齡傳。

〔二〕尚書集解百二十卷，卷數不確。清國史同。據楊方達臧先生琳傳當作一百二十四卷。

〔三〕傳末所述錢大昕語，出潛研堂文集卷二十四臧玉林經義雜識序。玉林卒年，清史稿及清國史皆失記。據楊方達臧先生琳傳，傳主生於順治七年七月二十一日，卒於康熙五十二年十月十日，享年六十有四。

〔四〕清史稿之臧庸傳及其弟禮堂傳，皆出自清國史，載儒林傳下卷卷十七。

〔五〕月令雜說一卷，卷數不確。依清國史，當作二卷。

〔六〕尚書集解案前依上下文意，當補「又著」二字。

〔七〕清史稿不記禮堂卒於何年，失當。清國史記之甚確，作「嘉慶十年卒，年三十」。

清史列傳卷六十八

儒林傳下一

臧琳

臧琳，字玉林，江蘇武進人。諸生。治經以漢注唐疏爲主，教人先以爾雅、說文，曰：「不解字，何以讀書？不通訓詁，何以明經？」鍵户著述，世無知者。有尚書集解百二十卷、經義雜記三十卷。閻若璩稱其深明兩漢之學，錢大昕校定其書，云：「實事求是，別白精審，而未嘗輕詆前哲，真務實而不近名者。」

臧庸　弟禮堂

臧庸，本名鏞堂，字在東，江蘇武進人。高祖琳，已有傳。庸與弟禮堂，俱事錢塘盧文弨，沉默樸厚，學術精審。續其高祖之學，擬經義雜記爲拜經日記八卷。高郵王念孫亟稱之。其叙孟子年譜，辨齊宣王、湣王之誤，閩縣陳壽祺歎為絶識。又著拜經文集四卷，月令雜説二卷，樂記二十三篇注一卷，孝經考異一卷，子夏易傳一卷，詩考異四卷，韓詩遺説二卷、訂譌一卷，盧植禮記解詁一卷，爾雅古注三卷，説文舊音考三卷，蔡邕月令章記二卷，王肅禮記注一卷、聖證論一卷，尸子一卷，賈逵國語注一卷，蕭該漢書音義二卷。校鄭康成易注二卷。其輯子夏易傳，辨此傳為漢韓嬰作，非卜子夏。其詩考異，大旨如王伯厚，但逐條必自考輯，不依循王本。庸初因寶應劉台拱獲交儀徵阮元，其後館元署中為多。元寫其書為副本，以原本還其家。嘉慶十六年卒，年四十五。

禮堂字和貴，事親孝，父病痞，冬月畏火，禮堂潛以身温被。及卒，居喪如禮，三年不見齒。母遘危疾，刲股和藥，私禱於神，願減齒一紀。初娶婦時，教以孝弟長言，今熟聽，乃合璧一家，感而化之。尤精小學，善讐校，師事錢大昕，業益進。好許氏說文解字，以南唐徐氏兄弟治此，楚金尤專業，而世傳小徐本轉寫譌異，闕者據大徐本補之，益失真。得元板熊氏韻會舉要所引小徐善本，重輯說文繫傳十五卷。又刺取許引諸經為說文經考三十卷〔三〕，又為南宋石經考二卷、慕古孝子孝婦事作孝傳百三十卷、尚書集解案六卷、三禮注校字六卷、春秋注疏校正六卷、補嚴氏蔚左傳賈服注三卷、輯臧榮緒晉書二卷、愛日居筆記六卷。嘉慶十年卒，年三十。

校記

〔二〕「百二十卷」不確，當作「百二十四卷」。詳史稿校記。

〔三〕「三十卷」不確，據朱珪臧禮堂家傳，當作「十三卷」。

清史稿卷四百八十一

儒林二

任啓運

任啓運（二），字翼聖，宜興人。少讀孟子至卒章，輒哽咽，大懼道統無傳。家貧無藏書，從人借閱，夜乏膏火，持書就月，至移牆不輟。事父母以孝聞。年五十四，舉於鄉。雍正十一年，計偕至都，會世宗問有精通性理之學者，尚書張照以啓運名上。特詔廷試，以「太極似何物」對，進呈御覽，得旨嘉獎。會成進士，遂於臚唱前一日引見，特授翰林院檢討，在阿哥書房行走。上嘗問以「朝聞夕死」之旨，啓運對以「生死一理，未知生，焉知死」。上曰：「此是賢人分上事，未到聖人地位。從此作去，久自知之。」逾年抱疾，賜藥賜醫。越月謝恩，特諭繞廊而進，面稱「知汝非堯、舜不敢以陳於王前」，務令自愛。令侍臣扶掖以出，且遙望之。高宗登基，仍命在書房行走，署日講起居注官，尋擢中允。乾隆四年，遷侍講，晉侍講學士。七年，擢都察院左僉都御史。八年，充三禮館副總裁官，尋升宗人府府丞。九年，卒於賜第，年七十五。賜帑金治喪，具賜祭葬。

啓運學宗朱子，嘗謂「諸經已有朱子傳，獨未及禮經」。乃著肆獻祼饋食禮三卷。以儀禮特牲、少牢饋食禮皆士禮，因據三禮及他傳記之有關王禮者推之，不得於經，則求諸注疏以補之。凡五篇，一曰祭統，二曰吉蠲，三曰朝踐，四曰正祭，五曰繹祭。其名則取周禮「以肆獻祼享先王」「以饋食享先王」之文，較之黃榦所續祭禮，更為精密。又宮室考十三卷，於李如圭釋宮之外，別為類次，曰門，曰觀，曰朝，曰廟，曰寢，曰塾，曰宁，曰等威，曰名物，曰門大小廣狹，曰明堂，曰方明，曰辟雍，考據頗為精核。儀禮一經，久成絕學，啓運研究鉤貫，使條理秩然，不愧窮經之目。又禮記章句十卷、以大學、中庸朱子既成章句，則曲禮以下四十七篇，皆可釐為章句。但所傳篇次，序列紛錯，爰倣鄭康成序儀禮例，更其前後，併為四十二篇。其有關倫紀之大，而為秦漢、元、明輕變易者，則彙著其說，以俟後之論禮者酌取。外有周易洗心九卷，四書約指十九卷，孝經章句十卷，夏小正注、竹書紀年考、逸書補、孟子時事考、清芬樓文集等書。其周易洗心則年六十時作，觀象玩辭，時闡精理。

啓運研窮刻苦，既受特達之知，益思報稱。年七十二，猶書自責語曰：「孔、曾、思、孟，實惟汝師。日面命汝，汝頑不知。」痛自懲責，涕泗漣洏。「嗚呼老矣，瞑目為期。」及總裁三禮館，喜甚，因盡發中秘所儲，平心參訂，目營手寫，漏常二十刻不輟。論必本天道，酌人情，務求合朱子遺意，而心神煎耗，竟以是終。十四年，詔舉經學，上諭有任啓運研窮經術，敦樸可嘉之語。三十七年，命中外蒐集古今群書，高宗諭曰：

「歷代名臣、洎本朝士林風望、向有詩文專集。及近時沉潛經史、原本風雅、如顧棟高、陳祖范、任啟運、沈德潛輩、亦各著成編、並非剿說卮言可比。均應概行查明、在坊肆者或量爲給價、家藏者或官爲裝印。至有未經鐫刊、祇係鈔本存留者、不妨鈔錄副本、仍將原本給還。庶幾副在石渠、用儲一覽。」於是上啟運所著書四種、入四庫中。

校記：

〔一〕清史稿之任啟運傳、源出清國史、載儒林傳下卷卷九。

〔二〕「牲」字原作「性」、誤。故本清國史、改還「牲」。乃謂儀禮之特牲饋食禮。

〔三〕「少牢饋食禮」當連讀、清史稿誤讀作「少牢、饋食禮」。故依儀禮逕改連讀。

〔四〕「煎耗」不詞。據《清國史》，當作「並耗」，謂「傳主研窮經術，專意修書，以致心神並耗而卒」。《清史稿》改「並」為「煎」，不惟生造無據，而且與上文之「喜甚」自相矛盾，殊不可取。

〔五〕「向有詩文專集」，《清史稿》未讀斷，與「及近時沉潛經史」連讀，句讀有誤。故於「集」、「及」二字間，施以句號。

清史列傳卷六十八

儒林傳下一

任啓運

任啓運，字翼聖，江蘇宜興人。少讀孟子，至辛章輒哽咽，大懼道統無傳。家貧無藏書，從人借閱，夜乏膏火，持書就月，至移牆不輟。事父母以孝聞。年五十四，舉於鄉。雍正十一年，計偕至都，會世宗問有精通性理之學者，尚書張照以啓運名上。特詔廷試，以太極似何物對，進呈御覽，得旨嘉獎。會成進士，遂於臚唱前一日引見，奉上諭：任啓運授翰林院檢討，在阿哥書房行走。上嘗問以朝聞夕死之旨，啓運對以「生死一理，未知生，焉知死」。上諭云：「此是賢人分上事，未到聖人地位。從此作去，久自知之。」逾年，抱疾，賜藥賜醫。越月，謝恩，特旨繞廊而進，面稱「汝知非堯舜不敢以陳於王前」。再四慰安，務令自愛。令侍臣扶掖以出，且遣望之高宗登極，仍命在書房行走，署日講起居注官，尋擢中允。四年，遷侍講，晉侍講學士。七年，擢都察院左僉都御史。八年，充三禮館副總裁官，尋升宗人府府丞。九年，卒於所賜第，年七十五。賜帑金治喪，賜祭葬。

啓運學宗朱子，嘗謂諸經已有朱子傳，獨未及禮經。乃著肆獻祼饋食禮三卷。以儀禮特牲、少牢饋食禮皆士禮，因據三禮及他傳記之有關王禮者推之，不得於經，則求諸注疏以補之。凡五篇，一曰祭統，二曰吉蠲，三曰朝踐，四曰正祭，五曰繹祭。其名則取周禮「以肆獻祼享先王」「以饋食享先王」之文，較之黃榦所續祭禮，更爲精密。又宮室考十三卷，於李如圭釋宮之外，別爲類次，曰門，曰觀，曰朝，曰廟，曰寢，曰塾，曰宁，曰等威，曰名物，曰門大小廣狹，曰明堂，曰方明，曰辟雍，考據甚爲精覈。儀禮一經，久成絕學，啓運研究鉤貫，使條理秩然，不愧窮經之目。又禮記章句十卷，以大學、中庸，朱子既成章句，則曲禮以下四十七篇，皆可釐為章句。但所傳篇次，序列紛錯，爰倣鄭康成序儀禮例，更其前後，併為四十二篇。其有關倫紀之大，而為秦漢元明輕變易者，則彙著其說，以俟後之論禮者酌取。外有周易洗心九卷，四書約指十九卷，孝經章句十卷，夏小正注，竹書紀年，孝述書，補孟子時事考，史要，女史通纂，女教經傳，白虎通正譌，任氏家禮酌，任氏史冊備考，同姓名考，記事珠，清芬樓文集等書。其周易洗心，則年六十時作，觀象玩辭，時闡精理。

啓運研窮刻苦，既受特達之知，益思報稱。年七十二，猶書自責語曰：「孔、曾、思、孟，實為汝師。日面命汝，汝頑不知。倘自懲責，涕泗漣洏。嗚呼老矣，瞑目為期。」及總裁三禮館，喜甚，因盡發中秘所儲，平心參訂，目營手寫，漏常二十刻不輟。論必本天道，酌人情，務求合朱子遺意，而心神並耗。

竟以是終。十四年，詔舉經學，上諭有任啓運研窮經術，敦樸可嘉語。三十七年，命中外蒐輯古今群書，諭曰：歷代名臣，洎本朝士林夙望，向有詩文專集，及近時沉潛經史，原本風雅，如顧棟高、陳祖范、任啓運、沈德潛輩，亦各著成編，並非剿說卮言可比。均應概行查明，在坊肆者，或量為給價；家藏者，或官為裝印。至有未經鐫刊，祇係鈔本存留者，不妨繕錄副本，仍將原本給還。庶幾副在石渠，用儲乙覽。於是上啓運所著書四種入四庫中。

校記：

〔一〕據清國史，「喪」字下尚脫一「具」字，當補。

清史稿卷四百八十一

儒林二

全祖望　蔣學鏞　董秉純

全祖望，字紹衣，鄞縣人。十六歲能爲古文，討論經史，證明掌故，補諸生。雍正七年，督學王蘭生選以充貢，入京師。旋舉順天鄉試。戶部侍郎李紱見其文，曰：「此深寧、東發後一人也。」乾隆元年，薦舉博學鴻詞。是春會試，先成進士，選翰林院庶吉士，不再與試。時張廷玉當國，與李紱不相能，並惡祖望。祖望又不往見。二年，散館，置之最下等，歸班以知縣用，遂不復出。方詞科諸人未集，紱以問祖望，祖望爲記四十餘人，各列所長。性伉直。既歸，貧且病，饔飧不給，人有所餽，弗受。主蕺山、端谿書院講席，爲士林仰重。二十年，卒於家，年五十有一。

祖望爲學，淵博無涯涘，於書無不貫串。在翰林，與紱共借永樂大典讀之每日各盡二十卷時開明史館復爲書六通移之先論藝文次論表次論忠義隱逸兩列傳皆以其言爲韙生平服膺黄宗羲宗羲表章明季忠節諸人祖望益廣修枌社〔五〕掌故桑海遺聞以益之詳盡而核實可當續史宗羲宗元學案甫創草稿祖望博采諸書爲之補輯編成百卷又七校水經注三箋困學紀聞皆足見其汲古之深又答弟子董秉純張炳蔣學鏞盧鎬等所問經史疑義録爲經史問答十卷儀徵阮元嘗謂經學史才詞科三者得一足傳而祖望兼之其經史問答實足以繼古賢啓後學與顧炎武日知録相埒晚年定文稿删其十七爲鮚埼亭文集五十卷

弟子同縣蔣學鏞字聲始乾隆三十六年舉人從祖望得聞黄萬學派學鏞尤得史學之傳

董秉純字小鈍乾隆十八年拔貢補廣西那地州州

判，升秦安縣知縣。全祖望文內外集，均秉純一手編定。

校記：

〔一〕清史稿之全祖望傳，源出清國史，載儒林傳下卷卷九。

〔二〕討論經史，證明掌故八字，語出董秉純輯全謝山年譜，見於該譜雍正二年，二十歲條，而非若史稿所記之十六歲時事。

〔三〕史稿記傳主補諸生於十六歲之後，有誤。據前引年譜，譜主補博士弟子乃在康熙五十七年，時僅十四歲，而十六歲時已入杭州應鄉試。

〔四〕全祖望何時舉順天鄉試，史稿惟作一旋字，未確。據上引年譜，乃在雍正十年，時年二十八。

〔五〕枌社典出史記封禪書，謂秦末，劉邦起事，率衆祭告鄉里枌榆之神祇。後即以「枌社」喻鄉邦。故「枌社」並非專名。史稿點校本，於「枌社」二字側，原有專名號，不當加，遝去。

清史列傳卷六十八

儒林傳下一

全祖望

全祖望，字紹衣，浙江鄞縣人。十六歲能爲古文，討論經史，證明掌故。雍正七年，以諸生充選貢，至京師，上侍郎方苞書，論喪禮或問，苞大異之。旋舉順天鄉試，户部侍郎李紱見其文，曰：此黄震、王應麟以後一人也。乾隆元年，薦舉博學鴻詞科。是春會試，先成進士，改翰林院庶吉士，不再與鴻博試。二年，散館，以知縣用，遂歸，不復出。方詞科諸人未集，紱以問祖望，祖望爲記四十餘人，各列所長，乃彙爲詞科摭言一書，先以康熙十八年百八十六徵士，接以今科采諸人所著入之，已成大半，會將歸，未卒業，僅得前後姓名及舉主、試錄三卷。性伉直，既歸，貧且病，饔飧不給，人有所餽，弗受。主講蕺山、端谿書院，爲士林仰重。二十年，卒於家，年五十有一。

祖望為學淵博無涯涘，於書靡不貫串。在翰林，與李紱共借永樂大典讀之，每日各盡二十卷。時開明史館，復為書六通移之，先論藝文，次論表，次論忠義、隱逸兩列傳，皆以其言為韙。生平服膺黃宗羲，宗羲於明季諸人刻意表章，祖望踵之，詳盡而覈實，可當續史。家居後，修宗羲宋儒學案，又七校水經注，三箋困學紀聞，皆足見其汲古之深。又答弟子董秉純、張炳、蔣學鏞、盧鎬等所問經史疑義，錄為經史問答十卷。儀徵阮元嘗謂經學、史才、詞科三者得一足傳，而祖望兼之，其經史問答實足以繼古賢、啓後學，與顧炎武日知錄相埒。晚手定文稿，刪其十七，為鮚埼亭文集五十卷。又著有讀易別錄、孔子弟子姓名表、漢書地理志稽疑、公車徵士小錄、續甬上耆舊詩、天一閣碑目。

清史稿卷四百八十一

儒林二

沈彤　蔡德晉　盛世佐

沈彤字果堂，吳江人。自少力學，以窮經爲事，貫串前人之異同，折衷至當。乾隆元年，薦舉博學鴻詞，報罷。與修三禮及一統志，書成，授九品官，以親老歸。彤淹通三禮，以歐陽修有周禮官多田少、祿且不給之疑，後人多沿其說，即有辨者，不過以攝官爲詞。乃詳究周制，撰周官祿田考以辨正歐說，分官爵數、公田數、祿田數三篇，積算至爲精密。其說自鄭注、賈疏以後，可云特出。又撰儀禮小疏一卷，取士冠禮、士昏禮、公食大夫禮、喪服、士喪禮爲之疏箋，足訂舊義之譌。其果堂集十二卷，多訂正經學之文，若周官頒田異同說、五溝異同說、井田軍賦說、釋周官地征等篇，皆援據典核。又撰春秋左氏傳小疏、尚書小疏、氣穴考略內經本論。

彤性至孝，親殁，三年中不茹葷，不內寢。居恆每講求經世之務，所著保甲論，其後吳德旋見之，稱爲最善云。卒年六十五。[三]

蔡德晉[四]，字仁錫，無錫人。雍正四年舉人。乾隆二年，禮部尚書楊名時薦德晉經明行修，授國子監學正，遷工部司務。德晉嘗謂橫渠以禮教人，最得孔門博約之旨，故其律身甚嚴。其論三禮，多發前人所未發。著禮經本義十七卷，禮傳本義二十卷，通禮五十卷。

盛世佐[五]，字庸三，秀水人。官貴州龍里知縣。[六]撰儀禮集編四十卷，集衆解而研辨之，持論謹嚴。又楊復儀禮圖久行於世，然其說本注疏，而時有並注疏之意失之者，一一是正。至於諸家謬誤，辨之尤詳焉。

校記

〔一〕清史稿之沈彤傳，源自清國史，載儒林傳下卷卷九。

〔二〕傳主之字，清國史本作冠雲，不誤。據惠棟沈君果堂墓誌銘：「君諱彤，字冠雲，别字果堂。」史稿既鈔録國史成文，又不取傳主正字，改以别字，蓄意立異，意欲何為？

〔三〕沈彤卒於何年？史稿失記。然清國史本記之甚確，作「乾隆十七年卒，年六十五」。史稿删「十七年」不記，如此修史，根據何在？

〔四〕清史稿之蔡德晉傳，源自清國史，載儒林傳下卷卷七，附見於顧棟高傳。

〔五〕清史稿之盛世佐傳，源自清國史，載儒林傳下卷卷七，附見於吳廷華傳。

〔六〕官貴州龍里知縣前，清國史本有「乾隆十三年進士七字，甚確。史稿擅删此七字，失當。

清史列傳卷六十八

儒林傳下一

沈彤　蔡德晉　盛世佐

沈彤，字冠雲，江蘇吳江人。自少力學，以窮經為事，貫串前人之異同，折衷至當。乾隆元年，薦舉博學鴻詞報罷，與修三禮及一統志。書成，授九品官，以親老歸。彤淹通三禮，以歐陽修有周禮官多田少，祿且不給之疑，後人多沿其說，即有辨者，不過以攝官為詞。乃詳究周制，撰周官祿田考三卷，以辨正歐說。分官爵數、公田數、祿田數三篇，積算至為精密。其說自鄭注、賈疏以後，可云特出。又撰儀禮小疏一卷，取士冠禮、士昏禮、公食大夫禮、喪服、士喪禮為之箋疏，足訂舊義之譌。其果堂集十二卷，多訂正經學之文，若周官頒田異同說、五溝異同說、井田軍賦說、釋周官地征等篇，皆援據典覈。又撰春秋左傳小疏、尚書小疏、氣六孝略、內經本論。

彤性至孝，親歿，三年中不茹葷、不內寢，居恒每講求經世之務。所著保甲論，其後吳德旋見之，稱為最善云。十七年卒，年六十五。

蔡德晉，字仁錫，江蘇無錫人。雍正四年舉人。乾隆二年，禮部尚書楊名時薦德晉經明行修，授國子監學正，遷工部司務。德晉嘗謂橫渠以禮教人，最得孔門博約之旨。故其立身甚嚴。其論三禮，多發前人所未發。著禮經本義十七卷、禮傳本義二十卷、通禮五十卷。

盛世佐，字庸三，浙江秀水人。乾隆十三年進士，官貴州龍里知縣。撰儀禮集編四十卷，集古今說禮者一百九十七家，而斷以己意，持論謹嚴，無空腹高談、輕排鄭賈之錮習。又楊復儀禮圖久行於世，然其說本注疏，而時有并注疏之意失之者，世佐亦一一是正。至於諸家謬誤，辨之尤詳焉。餘姚盧文弨著儀禮詳校，頗采其說。

校記：

〔一〕蔡德晉傳，清史列傳原附見於顧棟高傳，姑依清史稿編次權置於此。

〔二〕盛世佐傳，清史列傳原附見於吳廷華傳。

〔三〕依清國史，「左」字下脫一「氏」字，當補。

清史稿卷四百八十一

儒林二

江永 程瑤田

江永，字慎修，婺源人。為諸生數十年，博通古今，專心十三經注疏，而於三禮功尤深。以朱子晚年治禮，為儀禮經傳通解，書未就，黃氏、楊氏相繼纂續，亦非完書。乃廣摭博討，大綱細目，一從吉、凶、軍、嘉、賓五禮舊次，題曰禮經綱目，凡八十八卷。引據諸書，釐正發明，實足終朱子未竟之緒。嘗一至京師，桐城方苞、荊谿吳紱質以禮經疑義，皆大折服。讀書好深思，長於比勘，明推步、鐘律、聲韻。歲實消長，前人多論之者，梅文鼎略舉授時，而亦疑之。永為之說，當以恆氣為率，隨其時之高衡以算定氣，而歲實消長勿論。其說至為精當。其論黃鍾之宮，據管子、呂氏春秋，以正淮南子。其論古韻，平、上、去三聲皆當為十三部，入聲當為八部，而三代以上之音，始有條不紊。晚年讀書有得，隨筆撰記，謂〔三〕周易以反對為次序〔四〕，卦變當於反對取之。否反為泰，泰反為否，故小往大來，大往小來，是其例也。凡曰來，曰下，曰反，自反卦之外卦來居內卦也。曰往，曰上，曰進，曰升，自反卦之內卦往居外卦也。又謂兵、農之分，春秋時已然，不起於秦、漢。證以管子、左傳，兵常近國都，野處之農，固不隸於師旅也。其於經傳，稽考精審，多類此。

所著有周禮疑義舉要七卷，禮記訓義擇言六卷〔六〕，深衣考誤一卷，律呂闡微十卷，律呂新論二卷，春秋地理考實四卷，鄉黨圖考十一卷〔七〕，讀書隨筆十二卷，古韻標準四卷，四聲切韻表四卷〔八〕，音學辨微一卷，河洛精蘊九卷，推步法解五卷，七政衍，金水二星發微，冬至權度，恒氣注曆辨，歲實消長辨，曆學補論，中西合法擬草各一卷，近思錄集注十四卷，考訂朱子世家一卷。乾隆二十七年卒，年八十二。弟子甚衆，而戴震、程瑤田、金榜尤得其傳。震、榜自有傳。

瑤田字易疇[九]，歙[十]人。讀書好深沈之思。學於江氏。乾隆三十五年舉人，選授太倉州學正[十一]，以身率教，廉潔自持。告歸之日，錢大昕、王鳴盛皆贈詩推重，至與平湖陸隴其並稱。嘉慶元年舉孝廉方正。同時舉者，推錢大昭、江聲、陳鱣三人，阮元獨謂瑤田足以冠之。平生著述長於旁搜曲證，不肯依傍傳注。所著《喪服足徵記》、《宗法小記》、《溝洫疆里[十二]小記》、《禹貢三江考》、《九穀考》、《磬折古義》、《水地小記》、《解字小記》、《聲律小記》、《考工創物小記》、《釋草釋蟲小記》。年老目盲，猶口授孫輩成《琴音記》。東原戴氏自謂尚遜其精密[十三]。

校記

[一]《清史稿》之《江永傳》源出《清國史》。《國史》之《江永傳》凡二稿，一載《儒林傳》卷七，一載《儒林傳下卷》卷十六。《史稿》合

而為一，多加刪節成文。

〔二〕傳主籍貫，清國史作「安徽婺源」，史稿擅刪「安徽」二字。婺源今屬江西。

〔三〕書名、卷數皆未確。據四庫全書總目，當作禮書綱目八十五卷。

〔四〕據清國史，「次序」二字，當作「序次」。

〔五〕據錢大昕江先生永傳及清國史，「反對之」「對」字誤，當作「卦」。

〔六〕據四庫全書總目，禮記訓義擇言當作「八卷」。

〔七〕據四庫全書總目，鄉黨圖考當作「十卷」。

〔八〕據四庫全書總目，四聲切韻表當作「一卷」。

〔九〕清史稿之程瑤田傳，源自清國史儒林傳下卷卷十六。

〔十〕據清國史，程瑤田為安徽歙縣人。歙縣屬徽州府，清代徽州府領縣六，依次為歙縣、休寧、婺源、祁門、黟縣、績溪。歙縣、黟縣之「縣」字不可省。清史稿擅刪「縣」字，失當。

〔十一〕「太倉州學正」誤。據清國史，當作「嘉定縣教諭」。

〔十二〕程瑤田卒年，清國史記之甚確，作嘉慶十九年卒，年九十。清史稿悉數刪除，如此修史，意欲何為？

〔十三〕「里」字誤，據傳主通藝錄及清國史本傳，當作「理」。

清史列傳卷六十八

儒林傳下一

江永　程瑤田

江永，字慎修，安徽婺源人。諸生。少讀書，日記數千言。嘗見大學衍義補徵引周禮，愛之，求得其書，朝夕諷誦，遂研覃十三經注疏，凡古今制度及鐘律聲韻，無不探賾索隱，尤深於三禮及天文地理之學。以朱子晚年治禮，為儀禮經傳通解，書未就，黃氏、楊氏相繼纂續，亦非完書，乃廣摭博討，大綱細目，一從吉、凶、軍、賓、嘉五禮舊次，題曰禮經綱目，凡八十八卷，引據諸書，釐正發明，實足終朱子未竟之緒。嘗一至京師，桐城方苞、荊谿吳紱質以禮經疑義，皆大折服。讀書好深思，長於比勘，明推步、鐘律、聲韻。歲實消長，前人多論之者，梅文鼎略舉授時，而亦疑之，永為說曰：日平行於黃道，是為恆氣恆歲實，因有本輪、均輪、高衝之差而生盈縮，謂之視行。視行者，日之實體所至，而平行者，本輪之心也。以視行加減平行，故定氣時刻多寡不同。高衝為縮末盈初之端，歲有推移，故定氣時刻之多寡且歲歲不同，而恒氣歲實終古無增損。當以恒者為率，隨其時之高衝以算定氣，而歲實消長可勿論也。其論黃鐘之宮，據管子、呂氏春秋以正淮南子天文訓、漢書律曆志之謬，曰黃鐘之宮，黃鐘半律也，即後世所謂黃鐘清聲是也。唐時風雅十二詩譜，以清黃起調畢曲。琴家正宮調，黃鐘不在大弦，而在第三弦，正黃鐘之宮為律本遺意。國語伶州鳩因論七律，而及武王之四樂，夷則無射曰上宮，黃鐘、太簇曰下宮。蓋律長者用其清聲，律短者用其濁聲，古樂用均之法雖亡，而因端可推。韓子外儲篇曰：夫瑟以小弦為大聲，大弦為小聲。雖詭其辭以諷，然因是知古者調瑟之法。黃鐘、大呂、太簇、夾鐘、姑洗、仲呂、蕤賓，用半而居小弦；林鐘，夷則，南呂，無射，應鐘，用全而居大絃也。管子書五聲，徵、羽、宮、商、角之序亦如此。永此言，賓漢以來所未尋究者。其論古韻曰：考古音者，昉於吳才老，崑山顧氏援證益精博。然顧氏考古之功多，審音之功淺。顧氏分古音為十部，猶未密也。真、諄以下十四韻，當析為二部，而先韻半屬真、諄，半屬元、寒。考之三百篇，用韻畫然。侯之正音近幽，當別為一部。虞、模部之偶、喩、驅、婁等字，蕭、豪部之蕭、膠、鳥、好等字，皆侯、幽之類，與本部源流各別。三百篇亦畫然。侵、覃以下九韻亦當以侈斂分為二部，而覃、鹽半屬侵，半屬嚴、添。蓋平、上、去三聲，皆當為十三部，入聲當為八部，而三代以上之音，始有條不紊也。論今韻曰：平、上、去三聲，多者六十部，少者五十餘部。惟入聲祇三十四部。或謂支至咍、蕭至麻、尤至幽，無入聲。崑山顧氏古音表又反其說，於是舊有者無，舊無者有，皆拘於一偏。蓋入聲有二三韻而同一入者，如東尤侯同以屋爲入，真脂同以質爲入，文微同以物爲入，寒桓歌戈同以曷末爲入之類。按其呼等，察其偏旁，參以古音，乃無憾也。

晚年讀書有得，隨筆撰記，謂周易以反對爲序次，卦變當於反卦取之，否反爲泰，泰反爲否，故小往大來，大往小來，是其例也。凡曰來，曰下，曰反，自反卦之外卦來居內卦也；曰往，曰上，曰進，曰升，自反卦之內卦往居外卦也。又謂兵農之分，春秋時已然，不起於秦漢，證以管子、左傳，兵常近國都，野處之農，固不隸於師旅也。其於經傳稽考精審，多類此。所著有周禮疑義舉要七卷，禮記訓義擇言六卷，深衣考誤一卷，律呂闡微十卷，律呂新論二卷，春秋地理考實四卷，鄉黨圖考十一卷，讀書隨筆十二卷，古韻標準四卷，四聲切韻表四卷，音學辨微一卷，河洛精蘊九卷，推步法解五卷，七政衍，金水二星發微，冬至權度，恆氣注曆辨、歲實消長辨、曆學補論、中西合法擬草各一卷，近思錄集注十四卷，考訂朱子世家一卷。乾隆二十七年卒，年八十二。休寧戴震、歙縣金榜之學，得於永為多。永卒後，震攜其書入都，故四庫全書收永所著書至十餘部，尚書秦蕙田撰五禮通考，摭永說入觀象授時類，而推步法解則載其全書焉。

程瑤田，字易疇，安徽歙縣人。乾隆三十五年舉人，選嘉定教諭。嘉慶元年舉孝廉方正。十九年卒，年九十。瑤田少師淳安方粹然，又與戴震、金榜同學於江永，篤志治經。震自言遜其精密。其學長於涵泳經文，不屑屑依傍傳注。以喪服緦麻章末「長殤中殤降一等」四句，鄭氏誤以為傳文，故觸處難通。又不杖期章「惟子不報」傳文，公妾以及士妾為其父母傳文，鄭氏以為失誤；大功章「大夫之妾為君之庶子、女子子已嫁者未嫁者為世父母、叔父母、姑姊妹」，舊讀以「大夫之妾」為建首，下二「為」字貫之。鄭氏謂「女子」別起貫下，作傳文為不辭。皆援據經史，疏通證明，以規鄭失，著《儀禮喪服文足徵記》十卷。又以《考工記》諸言磬句、磬折，鄭氏度直矩解之，致與前後經文不合。謂磬折不明，由於倨句不明，欲明倨句，先辨矩字。矩有直有曲，倨句之云，折其直矩而為曲矩，即今木石工所用之曲尺。著《磬折古義》一卷。又以鄭注太宰「九穀」稷、粱二者，言人人殊，因詢考農家，據《說文》釋之。謂粱為粟，以稷為秫，今高粱也。著《九穀考》四卷。又《宗法小記》、《釋宮小記》、《考工創物小記》、《溝洫疆理小記》、《水地小記》、《解字小記》、《聲律小記》、《釋草小記》各一卷，皆考證精確，為學者所宗。又《論學小記》一卷、《外篇》一卷。其論性謂「性從質形氣而有，譬之水與鏡，水之清，鏡之明，質形氣之清明也。是即性也。清明能鑑物，濁暗不能鑑物，此智愚所由分。然極濁極暗，清明自在其中。是即下愚不移者，其性之善自若也。又謂性不可見，於情見之；情是心之起念，心只一念，善者居其先，惡則從善而轉之耳。今為盜賊者，其初只有謀生一念，豈不欲擇其善者為之？至皆不可得，乃不得已而為盜賊。又必有一二為盜賊者從而引之，所謂習也。他著又有禹貢三江考、讀書求解、數度小記、九勢碎事、修辭餘鈔各一卷，統名通藝錄。

瑶田性退讓，初效鄭康成為禮堂，繼念非讓無以明禮，官嘉定時，以身率教，復以讓名堂。及告歸，邑人購忠烈名流手蹟贈之，不肯受，曰：「先生不取吾邑一錢，豈破紙亦不受耶？」王鳴盛贈詩云：「官惟當湖陸，師則新安程。一百五十載，卓然兩先生。」其推重如此。浙撫阮元嘗聘修杭州府學樂器，多所參訂，善鼓琴，年老失明，猶口授其孫成琴音記三卷。詩為桐城劉大櫆所稱，有集十八卷。

校記：

〔一〕清史列傳之程瑤田傳，本獨立一傳，姑從清史稿編次，附見於其師江永。

〔二〕「六卷」誤，當爲「八卷」。

〔三〕「十一卷」誤，當爲「十卷」。

〔四〕「四卷」誤，當爲「一卷」。

〔五〕此處句讀，原誤作「又謂性不可見於情，見之情是心之起念」，逕改。

清史稿卷四百八十一

儒林二

褚寅亮

褚寅亮〔二〕，字搢升，長洲人。乾隆十六年召試舉人，授內閣中書，官至刑部員外郎。寅亮少以博雅名，心思精銳，於史書魯魚，一見便能訂其誤謬。中年覃精經術，一以注疏為歸。從事禮經幾三十年，墨守家法，專主鄭學。鄭氏周禮、禮記注，妄庸人群起嗤點之。獨儀禮為孤學，能發揮者固絶無，而謬加指摘者亦尚少。惟敖繼公集說多巧竄經文，陰就己說。後儒苦經注難讀，喜其平易，無疵之者。萬斯大、沈彤於鄭注亦多所糾駁。至張爾岐、馬駉但粗為演繹其於敖氏之似是而非，均未能正其失也。寅亮著儀禮管見三卷，於敖氏洞見其癥結，驅豁其雺霧〔三〕。時公羊何氏學久無循習者，所謂五始、三科、九旨、七等、六輔、二類之義，不傳於世。惟武進莊存與，默會其解，而寅亮能闡發之，撰公羊釋例三十篇，謂三傳惟公羊為漢學，孔子作春秋，本為後王制作，皆議公羊者，實達經旨。又因何劭公言禮有殷制，有時王之制，與周禮不同，作周禮公羊異義二卷，世稱為絕業。又長於算術，著句股廣問三卷。校正三統術衍刊本誤字甚多〔三〕。其「中月相求六扐之數」句，「六扐當作七扐」，「推閏餘所在，加十得一」句，「加十當作加七」，皆寅亮說也〔四〕。

著有十三經筆記十卷，諸史筆記八卷，諸子筆記二卷，名家文集筆記七卷，藏於家。四十六年，以病告歸，主常州龍城書院八年。五十五年卒，年七十六。

校記：

〔三〕清史稿之褚寅亮傳，源出清國史載儒林傳下卷卷十三，復采江藩漢學師承記而成。

〔三〕「雺霧」之「霧」字誤。清國史本作「雺露」，甚是。史稿不審「雺霧」二字乃同字異寫，擅改「露」作「霧」，因之致誤。

〔三〕校正三統術衍刊本誤字甚多，大誤。三統術衍為錢大昕所著，該書之結撰，褚寅亮確有商酌校正之功。大昕於此記之甚明。據其自訂竹汀居士年譜記乾隆十八年，時年二十有六，在中書任，暇與吳杉亭、褚鶴侶兩同年講習算術，得宣城梅氏書讀之，寢食幾廢。因讀歷代史志，從容布算，得古今推步之理。翌年，移寓橫街，讀漢書，撰次三統曆術四卷。二十年，大昕撰三統術衍序，文中有云：「顧古今注漢書諸家，於曆術未有詮釋者。隋書經籍志有七名氏推漢書律曆志術一卷，舊唐書經籍志有陰景倫漢書律曆志音義一卷，今俱亡傳。予少讀此志，病其難通。比歲粗習算術，乃為疏通其大義，並著算例，厘為三卷，名之曰三統術衍。蓋衹就本法論之，其法之密與疏，固不暇論及也。志文間有訛舛，相與商酌校正，則長洲褚君寅亮之助實多云。此後書稿存之篋中，歷時四十餘年，直至嘉慶六年，始得時任浙江巡撫阮元資助，開雕於武林節署。三統術衍之刊行，距褚寅亮去世已然十有一年。足見寅亮所商酌校正者，乃漢書律曆志刊本，而非三統術衍刊本。

四　清史稿引三統術衍文，未標引號，句讀亦未盡允當，故逕以校改。

清史列傳卷六十八

儒林傳下一

褚寅亮

褚寅亮，字搢升，江蘇長洲人。乾隆十六年召試舉人，授內閣中書，官至刑部員外郎。寅亮少以博雅名，在刑部時，明於律，尤戒深刻，研鞫無冤濫。侍郎杜玉林嘗以疑獄屬之。心思精銳，於史書魯魚，一見便能訂其誤謬。中年專精經術，一以注疏為歸，從事禮經幾三十年，墨守家法，專主鄭學。鄭氏周禮、禮記注，妄庸人群起嗤點之，稱儀禮為孤學，能發揮者固絕無，而謬加指摘者亦尚少。惟敖繼公集說，多巧竄經文，陰就己說。後儒苦經注難讀，喜其平易，無疵之者。萬斯大、沈彤於鄭注亦多所糾駁。至張爾岐、馬驌，但粗為演繹，其於敖氏之似是而非，均未能正其失也。寅亮著儀禮管見三卷，於敖氏洞見其癥結，驅豁其霧露時公羊何氏學久無循習者，所謂五始、三科、九旨、七等、六輔、二類之義，不傳於世。惟武進莊存與默會其解，而寅亮能闡發之，撰公羊釋例三十篇，謂三傳惟公羊為漢學，孔子作春秋，本為後王制作，訾議公羊者，實違經旨。又因何劭公言禮有殷制，有時王之制，與周禮不同，作周禮公羊異義二卷，世稱為絕業。又長於算術，著句股廣問三卷。嘉定錢大昕作三統術衍，校正刊本誤字甚多，其「中月相求，六扐之數」句，「六扐」當作「七扐」，「推閏餘所在，加十得一」句，「加十」當作「加七」，皆取寅亮說也。

又著有十三經筆記十卷、諸史筆記八卷、諸子筆記二卷、名家〔文集〕筆記七卷。又有周易一得、四書自課錄。乾隆四十六年，以病告歸，主常州龍城書院。八年，五十五年卒，年七十六。